U0902800

中国工程院院士

是国家设立的工程科学技术方面的最高学术称号，为终身荣誉。

中国工程院院士传记

姜泗长传

张晶平 著

人民出版社

责任编辑:侯　春
版式设计:徐　晖
责任校对:张　红

图书在版编目(CIP)数据

姜泗长传/张晶平 著. -北京:人民出版社,2014.6
(中国工程院院士传记系列丛书)
ISBN 978-7-01-013478-9

Ⅰ.①姜…　Ⅱ.①张…　Ⅲ.①姜泗长(1913~2001)-传记　Ⅳ.①K826.2

中国版本图书馆 CIP 数据核字(2014)第 081999 号

姜 泗 长 传

JIANG SICHANG ZHUAN

张晶平　著

人民出版社 出版发行
(100706　北京市东城区隆福寺街 99 号)

北京汇林印务有限公司印刷　新华书店经销

2014 年 6 月第 1 版　2014 年 6 月北京第 1 次印刷
开本:710 毫米×1000 毫米 1/16　印张:23.5
字数:270 千字　插页:8

ISBN 978-7-01-013478-9　定价:56.00 元

邮购地址 100706　北京市东城区隆福寺街 99 号
人民东方图书销售中心　电话 (010)65250042　65289539

姜泗长（1913 年 9 月 15 日—2001 年 9 月 9 日）

1971 年 7 月，姜泗长摄于北戴河

1975 年在中南海游泳池，毛泽东接见外宾后很高兴。一向不爱照相的毛泽东提出和医疗组的同志合影，并邀请姜泗长（前排左）坐在他的身旁

邓小平（第二排左七）与姜泗长（第二排左五）等人合影

1996 年，江泽民接见全军首届专业技术重大贡献获奖人员时与姜泗长亲切握手

1978 年，姜泗长和解放军总医院耳鼻咽喉科同事在研究听小骨标本

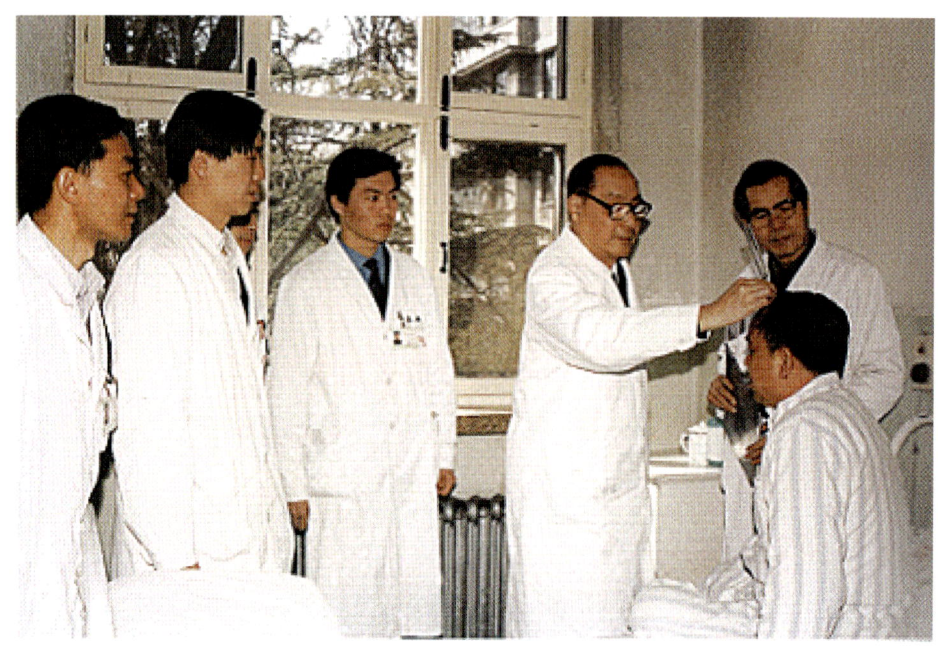

1983 年，姜泗长（右三）在查房，杨伟炎（右二）、陈雷（左三）、李卫东（左二）、刘达根（左一）陪同

1981 年，解放军军医代表团访问美国。前排右五为姜泗长

1985 年，姜泗长陪同外宾到位于解放军总医院外科楼的耳鼻咽喉科 35 平方米的实验室参观

1995 年，姜泗长（右十）参加第 31 届国际军事医学大会

1983 年，姜泗长的全家福

中国工程院院士传记系列丛书

总 序

20世纪是中华民族千载难逢的伟大时代。千百万先烈前贤用鲜血和生命争得了百年巨变、民族复兴，推翻了帝制，击败了外侮，建立了新中国，独立于世界，赢得了尊严，不再受辱。改革开放，经济腾飞，科教兴国，生产力大发展，告别了饥寒，实现了小康。工业化雷鸣电掣，现代化指日可待。巨潮洪流，不容阻抑。

忆百年前之清末，从慈禧太后到满朝文武开始感到科学技术的重要，办“洋务”，派留学，改教育。但时机瞬逝，清廷被辛亥革命推翻。五四运动，民情激昂，吁求“德、赛”升堂，民主治国，科教兴邦。接踵而来的，是18年内战、8年抗日和3年解放战争。恃科学救国的青年学子，负笈留学或寒窗苦读，多数未遇机会，辜负了碧血丹心。

1928年6月9日，蔡元培主持建立了中国第一个国立综合性科研机构是中央地质调查所，中央研究院算是第一个国立综合性科研机构——中央研究院，设理化实业研究所、地质研究所、社会科学研究所和观象台4个研究机构，标志着国家建制科研机构的开始。20年后，1948年3月26日遴选出81位院士（理工53位，人文28位），几乎都是20世纪初留学海外、卓有成就的科学家。

中国科技事业的大发展是在新中国成立以后。1949年11月1日成立了中国科学院，郭沫若任院长。1950～1960年有2500多名留学海外的科学家、工程师回到祖国，成为大规模发展科技事业的第一批领导骨干。国家按计划向苏联、东欧各国派遣1.8万名各类科技人员留学，全都按期回国，成为建立科研和现代工业的骨干力量。高等学校从新中国成立初期的200所，增加到600多所，年招生增至28万人。到21世纪初，普通高等学校有2263所，年招生600多万人，科技人力总资源量超过5000万人，具有大学本科以上学历的科技人才达1600万人，已接近最发达国家水平。

新中国成立60多年来，从一穷二白成长为科技大国。年产钢铁从1949年的15万吨增加到2011年的粗钢6.8亿吨、钢材8.8亿吨，几乎是8个最发达国家（G8）总年产量的两倍，20世纪50年代钢铁超英赶美的梦想终于成真。水泥年产20亿吨，超过全世界其他国家总产量。中国已是粮、棉、肉、蛋、水产、化肥等世界第一生产大国，保障了13亿人口的食品和穿衣安全。制造业、土木、水利、电力、交通、运输、电子通信、超级计算机等领域正迅速逼近世界前沿。“两弹一星”、高峡平湖、南水北调、高公高铁、航空航天等伟大工程的成功实施，无可争议地表明了中国科技事业的进步。

党的十一届三中全会以后，改革开放，全国工作转向以经济建设为中心。加速实现工业化是当务之急。大规模社会性基础设施建设、大科学工程、国防工程等是工业化社会的命脉，是数十年、上百年才能完成的任务。中国科学院张光斗、王大珩、师昌绪、张维、侯祥麟、罗沛霖等学部委员（院士）认为，为了顺利完成中华民族这项历史性任务，必须提高工程科学的地位，加速培养更多的工程科技人才。中国科学院原设的技术科学部已不能满足工程科学发展的时代需要。他们于1992年致书党中央、国务院，建议建立“中国工程科学技术院”，选举那些在工程科学中做出重大的、创造性成就和贡献，热爱祖国，学风正派的科学家和工程师为院士，授予终身荣誉，赋予科研和建设任务，指导学科发展，培养人才，对国家重大工程科学问题提出咨询建议。

中央接受了他们的建议，于1993年决定建立中国工程院，聘请30名中国科学院院士和遴选66名院士共96名为中国工程院首批院士。1994年6月3日，召开了中国工程院成立大会，选举朱光亚院士为首任院长。中国工程院成立后，全体院士紧密团结全国工程科技界共同奋斗，在各条战线上都发挥了重要作用，做出了新的贡献。

中国的现代科技事业比欧美落后了200年，虽然在20世纪有了巨大进步，但与发达国家相比，还有较大差距。祖国的工业化、现代化建设，任重路远，还需要有数代人的持续奋斗才能完成。况且，世界在进步，科学无止境，社会无终态。欲把中国建设成科技强国，屹立于世界，必须接续培养造就数代以千万计的优秀科学家和工程师，服膺接力，担当使命，开拓创新，更立新功。

中国工程院决定组织出版《中国工程院院士传记》丛书，以记录他们对祖国和社会的丰功伟绩，传承他们治学为人的高尚品德、开拓创新的科学精神。他们是科技战线的功臣、民族振兴的脊梁。我们相信，这套传记的出版，能为史书增添新章，成为史乘中宝贵的科学财富，俾后人传承前贤筚路蓝缕的创业勇气、魄力和为国家、人民舍身奋斗的奉献精神。这就是中国前进的路。

宋健

目 录

引　子

1993年9月10日，中央军委主席江泽民签署命令：

授予解放军总医院耳鼻咽喉科主任医师、教授姜泗长“模范医学教授”荣誉称号。

5天后，祝贺姜泗长教授从医55周年暨80寿辰纪念大会，在北京解放军总医院文化活动中心隆重举行。

中共中央总书记、国家主席、中央军委主席江泽民的题词“技术精益求精，诲人桃李天下”，摆放在会场正中央。

这一天也是姜泗长的80岁生日。当旭日东升之时，解放军总医院住宅区8号楼前已热闹非凡，姜泗长在20世纪50年代、60年代、70年代、80年代及90年代的学生，从祖国的四面八方赶来，手捧鲜花和礼物簇拥在门前，感恩老师的呕心教诲，祝福老人健康吉祥。

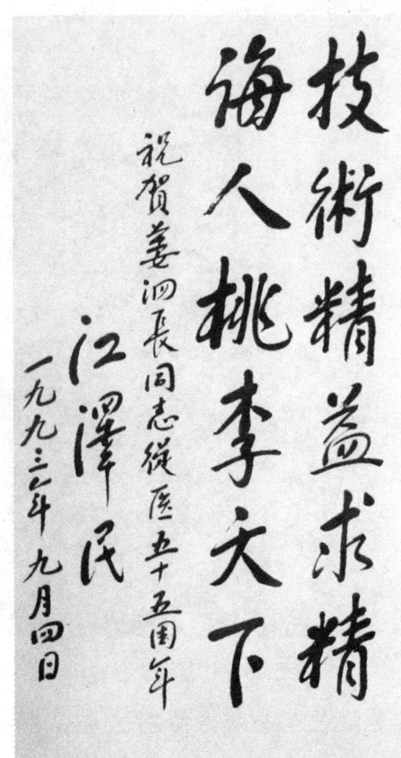

1993年9月4日，江泽民为祝贺姜泗长从医55周年暨80岁寿辰题词

这天，全国人大常委会副委员长吴阶平以及中央军委委员、国务委员兼国防部部长迟浩田，军事科学院院长赵南起，总后勤部政委周克玉等军委总部领导也相继来到姜泗长家里祝贺。

同年10月23日，中央军委授予姜泗长荣誉称号命名大会在解放军总后勤部礼堂隆重举行。主席台上就座的有：中共中央政治局常委、中央军委副主席刘华清，中央军委副主席张震，中央军委委员、国务委员兼国防部部长迟浩田，中央军委委员、解放军总政治部主任于永波，中央军委委员、解放军总后勤部部长傅全有，解放军总后勤部政委周克玉等领导。解放军总后勤部系统上千人参加了这次大会。会后，总后系统军以上领导与姜泗长教授在一起合影留念。这是我军历史上为数不多的一次专家学者与总后系统军以上领导一起合影。

1993年10月23日，中央军委和总后勤部首长出席授予姜泗长荣誉称号命名大会。中共中央政治局常委、中央军委副主席刘华清（前排右），中央军委副主席张震（第二排左），国务委员兼国防部部长迟浩田（第二排中），总后勤部部长傅全有（第二排右）等军委总部首长，与姜泗长一起步入会场

1993年10月23日，中央军委授予姜泗长荣誉称号命名大会在总后勤部礼堂召开

学生的祝愿、同仁的祝福、领导的关怀，汇成巨大的热浪，一起向老人涌来。那一张张熟悉面孔后面的故事，老人还依稀记得。对此最难忘、感受最真切的应该是学生们，当年姜老师的每一个动作、每一句话语，都在他们一生行医为人的坐标中留下难以磨灭的印记……

20年过去了，同样的情景再现。2013年，在姜泗长逝世12周年、诞辰100周年的日子，中华耳鼻咽喉头颈外科学会和解放军总医院为他举行了隆重的学术报告会。姜泗长的学生遍布海内外，上下跨越两个世纪。那一天，中国耳鼻咽喉科学界群贤毕至，少长咸集。他们当中有岁已耄耋当年的追随者，有古稀、花甲之年的亲传弟子，更多的是风华正茂、活跃在耳鼻咽喉头颈外科各个领域的后生们。几百人在一起追忆姜老师当年传道授业的音容笑貌。几十位姜泗长的同仁、学生，通过视频娓娓道来，深切地向老师表达无限的敬仰和深深的怀念。

为一位老教授从医55周年和80岁寿辰以及诞辰100周年举行隆重的纪念大会，在解放军总医院历史上是第一次，在我军医疗战线上恐怕也史无前例。姜泗长为何能赢得众多人的衷心拥戴，奥秘在哪里？

假若你想学医，假若你想成为一位受人尊敬的医学家，或你正在医学的道路上苦苦奋斗，那么就请你静下心来读读姜泗长的故事，或许能为你的梦想早日实现带来一点点启示和帮助。

第一章

混沌时代

一、四合院童话

1913年，讨伐袁世凯的二次革命在血泊中沉默了。步随其后，出现了袁世凯称帝、张勋复辟、北方军阀混战、南方军阀争权的局面。

也是在这一年的9月15日，天津一姜姓人家有个男孩诞生了。

其父高兴地给这个男孩择了一个号：汉民，大名姜泗长。这个男孩的出生似乎也给他在家赋闲一年有余的父亲姜世尉带来了好运，在姜泗长出生的同一天，姜世尉找到了一份待遇不错的工作。双喜临门，举家庆贺。姜泗长的祖父姜秉善，是清光绪二十四年（1898年）的进士。2002年天津《今晚报》的一篇文章中提到清朝科举考试，天津有4人获取过功名，姜秉善就是其中之一。从北京孔庙内保存的进士碑文中，也可看到姜秉善的大名，排在第二甲进士出身名单中的第四位。姜秉善考取进士后，被清政府任命为四川省长寿县的知县。他工作勤奋，政绩尚佳。3年后，姜秉善又被提升为知府。遗憾的是，他因病未到任即去世。

姜秉善有3个儿子，姜泗长的父亲姜世尉是老二。姜秉善做知县时，家里的柴米油盐自不用发愁。姜秉善一心想着学而优则仕，想叫姜世尉考取举人，将来好做官。姜世尉读了几年私塾，学习一直很努力，但最终没能如愿考取举人。在姜秉善看来，儿子姜世尉做官的路怕是走不通了，将来经商，做个生意人，养家糊口，衣食有着落，也不失为上策。就这样，姜秉善筹金措银，把姜世尉送到日本早稻田大学学习商业，寄望于儿子以后在商业

1916年，幼年时期的姜泗长（前排居中）与家人合影

上能有所发展。

姜世尉有四子三女，长子姜彝长、次子姜允长（别名姜公伟）、三子姜泗长（号汉民）、四子姜霈长，长女姜润长、次女姜叙长、三女姜珠长。按照姜氏家族的辈分排列：“金玉光儒德，坚温善世长，宁为无希品，富贵满朝堂”，到姜泗长这一代为“长”字辈。

姜世尉东渡日本的时代，正是民族矛盾和阶级矛盾错综复杂的清朝末年。新与旧、民权与君权、西学与中学、革命与保守、科学与八股文在激烈地交锋、搏斗。在东渡日本的大船上，有变法维新的志士、民主革命的先行者以及马克思主义的早期传播人，更多的则是中华民族的莘莘学子。

姜世尉耳闻了戊戌变法的波峰浪谷，改革只在一瞬便兴而转败。百天之后，这场巨大的政治风潮就在北京城内黯然消退了。光绪帝被囚于瀛台，西太后重新垂帘听政，六君子慷慨取义，康有为、梁启超逃亡海外。姜世尉内心深处流动着对爱国志士的真切同情、对守旧派攻讦的愤慨与不平，间或，也有一丝对革命淡淡的向往，但很迷乱。

从此，姜世尉认定，革命与政治不是自己所能左右的事。抱定安分守己、养家度日的信念，他赴日本早稻田大学读书。

孤身在异国的姜世尉每月都能收到姜秉善寄来的学费和生活费。就在他读到第四年时，姜秉善突然病逝。此后，家里的情况每况愈下。姜世尉同父异母的兄长掌握着家里的经济大权，频频去信催二弟回国。见没有商量的余地，老实本分的姜世尉只好放弃学业回国。他学了3年，没有毕业，也没有拿到一纸文凭，回国后，并未找到合适的工作。

无事可做的姜世尉只能待在家里。事有凑巧，姜泗长出生的这一天，通过一个朋友的帮助，姜世尉在北京由英国人办的盐务稽核所找到了一份待遇不错的工作，任职员，管理全国各地的有关档案。姜世尉高兴地认为是儿子的出生给他带来了好运，所以，非常喜欢这个老五。在这之前，姜世尉已是4个孩子的父亲了。尽管姜世尉没能拿到大学毕业证书，但在当时，也算是高级知识分子。

姜世尉有了一份较稳定的工作，去了北京。他的5个孩子留在天津由妻子刘锡佩一人照料。每星期，从北京回到天津的姜世尉，从来不忘为给他带来好运的老五姜泗长买玩具。

说起来，姜世尉应该是四川人，刘锡佩是江西人。他们结婚那年，姜世尉19岁，刘锡佩18岁。至于他们是如何走到一起来的，姜泗长一直不清楚，因为，老辈们的事情是从不愿向小辈说的。所以，说起父母亲的事，姜泗长仍是一笔“糊涂账”。

家里虽然哥哥、姐姐多，但姜泗长只喜欢一个人静静地玩。他很乖，不太爱说话。大人们都感到老五不像一般男孩那样调皮。姜世尉买回来的玩具，幼小的姜泗长玩起来很精心，生怕一不小心搞坏了，这使得姜世尉更愿意为老五买玩具。姜泗长渐渐长大，他玩过多年的玩具还完好如初。因此，姜泗长在家里是上上下下招人疼爱的孩子。

一向让大人省心的老五却在一次意外事件中，把全家人吓得半死。当时还没有鱼缸高的姜泗长，对游来游去的小金鱼充满了好奇，站在凳子上伸出短短的胳臂欲抓。只听“扑通”一声，刘锡佩转身一看，姜泗长人没了，才发现孩子掉进了大鱼缸里。

对此事，刘锡佩一直心有余悸，以后绝不让儿子沾水，从事什么游泳之类的危险运动。直到工作以后，姜泗长才有机会脱离母亲的“监视”，学习游泳，但学了几次也未见成效。这对凡事好强、干什么都不肯服输的姜泗长来说，算是一个不大不小的遗憾。

姜世尉终于在北京闯下一片天地，买下了西城区未英胡同的一个四合院。5岁那年，姜泗长随家人由天津搬到北京。

不久，姜泗长有了一个弟弟，他的父母亲又买下了前泥湾胡同更大一些的一个四合院。在姜泗长的印象中，父亲姜世尉一生循规蹈矩，母亲刘锡佩精明能干、勤俭持家。姜世尉在乌烟瘴气的旧中国洁身自好，下班回家后就闭门不出，吃喝玩乐与他无缘。写字、画画、下围棋，是他整天乐于为之的。

刘锡佩认为姜世尉老实忠厚得近乎迂腐，家里家外的一切迎来送往都由她操办。

姜泗长对母亲刘锡佩总是端坐于正堂的台桌前，指挥着家里大大小小的情景记忆深刻，家里的柴米油盐就在刘锡佩噼噼啪啪的算盘声中进进出出。逢年过节，亲朋好友送来礼物。这些礼物在刘锡佩灵巧的手中添添减减后，又变成一包包精美的礼品送了出去。刘锡佩的精明强干，使这个不算富裕的家庭充满了祥和。

家里来了客人，大人一般不让孩子们轻易去见。孩子要见客人，必须在父母的安排下穿戴整齐，有礼貌地出现在客人面前。“语言要得体，举止要端庄”，这是刘锡佩常常教育他们的话。

姜泗长的外祖父是镇守天津的一名武将。刘锡佩读过私塾，缠过小脚，18岁嫁入姜家。她很爱读书。姜泗长在外出工作以后，还接到过母亲的亲笔信。直到晚年，说起母亲来，姜泗长仍敬佩不已。

刘锡佩除了热衷于看中医书外，还爱看《三国演义》、《水浒》、《红楼梦》等小说。这些小说，她看得津津有味，还常常绘色绘声地给孩子们讲一段。在姜泗长的记忆中，刘锡佩是位很开通也很开明的女性。这是否与她爱看小说有关，姜泗长不得而知。家里6个孩子的婚事，她从未干涉过。

刘锡佩说：“婚姻大事是孩子们自己的事，由孩子们自己选择。”这在当时，是极其难得的开明之举。

姜泗长7岁那年，就读于离家较近的西单小学。他清秀的外表、不善言辞的个性，令父母担心他易受欺负。家里为了让姐姐照顾弟弟，二年级后，姜泗长就跟着大姐姜润长转到笃志女校上学。那里是清一色的女生，使他显得越发与众不同。姐姐一路护送他到校，又一路护送他回家，时常引起女生嬉笑和窃窃的议论声。8岁的姜泗长时常感到不自在。

一次，学校排演小话剧，根据剧情，需要一个小男孩。姜泗长是全校唯一的男生，责无旁贷地扮演了这一角色。姜世尉知道儿子参与演戏，怒不可遏。父亲的斥责，把姜泗长对文艺的一点儿喜爱扼杀于萌芽。

一次，姜泗长将前排座位女同学长长的辫子悄悄地绑在椅子上，结果可想而知。姐姐来接他，看见靠墙罚站的弟弟，猜想必是闯了祸。弟弟在教室里罚站，姐姐在教室外等着罚站的弟弟。姐弟两人回家晚了，姐姐护着弟弟，没敢向父母说出实情。尽管如此，姜泗长的淘气只是偶尔为之。他的学习成绩一直很好，深得父母的欢心和宠爱。

少年时代的姜泗长

姜泗长的性别意识随着年龄的增长而觉醒，他再也无法接受整天和女孩子们混在一起。该上三年级时，他向父母吵闹，无论如何不去女校上学了。姜世尉只好让步，选了离家近的崇德学校。这所学校由德国天主教会创办，一进学校大门，姜泗长就感到别样的肃穆、整洁。但让他无法适应的是，每个早上，全校师生都要面向大教室正中的十字架跪下，听神父读半小时的《圣经》，然后是长长的祷告。

冗长的《圣经》让姜泗长感到枯燥乏味，他几乎无法忍受这种强迫灌输某种理念的方式。

姜泗长再一次向父母提出转学的要求，父母再一次依顺了儿子。后来，他转入和平门外的师大附小。这一回，姜泗长安静地读到了小学六年级。这一年，发生了一件影响中华历史进程的大事。1925年3月12日，伟大的革命先行者孙中山先生不幸在北京逝世，举国上下沉浸在一片哀悼、纪念声中。北京市的大、中、小学学生以及社会各界人士都来瞻仰孙中山先生的遗容。那年，姜泗长12岁。

一具晶莹透亮的棺材摆在大厅中央，人们围绕棺材缓缓地走过。孙中山先生安详的面容，深深地打动了姜泗长这位12岁少年的心。

姜泗长想，这一定是一位了不起的伟大人物。但这位了不起的人物究竟做了些什么事，他并不十分清楚。

隐隐地，姜泗长觉得自己也可以变得伟大起来。他的大哥姜彝长、二哥姜允长那时都已上了大学，特别是二哥姜允长关心社会、关心时事。回到家，姜泗长经常能听到大哥、二哥忧心忡忡地谈起社会问题。那时，他只是在旁边听听而已，因为父母的家训要比哥哥们的议论有力得多，二哥姜允长激进的思想并没有进入姜泗长的主流意识。

1926年，姜泗长进入北京志成初级中学（现北京市第35中学）读初中。志成中学始建于1923年，是北高师（现北京师范大学）的9位毕业生集资创办的私立中学。李大钊、邓萃英、陈宝泉、张伯苓等15位教育界名流担任校董，并提出“改变民族落后，发展教育事业，培养栋梁之才，有志者事竟成”的办学宗旨。由此，奠定了志成中学的“校魂”。35中历史上曾培养出许多优秀人才。2013年，35中授予姜泗长“杰出校友”荣誉称号，他是该校建校后获此荣誉的第一人。

中学时代的姜泗长

1929年，姜泗长又考入和平门外的师大附中，开始了他2年的高中生活。这所学校云集了当时一批知名的教育家。刘锡佩每天都要一二三地数几个铜板，给姜泗长吃午饭用。回家后，刘锡佩又要他一二三地详细汇报清楚。

私立中小學校立案用表之(九)

北平特別市私立志成中學校歷年畢業生一覽表 中華民國 年 月 日

姓名	姜泗長	李振衡	賴大忠	向正雄	張繼琛	高士模
性別	男	男	男	男	男	男
年歲	十七	十六	十六	十七	十七	十七
籍貫	河北天津	湖南湘鄉	江西龍南	湖南平江	河北良鄉	福建閩侯
級科						
畢業年月	十八年六月	仝上	仝上	仝上	仝上	仝上
現在職業	肄業師大附中高中	肄業師大	赴日本留學早稻田大學	回南	肄業朝陽大學	肄業[illegible]大學
備考						

姜泗长在志成中学的学籍登记表

当时，作为中学生，姜泗长正处在一个渴求独立的时期，对母亲的这个做法很是反感，还想反抗，但又不得不服从母亲，并认认真真地向她汇报。

多年后，姜泗长才意识到正是母亲这种做任何事情都“较真儿”的个性，潜移默化地使他养成了做事严谨的作风。

师大附中当时分文、理科，姜泗长在理科班。他不喜欢文科，最烦写东西、背东西，对文科班学生咬文嚼字、无病呻吟的习性更是不以为然。

多少年后，姜泗长要著书立说之时，常常感到底气不足、“文”底不厚，后悔当初重理轻文，没能打下扎实的作文写字功底。

姜泗长的理科成绩一直很好，但他并不是死读书。他喜欢打排球，是学校排球队队员。短跑也是他的长项，姜泗长曾保持师大附中高中部100米第一名的纪录。

后来，姜泗长回忆：“中学像是在玩乐中读完的。”

师大附中活泼向上的学风，为处在思想形成时期的姜泗长，打下了难以磨灭的烙印。

一位梳着短发、非常秀丽的青年女教师，给姜泗长留下了深刻的印象。这位女老师慷慨激昂地给学生们讲学生运动，讲争取民主、自由。这些道理，姜泗长听起来似懂非懂，但从一位女性口中讲出，透着神圣和令人向往的境界。

还有那位数学老师程廷熙先生，因鼻子奇大而被同学们戏称“程大鼻子”。他异常整洁、规范的板书，逻辑性很强的讲解，使同学们当堂就可以完全理解、消化所学知识。“并不像现在的学生放学回家后，还有做不完的作业。”姜泗长回忆往事的时候，总会这么说。

鼻梁上架副眼镜、身材颀长的方叔密老师，总爱出点绕弯儿的物理习题，锻炼学生的独立思考能力。考前、考后，学生们个个提心吊胆，但分数从不公开，所以，同学之间的关系友好无间。

姜泗长和同学方严是同桌，关系更是密切，常常是两人一起干“坏事”，而且配合默契。一次下大雪，两人商量恶作剧一把，还各有分工。姜泗长躲在墙后面观察来人，及时向方严通告“情报”。“来人啦！”姜泗长向方严发出暗号。方严装着看不见来人，拿起大扫帚将雪猛扫在来人身上。不巧，是教务主任走过来，雪一下子扫在了他身上。“你们太不像话了。”教务主任拍拍身上的雪说，可是并没有真正批评他们。姜泗长和方严躲在一边偷偷地笑，开心极了。

学生们的恶作剧五花八门，有场“闹剧”是姜泗长设计的。学生们把教室的灯关了，就等物理老师方叔密来。方老师一进教室门，就被早已“埋伏”的学生搬头的搬头、抬腿的抬腿，一下子被放在了3尺长的讲台上，只感到雨点般的巴掌朝屁股上打下来。事先，学生们规定每人只能轻打一下。黑灯瞎火中，学生们打过方老师后，才将灯打开。方老师得知是学生们设计了这一闹剧，和学生笑成一团。方叔密老师当时只有20来岁，常爱出难题“难为”学生们。所以，姜泗长和同学们也想出了“难为”方老师的闹剧。

理科班的同学普遍重理轻文，尤其不爱写作文，按照自己的兴趣选择课目。一位名叫陈厚封的同学，整天迷恋无线电，自己组装收音机，搞得很有水平，但就是不爱写作文。每次作文课，他只写两行字。老师问起来，他还振振有辞地说：“我没思想啊！”更甚者，是唐宜同学，他思想活跃，上课好聊天，从不按时交作文。其实，这位同学的作文写得挺好。一天，老师问：“唐宜仁兄，什么时候交作文呀？”“该交的时候就交。”唐宜说。一学期结束时，唐宜欠了几十篇作文，不交就毕不了业。全班同学一起动手，每人为他补写了一篇作文。

一天，国文老师出了这样一道题：“谈谈你对三民主义的认识和理解”。理科班同学大都不太关心社会生活，对三民主义也毫无兴趣。结果，这次考试，大家都交了白卷，跑到操场打球去了。老师追到操场，把同学们都叫了回来：“你们不能这样啊！”老师想了想又说，“这样吧，你们可以在下面做好后交上来。”

全班当时只有一位同学能够谈出几点想法，全班同学就都抄他的。最后，全班的“感想”都一样。

老师和同学们之间亲密无间的情景，让姜泗长后来想起，还倍感亲切。鼓励个性发展、允许个人爱好，是师大附中的办学特色。那个整天不写作文的陈厚封同学，后来果真成了无线电专家。同学们尽管调皮，但毕业后，大部分能顺利升入知名大学继续深造。

著名科学家钱学森，在国务院、中央军委授予他“国家杰出贡献科学家”荣誉称号和中央军委授予他一级英雄模范奖章的大会上，特意讲到母校师大附中：“我之所以有今天这样的成绩，是师大附中的老师，为我奠定了扎实的基础。”

1993年，姜泗长（前排左三）回母校师大附中时和学校师生在一起

团结活泼、知书达理、勤奋好学的氛围，哺育着师大附中的每一棵“小树”。当时的老师个个水平很高，大都著书立说、卓有成绩。翻开中国科学院院士、中国工程院院士的名册，有30多位院士就毕业于北京师大附中。30多位院士同出于一所学校，绝非偶然。我们的教育工作者，能否在其中寻觅出一些结论或启示呢?

“附中，正正堂堂本校风。我们莫忘了诚爱勤勇。你是个海，涵真理无穷；你是个神，愿人生大同！附中，太阳照着你笑容。我们努力读书和做工。”

唱着激励了几代人的校歌，姜泗长度过了在师大附中难忘的两年时光。

树高千尺颂根深。“中学教育很重要”，多年后，姜泗长说起自己的母校时，仍然十分怀念。

二、选择医学

姜泗长即将中学毕业，面临以后的职业选择。他似乎早已拿定主意，对父母说：“我想学医”。

姜家的祖辈并没有学医的，姜泗长想学医是受了母亲刘锡佩的影响，刘锡佩在少年时代就迷上了中医。一件偶然的事情，促使刘锡佩对中医情有独钟。

在刘锡佩小的时候，她的母亲不幸得了血崩症，身体日渐虚弱。全家人心情沉重，要给她预备后事了。这时，经人介绍请来一位老中医，几服中药下去，刘锡佩的母亲奇迹般地恢复了健康。

这件事在刘锡佩心中震撼很大，从那以后，她对中医产生了崇敬和兴趣。每遇中医来家看病，刘锡佩拿着中医开的药方总要一剂一剂地问个明白。再后来，刘锡佩买了中医的有关书籍来看，而且竟把书页翻破了。渐渐地，刘锡佩掌握了中医的基本技法。邻里谁有个头疼脑热，都愿找她诊治。刘锡佩开出的药方屡屡奏效，在邻里间也有了些名声。这给幼年的姜泗长留下了很深的印象，播下了他以后选择从医的种子。姜世尉也很支持儿子学医。多年来，姜世尉心里始终不快，他的职业决定了总有一个人在他上面指手画脚，而他最看不得别人的脸色。姜世尉不善和人打交道，尤其不善于和有钱有势的人交往。

有一次，姜泗长去找王光美的哥哥玩。王光美的父亲王治昌自小跟姜世尉是把兄弟，又是前后脚到日本早稻田大学留学的同学。但自从他做了民国政府的工商司司长、代理农商部部长后，

1932年，姜泗长与家人合影。后排左二为姜泗长，前排左二为姜世尉、右一为刘锡佩

姜世尉就很少与他来往。那天，正好碰上王治昌在家，他对姜泗长说："你父亲怎么从不来看我？""那你怎么不去看我的父亲？"姜泗长不服气地反问。回家后，他对姜世尉说起此事。

姜世尉听了，很不高兴："他现在有权有势，我不去看他。"然后，又低头画起那些仅供怡情玩赏的山水、花鸟。"你们只有学好一门技术，才能在社会上站住脚，用不着看别人的脸色行事。"这是姜世尉常说的一句话。

姜世尉对生活、对人世的看法，在一定程度上影响了姜泗长青年时代的思想品性和后来的生活道路。学医可以自己开业，凭本事吃饭，不用仰人鼻息，在青年姜泗长看来，这是他今后最好的职业选择。支持姜泗长学医，成为全家人的共识。

由于母亲刘锡佩的影响，姜泗长最初选择攻读方向时，想学中医。刘锡佩却说："你学不了中医。一剂中药不是那么好开的，什么季节，什么时辰，病人是男的还是女的，是虚症还是实症……中医很复杂，你还是学西医吧。"

刘锡佩是姜泗长走上医学道路的第一个启蒙者，她善于学习钻研以及认真严谨的品格，都在很大程度上对成长中的姜泗长产生了深远的影响。

姜泗长以优异的成绩被保送到北平辅仁大学医预科，他又一次进入教会办的学校。

在以英文为主的教会学校，除了自然和语文课用中文教以外，其他课程全部用英文讲授。在校学生大多从小学到中学一直在教会学校读书，已打下良好的英语基础。姜泗长半道进来，一时还难以适应。每每下课后，他都要补抄其他同学的笔记。一段时间里，姜泗长没能当上班里的第一，这让他很不自在。家里兄弟姐妹多，学习起来难免受影响。他想，人是活的，而时间是固定不变的，把作息时间变动一下，不就可以使嘈杂的环境变得安静起来吗？姜泗长每天放学回到家，不是先看书、做作业，而是先吃饭，吃完饭就睡觉。等夜深人静，半夜两点后家人都入睡了，他再起床，开始背书、读书。不服输的性格，使他在不长的时间里就赶上了同学们。很快，他又成为班级学习第一名。

老实忠厚的姜世尉不好逢迎上司，还不到退休年龄，就被一个从英国回来的人顶替。姜世尉没了工作，家里失去了主要的经济来源。而姜泗长就读的辅仁大学医预科每年要交80大洋，这笔高昂的学费，家里无法付得起。为了减轻家里的负担，姜泗长报

青年时代的姜泗长

考了收费较低的北平大学医学院（即后来的北京医科大学、北京大学医学部）。发榜前的那天晚上，姜泗长几乎一夜未眠。父亲失去了工作，家里没了经济来源……万一没有被录取怎么办？他不敢往下想了。

第二天一大早，姜泗长紧张地跑到学校看榜，在密密麻麻的名字中寻找自己。一遍看下来，怎么没有找到自己的名字？这不可能，再从头到尾仔细找，姜泗长才发现自己的名字排在第一！他激动地往家跑去。原来，他是从榜上的最后一名看起，在后排找自己的名字，没想到自己考了第一名。

姜世尉很兴奋，觉得老五很为他露脸，全家人也都为姜泗长感到自豪。姜世尉忠厚本分，但他始终重视教育，4个儿子先后考入北京著名的高等学府，3个女儿也都进入北京著名的师大女附中学习。

1932年，姜泗长开始了在北平大学医学院5年的走读生活。加上在辅仁大学1年的医预科，姜泗长实际上读了6年大学。

当时，北平大学医学院以研究高深学术、培养医学专门人才为宗旨，汇集了一批很有成就的教授、学者。姜泗长有幸在这样一个环境中，开始了他的医学生涯。我国现代法医学的奠基人林几教授、我国著名的组织胚胎学专家鲍鉴清教授、我国第一个获得国际生理学奖的侯宗廉教授、病理学家林振纲教授、生物化学家徐开教授、内科学家姚鸿翥教授以及外科学家刘霖教授等知名学者，都曾为姜泗长讲过课。

使姜泗长终身难忘的有两位教授。一位是教法医学的林几教授。他是一位通晓法律学、社会学的通才，能用德、日、英三国语言流利地为学生们讲课。他生动活泼、丰富有趣的教学方式，激发出学生们强烈的求知欲，每周一节的法医学课是同学们最感兴趣的课程。

林几教授经常给同学们讲一些他亲自参加鉴定的法医案例。比如，有人冒充燕京大学校长司徒雷登的签字到燕京大学领取薪水，被林几破案。林教授超凡的辩才、渊博的知识和充满智慧的断案事例，更令同学们倾倒。在同学们的眼里，林教授就是中国的福尔摩斯。听了林教授的课后，同学们就理论联系实际，开始侦破班里发生的每一个“案件”。这一切，都给成年以后有机会再相见的老同学们，留下说不完、道不尽的美好话题。

另一位给姜泗长留下深刻印象的是侯宗廉教授。在生理实验教学中，侯教授发现姜泗长这个学生很有悟性。在同学中，他第一个画出了电刺激后青蛙肌肉的运动曲线。“我看，你将来从事病理学、生理学方面的工作比较好。”侯教授对姜泗长说，并希望姜泗长毕业以后，到他的生理实验室来工作。

侯教授的鼓励使姜泗长对生理学产生了极大的兴趣。同学们都放假了，他还一个人来到实验室看片子、做实验。他将自己的实验总结撰写成论文，发表在学校办的《北平医刊》上。这对于医科学生来说，实在难得。

后来，姜泗长并没有单纯从事侯教授所希望的专业，但他开创的事业，正是从耳病理学开始起步的。

姜泗长在这样一批中国当时著名的学者、教授教诲下苦读了6年。他们的治学精神、严谨作风，深深地影响了成长中的姜泗长。

在这里，有必要特别强调一个人以作为纪念。他的存在不仅对姜泗长求学的这所学校产生了深远的影响，而且，他对中国医

1994年，北京医科大学授予姜泗长（前排右三）杰出校友荣誉称号

学事业发展做出的贡献也是不可磨灭的。他就是北平大学医学院前身国立北京医学专门学校的第一任校长汤尔和。

早在100多年前，汤尔和就认为：只有基础医学上去了，中国的医学才能发扬光大。在当时那样一种条件和背景下，能有如此清醒和深刻的认识，实属难能可贵。

汤尔和常常教育学生，毕业后不要为了多挣几个钱就只注重临床，而忽略基础医学研究。鉴于此，他是中国第一个向政府提出应该允许医学院校进行人体解剖的人。汤尔和在给清政府的近三千言的呈文中，强调医学的基础在于解剖，只有把人体的结构搞清楚，医学才能发展，疾病才能得到彻底医治。当时的清政府囿于封建礼教思想的束缚，认为“身体发肤，受之父母，不敢毁伤”，把人的遗体看得十分宝贵，害怕社会舆论，不敢应允。汤尔和据理力争，一再请求，进行了种种交涉。后来的北洋政府终于在1913年11月22日，由内务部正式公布了《解剖条例》。

从此，中国革除了几千年的封建禁令，有了自己的解剖法令，使中国医学的发展建立在了科学的基础上。《解剖条例》的公布，是汤尔和对中国医学教育做出的一大贡献。

汤尔和不仅争取到《解剖条例》，而且非常注重对基础医学的研究。在他的影响下，北平大学医学院始终注重基础医学研究和教学。1932年，也就是姜泗长考入北平大学医学院的那一年，原先4年制的北平大学医学院改为6年制。从此，北平大学医学院开始了它辉煌的历史时期。延长学制，更为该校后来的发展打下了坚实的基础。

19世纪以前，中国的医学其实就是中医学。直到鸦片战争前后，英美等帝国主义国家加紧在中国推行殖民主义政策，尤其是基督教传入中国后，在各地建起教会医院，由此，西医开始渐渐被国人接受。西医不仅给中国的医学带来了新鲜的空气，更重要的是，带来了认识和判断事物的思维方法与方式。

中医以其丰富的内涵、独立的理论体系和治疗方法在中国源远流长。中医有中医的优势，西医有西医的长处。但在那个时代，中国的当权者们闭关自守，片面排斥西洋医学。鸦片战争前长达几百年的时间里，西医一直未能在中国产生明显的影响。

姜泗长学医时，正是西医和中医在中国并驾齐驱的时期。

“西医之父”希波克拉底的《誓约》，也随着西医的传入，进入古老的中国，给沉闷的中华大地带来一丝清新的气息。

姜泗长在进入北平大学医学院的第一天，就和同学们一起宣誓如下：

仰赖医神阿波罗·埃斯克雷波斯及天地诸神为证，鄙人敬谨直誓，愿以自身能力及判断力所及，遵守此约。凡授我艺者，敬之如父母，作为终身同业伴侣，彼有急需，我接济之。视彼儿女，犹我兄弟，如欲受业，当免费并无条件传授之。凡我所知，无论口授书传，俱传之吾与吾师之子及发誓遵守此约之生徒，此外不传与他人。

我愿尽余之能力与判断力所及，遵守为病家谋利益之信条，并检束一切堕落和害人行为。我不得将危害药品给予他人，并不作该项之指导，虽有人请求亦必不与之。尤不为妇人施堕胎手术。我愿以此纯洁与神圣之精神，终身执行我职务。凡患结石者，我不施手术，此则有待于专家为之。

无论至于何处，遇男或女、贵人及奴婢，我之唯一目的，为病家谋幸福，并检点吾身，不作各种害人及恶劣行为，尤不作诱奸之事。凡我所见所闻，无论有无业务关系，我认为应守秘密者，我愿保守秘密。尚使我严守上述誓言时，请求神祇让我生命与医术能得无上光荣，我苟违誓，天地鬼神实共殛之。

在学习希波克拉底的《誓约》过程中，姜泗长开始对医学、对人生进行反思和实践。

三、萌情国难时

在北平大学医学院6年的紧张学习即将结束，中华大地上大大小小的战争仍此起彼伏。“华北之大，已经摆放不下一张平静的书桌”，这是1935年“一二·九”运动中一句鲜明的口号。同样，偌大的华北也摆放不下一张安静的治疗台。姜泗长想，在这样一个环境下，即使将来自己开一个诊所，连解决温饱问题都很难说。面对动荡不定的社会，他对自己的未来开始忧虑和迷惘。

校园自然也不是世外桃源，社会上纷纷杂杂的事端，同样影响着正在接受知识的青年们。多少年过后，让姜泗长感慨万分的，是那些可敬的师长们，不管外面的世界如何动荡，他们始终忠于职守，努力为学生们输送知识。

1936年春天的一日，北平大学医学院四年级的学生正在上微生物课，他们在各自的位置上就座。这是平常的一天，也是平常的一节微生物课。但对姜泗长来说，这节课为他未来的生活埋下了伏笔。

1936年4月17日，姜泗长与吴幼霖在北平大觉寺留影

姜泗长的实验台正对面，坐着一位姓吴名幼霖的女同学。尽管是同学，但男女授受不亲的古训，像一条无形戒律左右着男女同学的行为举止。老师做完示教，讲了注意事项后，同学们开始埋头于自己的实验。姜泗长也按着老师指导的操作程序，一步一步认真地做着。

第二天，当一个圆圆的细菌胚胎出现在姜泗长的眼前时，他兴奋地要叫出声来，赶忙招呼旁边的同学和他分享这小小的成功。同学们从座位上站起来走动，互相比较着各自的实验结果。这时，姜泗长发现对面的吴幼霖始终坐在原位上没出声。吴幼霖也抬起头来，看到了一双充满热情的眼睛在看着她，那神情好像在说："我来帮助你。"吴幼霖感到一个高大的身影已经站在她的旁边。"我帮你看看！"真真切切的声音传来。吴幼霖没有说一句话，只是微笑着站起身来，让出位置。姜泗长此时俨然一个教师的形象，一边示范，一边讲解。不久，一个令人兴奋的结果，同样出现在吴幼霖的实验器皿中。

"谢谢你！"姜泗长听到一个充满柔情的声音。他抬起头，第一次认真、大胆地端详这位女同学，匀称丰满的体态、微微上翘的嘴唇、细边眼镜下一双不大但很有韵味的眼睛。

有了第一次交往，就有了第二次。一来二去，不知怎么，两人总能找到交流的方式，一个眼神、一个举动，不用说什么，彼此就心领神会。23岁的姜泗长，开始被娇巧、文静的吴幼霖吸引。

当时，学生的座位是按学习成绩的好坏来排的。姜泗长总是考第一，自然总是坐在第一排，吴幼霖坐在他的后面。同学几年，吴幼霖对姜泗长这位考试总是得第一的男同学颇有好感，对他总是站起来发言的身影有特别的记忆。这个背影留给年轻姑娘一个美丽的想象，但他们从没有说过一句话。从吴幼霖的个性，到她所处的客观环境，不论从哪个角度讲，要她主动和一位有好感的男同学说话，似乎是一件很难的事。吴幼霖想，如果不是那节面对面的微生物课，不是她实验的细菌培养不出来，不是姜泗长热情地帮助她，他们会有两心相交的机会吗？一想到这儿，吴幼霖的脸一下子红起来。

上课时，吴幼霖的眼睛开始下意识地注视前排那个有着宽宽肩膀、黑黑头发的男同学。下课后，姜泗长也寻思着找机会和那位戴着细边眼镜、体态娇柔的女同学说几句话。“心有灵犀一点通”，两人开始不约而同地一起出校门。恰巧都是走读生，放学后，他们可以同走一段路程。往常上学和放学时要经过的那段尘土飞扬、需要捂鼻捂嘴快跑的路，现在走来，却怨它太短。天被风沙吹得乌蒙蒙的，脸也被沙土染成了黄色，但这些并不影响两个年轻人洋溢爱的热情。飞扬起来的尘土在他们看来，都变得异样亲切。

吴幼霖不善言辞，但每每说出来的话，总是那样得体、周到。说起中国庞杂久远的历史来，她头头是道；对历史知名人物的生平事迹，她如数家珍。这使只知读医书的姜泗长感到好奇和新鲜。

从学校出来，可以同走这条不算长的路，成了他们每天最期盼的时刻，但孕育在心中的话还没有说出口，就到了各奔东西的岔路口。吴幼霖的家在东城，姜泗长的家在西城。吴幼霖的家教格外严，父母要求她放学后按时回家。

终于有了一个相约出来散心的星期天，那是一个风和日丽、阳光明媚的日子。在北海公园杨柳依依的绿荫小道上，两个年轻人并肩走着。

姜泗长显得很激动。女孩子能上大学，在那个时候并不多见。当时班上一共有4个女同学，其中一位已经结了婚。

姜泗长禁不住问道："家里很支持你读书？"

"我是家里唯一的女孩子，父亲拿我当男孩看。"吴幼霖说道。

两人你一句、我一句，越说越投机。

突然，听到一声惊恐的叫喊："有人投湖了！"

两人回过头来四处张望，看到一个男人正在湖中挣扎。

吴幼霖焦急地对姜泗长说："快把他救上来！救人一命，胜造七级浮屠。"

根本不会游泳的姜泗长来不及多想，就跳进湖里，幸而水不深。那个男人很快被救上来，但几乎没有了呼吸。作为医科大学的学生，姜泗长又毫不犹豫地为落水人做了口对口的人工呼吸。投湖人终于苏醒过来，谁知，好心并没有好报，此人没有半句感谢的话，反而埋怨姜泗长救了他的命。周围很快聚满了围观的人。

"快走！"吴幼霖拉着姜泗长从人群中挤出来。

看着落汤鸡似的姜泗长，吴幼霖咯咯地笑着。那天为了约会，姜泗长特意穿上西服，换上皮鞋，这下可好，全毁了。

世界上的事情就是这样充满着矛盾和同一。吴幼霖没有抱怨投湖人无理的表现，她像做了一件十分得意的事情一样兴高采烈。

姜泗长这时发现吴幼霖纤秀的外表下，有一颗金子般的心，她是那样的纯真、善良。眼前这个女子越发让他喜爱，此时，他想把吴幼霖拥在怀中。但从吴幼霖那理解和坚定的眼神里，他明白现在这个举动还为时过早。

也许是因为吴幼霖的矜持，也许是因为姜泗长的个性，他们的爱情像一棵刚刚冒出来的小芽，在北海公园的碧波旁渐渐长大。

吴幼霖毕业于北京贝满女中，中国优秀的文学家冰心就毕业于这所中学。中国传统女性的矜持和保守，在吴幼霖的个性中反映得尤为明显。吴幼霖对他若即若离的态度，让年轻的姜泗长经常无所适从。

在不断的接触中，姜泗长知道，吴幼霖生长在江南水乡安徽省肥东县六家畈。其父在北京做官。当初，为了让女儿受到良好的教育，他把5岁的吴幼霖接到了北京。

吴幼霖和姜泗长恋爱的消息，终于传到了双方父母和亲朋好友的耳朵里。吴幼霖家里得知女儿恋上了一个穷学生，全家人反对。在国民党政府内就职的叔叔知道后，对吴幼霖说："医生有什么出息？我要给你找一个军人，少将！"

不久，吴幼霖的叔叔真的给她介绍了一个少将，但他没想到，侄女并不听他的话去见那少将。

吴幼霖的举动，在吴家震荡起一场风波。吴幼霖的叔叔坚决反对，吴幼霖的父亲倒开通地没有表示强硬的反对意见。但不论家里有怎样不同的看法，她都毫不动摇，吴幼霖认准姜泗长是她今生今世要爱的人。

姜泗长从吴幼霖的叙述中，才得知她复杂的家庭背景。

吴幼霖的父亲吴中英幼年时家境穷困。吴中英的父亲早逝，吴中英的母亲带着子女4人艰难度日。吴中英勤奋好学，成绩出众，以"中华英杰"自励，立志"膏泽斯民"，并深得前清举人、一方人文泰斗吴孟贞的赏识，被他视为不可多得的人才。

在一次学子会试中，吴中英因不满主试人的傲慢无理，在应试的诗文中略有微辞，遭到主试人脚踢。对此，吴中英认为是奇耻大辱，愤然离乡北上，弃文就武。

吴中英只身离家，来到北京，适逢他的老师吴孟贞被聘为北洋军将领段祺瑞的家庭教师。经吴孟贞推荐，吴中英进入陆军速成学堂和军官学堂学习，后以优异的成绩毕业并留校任教，成为段祺瑞的得意门生。不久，吴中英任紫禁城守备，为正五品官员。

在守卫紫禁城的日子里，吴中英目睹了清朝政府的腐败和无能，每每扼腕痛惜。受革命党人的影响，吴中英觉悟到，中国非由革命而改行共和不足以图存，并以拥护共和为职志。武昌起义爆发后，冯玉祥等人在滦州成立北方革命军政府，宣布滦州独立。滦州起义失败后，冯玉祥被囚禁。吴中英得知消息，立刻组织营救，冯玉祥终于脱险，从此两人结为金兰弟兄。后来，吴中英回家乡办起了煤矿和教育事业，并与当地军阀联合组织抗日活动。

对吴幼霖的家庭了解越多，姜泗长的心里就越不安，日子在一天又一天的幸福和忧虑中度过。吴幼霖不顾家庭的反对，更加钟情于姜泗长这个前途未卜的穷医生。北海公园成了这对青年人爱情的摇篮。那时，他们每个星期至少去两次北海公园。在北海公园的石凳上，在绿荫环绕的小道旁，都留下他们青春的影子。

两位青年人正沉浸在幸福之中时，传来国民党政府与日本签订卖国的“何梅协定”的消息。华北形势千钧一发，平津危在旦夕。蒋介石顽固坚持“先安内，后攘外”的政策，妥协投降。爱国学生们个个义愤填膺、热血沸腾。一向不问政治的姜泗长和吴幼霖开始身不由已地关心时局的发展，也积极投身于轰轰烈烈、举世闻名的“一二·九”运动中。他们的同班同学黄树则、徐鸿图成为学生运动的领袖人物。刚完成理论课学习，他们便投奔到革命队伍中去了。这场运动对姜泗长触动很大。

“一二·九”运动后，全校同学罢课，校园一片寂静。这时，热心于革命活动的同学非常活跃，更多的学生则是无所事事。姜泗长不愿把时间白白浪费掉，经过努力，来到北平大学医学院的附属医院，成为一名编外见习生。

那半年的时间，对姜泗长以后的学习、工作产生了积极影响。他整天跟着内科主任看病人，发现自己需要学的东西太多了。半年后，学校恢复上课，他重返课堂更是惜时如金，努力学习基础知识。

姜泗长在北医附属医院见习时，吴幼霖回到了相对安全的老家安徽。复课后，她也及时赶回学校。

两人相约又来到北海公园。就在他们坐在杨柳依依的湖边石凳上情意绵绵、畅想未来的时候，突然，一阵阵紧张的钟声在北海公园响起。敲钟人一声声高喊着：“日本人进城了，游人赶快回家！”这时，卢沟桥的隆隆炮声一阵阵地传来。

吴幼霖紧张地看着姜泗长：“怎么办？”

“我先送你回家！”姜泗长说。

两人急忙跑到北海公园的大门外。一辆辆耀武扬威的日军坦克隆隆地向城里开，路人个个行色匆匆、惊慌失措。

1937年“七七事变”后，北平开始了被日寇统治8年之久的悲惨历史。从此，北海公园不再属于姜泗长和吴幼霖他们。中国经受着一场深重的民族灾难，北平大学医学院也开始进入动荡的时期。

“留在北平就意味着当亡国奴，我想到南方去。”姜泗长对父母说。

“我看也是，出去说不定还能闯出一条生路来，比在北平等死强。”母亲刘锡佩很赞同儿子到南方去的想法。

“去南方之前，必须先将吴幼霖送回安徽老家。”不管最后的结果怎样，先送吴幼霖回老家，这在姜泗长看来，是不可推卸的责任。

吴幼霖生在富豪之家，姜泗长的家庭只能算一个小康门户，贫富相差悬殊。此次安徽之行能否得到吴幼霖父母的认可，还是未知数。

顾不得多想，姜泗长、吴幼霖两人匆匆踏上逃难的路途。来往行人络绎不绝，哭声、喊声不绝于耳。两个迷惘的青年学生夹杂在凄凄惨惨的人海车流中，慌慌赶路。

到了晚上要住店，不巧，只有一间房了。吴幼霖急得脸通红，她和姜泗长还没有结婚，按理是不能住在同一间屋里的。姜泗长倒暗暗窃喜，他们相恋已一年多，晚上能住在一起，两人总能亲热一会儿吧。进了房间，姜泗长兴奋地躺在床上舒展了一下身子。他太累了，不仅是身体累，更重要的是心累。

姜泗长知道吴幼霖爱他，可她又像防什么似的整天躲着他。平时，吴幼霖连拉拉手的机会也很少给他。“今天两人在一间屋里，她也无处可去，吴幼霖不会再像以前一样‘躲’着我了吧。”姜泗长得意地想着。而吴幼霖简单洗漱完，不再和他多说话，就坐在对面的凳子上动也不动。

“你穿着衣服，咱们背对背地睡行不行？就一张床，你说怎么办？”姜泗长心急火燎地对吴幼霖说。

吴幼霖像是没听见姜泗长的话，坐在那里还是一动不动。

姜泗长急了：“你不能这样坐一夜吧？！”吴幼霖的脸通红通红，但她仍是纹丝不动。

夜深了，困意袭来，姜泗长沉沉地睡过去。清晨，他睁开眼睛，发现吴幼霖仍静静地坐在那里。

对于吴幼霖的“执拗”，姜泗长算是服了。

带着满身的尘土、一身的汗水，两人终于走到了村口。远远望去，一个40岁开外的男人站在那里眺望。“是不是父亲派人来接我们？”吴幼霖说。果然，来人朝他们奔过来，接过行李，大步向村里走，先报信去了。

姜泗长拘谨地跟在吴幼霖后面，进了吴家大院。江南的灵秀、北方的粗犷，在这雕梁画栋的院子里融为一体。不大一会儿，吴中英从门外进来，腰板笔直，嗓音洪亮，举止中透着十足的军人气质。他也在观察姜泗长，文质彬彬，面容清癯，谈吐不俗，一口标准的北平话。从女儿的神情中，吴中英已看出，女儿对这位年轻人的情感绝非一时冲动。他了解女儿，也相信女儿，不是真心相许，她绝不会做出轻率的决定。再仔细看上去，眼前这位年轻人真是仪表堂堂、相貌不凡，有一种儒雅谦逊、让他喜欢的气质，这深得吴中英的好感。对这未来的女婿，吴中英的第一感觉很好，这也就冲淡了吴家人对医生的偏见。

第二天，吴中英没有叫女儿，只带了姜泗长一人去爬山。两人站在山顶上眺望：环山依水，阡陌相接，村西临湖，一派秀丽的江南风景。

湖面的清风吹过来。“你看，这里的风景多好，是办教育的好地方。留下来跟我办教育怎么样？”吴中英问道。

这句平平常常的问话，预示着吴家已经接受吴幼霖找了一个穷医生做丈夫的现实。

“我还是喜欢医学。”姜泗长对未来的岳父说。

学医、从事医学是姜泗长从小就有的愿望。对于搞教育工作，姜泗长还未考虑过。到了晚年，他虽也从事教育事业，但那是医学教育，这是后话。

“我不能强你所愿，但办学校是我一生的愿望。”吴中英望着远处，若有所思地说。

姜泗长想，这位做过官、当过军人，又做商人的岳父大人对教育事业的热爱，大大出乎他的预料。后来，姜泗长得知吴中英终偿夙愿，创办起了一所学校，名为“湖滨中学”；并筹资为该校办起图书馆，名曰“焕章图书馆”，以纪念自己的兄长、朋友冯玉祥先生。从这所学校里走出了许多杰出人才，也算是实现了吴中英的理想和愿望。

父亲约姜泗长单独上山，这让吴幼霖很是担心了一阵，父亲事先并没有和她打招呼，不知父亲的葫芦里卖的什么药。几个小时过去了，吴幼霖才见父亲和姜泗长从门外进来，两人都面带喜色。她从父亲的神情中看出，他老人家已经完全认可了自己的选择。

“父亲很喜欢你。”吴幼霖兴奋地对姜泗长说。

姜泗长在吴幼霖家住了一个星期，颇得吴中英的好感。姜泗长要走了，吴家全家人出来相送。这对一个未过门的女婿是最高的礼遇了。

迈出吴家的门，姜泗长悬了多日的心总算放下了。开始，他担心吴家不接受他这个穷医生。再后来，吴中英提出让他留下一起办教育，他没有应承，一再告诉老人家他从小的愿望就是当医生，老人大度地表示理解。经过几天的接触，姜泗长发现吴中英是一个开通的人，他很高兴自己将有这样一位令人敬重的岳父。

四、从医生涯第一站

带着简单的行李，怀着欢愉的心情，姜泗长到了南京。站在南京火车站，他四处望去，没有亲人，没有朋友。他想起母亲，想起父亲，还有哥哥、姐姐们。临行前，父母亲对他的嘱咐，像烙铁烙过一样印在姜泗长的心中。

“如果将来你有本事，在外站住了脚，有了钱，姜家的人找你，你不要理；如果你在外饿死、穷死，也别找姜家的人。”这是母亲刘锡佩在对他说。

“告诉你的哥哥们，不管日本人给多少钱、许做多大官，我绝不会当汉奸。”这是父亲姜世尉在对他说。

姜世尉早年留学日本，说得一口流利的日语，在当时的情形下，很容易被日本人所利用。

父亲的忠厚、善良、自律，母亲的坚忍、聪慧、开明，留给姜泗长一生受用不尽的精神食粮。南京之行，使姜泗长开始了艰辛的人生之路、从医之路。

姜泗长想起怀里揣着父亲的一封信。临行前，姜世尉对儿子说：

“到了南京，有困难就去找刘瑞恒。他是当今的卫生署署长，也是我当年结下的把兄弟，也许会帮助你。”

姜泗长拿着姜世尉的亲笔信，辗转找到了刘瑞恒的家。他忐忑不安地敲门后，听到一阵脚步声由远而近地移至大门口。“找谁？”里面传出来一个声音。姜泗长赶紧将父亲的信递进去。来人仔细看过信后，又透过门缝把姜泗长上下打量一番，才让他进来。

宽大的庭院，富丽阔绰的摆设，一尘不染、十分考究的家具，说明主人的显贵和富足。站在漂亮的地毯前，姜泗长紧张得不知如何是好。“请换鞋。”管家在一旁说。

姜泗长诚惶诚恐地站在刘瑞恒的面前，将父亲的信递了上去。

“你爸爸怎么样？”刘瑞恒客气地问道。

“还好。”姜泗长又急忙将北平大学医学院的毕业证书从怀里掏出来，递给刘瑞恒。

“学医好哇，你就到南京中央医院去吧。现在打仗需要医生，我跟沈院长说一声。”

不巧，南京中央医院院长沈克非应国际联盟卫生部之邀，赴欧洲考察各国卫生机构去了，为期1年。姜泗长感到有些遗憾。当时任南京中央医院副院长、耳鼻咽喉科主任的胡懋廉接见了他。

姜泗长没有想到，胡懋廉这位面容慈祥、谈吐温和的长者，日后会成为他的恩师和引路人。

“你的东西就这么一点儿吗？”南京中央医院外科住院总医生许殿乙看着姜泗长手里那一只小小的手提箱问道。

可以说，除了身上穿的，姜泗长几乎一无所有。那手提箱里，仅仅是几本医学书和一点杂用品。

“你晚上盖什么？”许殿乙很纳闷儿。

是呀，晚上盖什么？这个问题，姜泗长还没来得及想。好在是热天，随便盖个什么也能凑合过去，可是天总得冷起来的。

天渐渐凉了，姜泗长又想起父亲的话。“如果你生活上有什么困难，可以试试去找一个叫韩文信的人。这个人正直，很愿意帮助年轻人。”

姜泗长又找到韩文信——一位牙医，个体开业者。

一看见仪表堂堂、魁梧高大的韩文信，姜泗长心里就感到踏实。韩文信知道这位青年人的来意后，指着家里一大摞质地不同、花色各异的被子对姜泗长说：“你看上哪个，就拿哪个。”举止里透着江湖人的豪爽和知识分子的文雅。

姜泗长挑了一床档次最低的棉被。

“还需要什么，尽管来我这里拿。”韩文信又说。

这床被子伴随着姜泗长度过了8年的抗战岁月。

一来二去，姜泗长和爱交朋友的韩文信也熟悉了，有了闲暇便往他家去。

韩家常常是高朋满座。韩文信的侠义、热情、正直给姜泗长留下了很深的印象，也给年轻的姜泗长开辟了一个广阔的思想空间。

后来，姜泗长得知，韩文信是刘瑞恒的妹夫。韩文信出生于一个贫苦人家，自小就很有志气，学习成绩始终优异。韩文信早先毕业于燕京大学，后来做了美国的买办，近40岁时，异想天开地想学牙科。刘瑞恒不以为然，认为韩文信年龄太大，就是学，也学不出个样了。但韩文信决心已下，毅然到了美国，苦学4年，获得医学博士学位。他不仅学成了，而且成为中国三大著名牙医之一，社会上的许多名流显贵都找他治牙。

1946年年初，国共和谈时期，中共中央军委曾派专机接韩文信到北平为叶剑英治牙。牙看好了，韩文信并不收钱，他说："我知道你们共产党人没有钱，我也不要你们的钱。"通过看病，韩文信和中共许多高级领导人建立了友谊，成为朋友，尤其和周恩来的友谊深厚。韩文信与周恩来自幼即相识，韩文信的妻子与邓颖超又是同窗好友，因此，两家来往非常密切。抗日战争时期，韩家住在重庆南开中学校园内。周恩来去南开中学时，常到韩家去，有时就在那里召开共产党的会议。韩文信不仅和周恩来是朋友，和国民党的蒋介石、戴笠、毛人凤等人也是朋友。

1949年上海解放前夕，人心惶惶，到处一片混乱。韩文信并未惊慌失措，他在家门上，一边贴着蒋介石的照片，另一边贴着周恩来的照片。韩文信想，他与蒋介石、周恩来的个人交情甚厚。不论是共产党接管，还是国民党掌权，他凭本事吃饭，用不着害怕。

当年，韩文信不仅给了困难中的姜泗长一床被子，还给了姜泗长做人、做事的启示。

毛泽东曾说："有这么一个医生，没有政治立场，给什么人都看病，和共产党交朋友，和国民党也交朋友。不过，这个人有个性，有气节，乐于帮助年轻学生，主张正义。"

毛泽东就是这样评价韩文信的。

第二章

幸遇恩师

一、严师沈克非

姜泗长成为中国医学工作者的楷模以后，不少人问他：当初您心中的楷模是谁呢？

在中国的医学界，尤其是外科学界，没有人不知道沈克非教授。即使从未见过沈克非的人，也或多或少地听到前辈们谈起他们的老师沈克非的故事。慢慢地，年轻一代的医务工作者提起“沈克非”这个名字，也有如雷贯耳的感觉。因为，他们从自己老师的身上或老师的老师身上，看到了沈克非的影子。

沈克非（1897～1972年），姜泗长的老师，曾任南京中央医院院长。图为1946年，他代表中国参加在美国举行的世界卫生组织筹备会议时所摄

正如诗人臧克家所说：有的人活着，他已经死了；有的人死了，他还活着。

沈克非是怎样造就了中国一代又一代杰出的医学家呢？

1937年夏，姜泗长在刘瑞恒的指点下，来到南京中央医院做实习医生。

恰时，院长沈克非和夫人正在巴黎考察。他们闻听卢沟桥战事爆发，国难当头，当即从欧洲赶回国内。

沈克非刚刚从欧洲回来，就召见了姜泗长这个初入医学门槛的青年人："现在正打仗，外科需要人，你就搞外科吧。"

沈克非的几句话就为姜泗长选定了今后发展的大方向。沈克非双眸炯炯有神，气度非凡，姜泗长年轻的心中油然升腾起敬慕之情。

从此，姜泗长便开始在这位严厉的师长教育下行医做事。

姜泗长的第一个带教老师，是许殿乙，他后来成为中国人民解放军总医院第一任泌尿外科主任。

1年前，姜泗长曾作为见习医生跟在科主任后面。那时，他是学生，别人对他没有太高的要求。今天不同，他是一名医务工作者，在医院的一个岗位上履行作为医生的职责。

各个医院的布局大同小异，医疗质量却有高低之分。姜泗长跟在许殿乙后面，从一位病人床旁到另一位病人床旁，又从病房到门诊。他心里有了比较，这里一切井然有序，医护作风严谨，这所医院比自己做学生那会儿实习的那所医院好！

姜泗长看到，比自己大不了几岁的医生熟练地处理各种情况，这一切都令刚到中央医院的他十分羡慕。

还没有搞清医院周围的一切，抗日的战火便步步紧逼，不断地传来日军飞机的轰炸声和中国妇女、儿童的哭喊声，四周一片混乱。日寇飞机空袭时，姜泗长在上级医生的招呼下来到教学楼一层，他看见沈克非院长正在紧张有序地指挥全院人员："大家原地坐下，双手抱头向下。"后被医生们戏称顾头不顾腚。

大家看到神情镇定、从容自若的沈克非，都镇静了许多。有沈克非在，就有医院在，大家像是吃了定心丸。

空袭警报解除后，大家发现两个直径约3米的弹坑出现在楼北空场，还有一枚500磅的炸弹横卧在那里。万幸的是，那是一颗哑弹，否则后果不堪设想。

空袭警报时时响起，渐渐地，大家发现，沈克非很少进防空洞躲避。日寇的飞机就在头上盘旋，沈克非却兴致勃勃地站在树丛中观看激烈的空战，还时不时跳跃起来欢呼每一架被击落日机的坠毁，那动作活像个孩子。

不久，日军逼近南京，中国守军的大量伤兵住进医院。沈克非果断地将原先的350张床位，一下扩成1200张，后来又积极想办法，将医院的一部分床位设在了南京郊区一所学校里。在医院决定向内地转移时，沈克非要求医院带着1000多名伤兵一同转移，医院上上下下的工作量及工作难度可想而知。

外表严厉的沈克非心地却非常善良，他处理问题都本着“人道”和“爱国”的原则。只要是病人，他都同等对待。

一到长沙，沈克非便带领大家重新建院，几天时间，就又开始了正常的医疗门诊工作，医院成为当时救治伤员的中心。

一心要干好工作、学好本领的姜泗长，跟在上级医生的后面，努力地干这干那。许殿乙对姜泗长提醒道：“沈院长很严厉，你要注意，别让他抓住你什么。”

在以后的日子里，姜泗长也不断从其他医生口中听到有关沈克非很严厉的故事。

姜泗长听说，为了制止上班迟到的现象，沈克非竟提早到院，拿把椅子坐在大门口。来上班的人看见沈克非坐在门口，都加快了脚步。看见晚到的人，沈克非就大声地慢慢说：“Good morning（你早）！”只一两次，就再也没人敢无事晚到了。

只要提到沈克非的名字，“大”、“小”医生们就似乎感到一双严厉的眼睛盯在身后。

每周四全外科大查房是医生们最紧张的日子。早上8点钟，沈克非会准时出现在病房里，年轻医生要比他更早地来到病房做好一切准备工作。从实习医生到主任医生，在头天晚上，每一个人都要认真查阅有关的文献，熟记自己所管的病历。沈克非问的所有问题，都要求医生能准确回答。如果回答不上来，他会毫不留情地当众批评，甚至挖苦你。当然，你也会从这种挖苦中增长见识、学到东西。

医生们只要发现沈克非从病房的那一头远远地走过来，个个都紧张地整衣正帽，说不好哪一点没做好，就会让沈克非抓住，让你当众下不来台。

沈克非查房时，站队都很有规矩，他要求实习医生站第一排，住院医生站第二排，主治医生站第三排，主任医生站最后一排。一次，一位实习医生乱站，沈克非幽默地说："山羊归山羊，绵羊归绵羊。"

沈克非让年轻的医生站在前面，一来，他方便提问；二来，年轻的医生可以听得清楚。沈克非提问题也是先从实习医生开始，答不上来就轮到住院医生，再就是主治医生，还答不上来就让主任医生答。沈克非每一次查房，每一级医生都有所收获。

当时，医院有好几个外科病房，这次沈克非查了这个病房，下次他查哪个病房，谁也不知道。所以，全体外科医生都要认真准备自己分管病人的有关情况，熟悉病情，充实有关的知识。

又到了周四沈克非大查房的日子了，医生们围拢在他的身边，目不转睛地听他分析病例。突然，沈克非转过头来点着姜泗长的名字问道："请你详细叙述一下腓长肌的神经分布。"

这个问题不难，但很偏，姜泗长答上来了。说实话，沈克非没有想到，姜泗长这位才来几天的实习医生能够从容地回答这个问题。从沈克非的神情中，姜泗长看到了"满意"两字。

姜泗长对自己第一次回答没有被沈克非问倒，很是得意。

下一次周四大查房，姜泗长照例站在实习医生队伍中间。沈克非突然又问他："你说一说，为什么病人身体右边出汗，左边

实习医生姜泗长

不出汗？”这一回，姜泗长回答不上来了，他紧张地看着沈克非。

“我也记不住了。你去查书，下次再问你。”沈克非说。

沈克非不仅提问姜泗长知道的问题，也提问他记得不太熟的问题。姜泗长想，沈院长是不是在告诫他不要骄傲，要多读书、多看文献。

姜泗长来到湘雅医学院图书馆，查到了有关内容，逐字逐句全部抄下来并背得滚瓜烂熟。他在精心准备沈克非的下一次提问。

又一个周四沈克非大查房。那天一早，姜泗长又把沈克非的问题默背了一遍。他还为自己假设了几个问题，都能圆满地回答，便信心十足地站在查房队伍中，抬头就看见沈克非从金丝边眼镜后面投过来严肃的目光。

果然，查房一开始，沈克非就提问他。姜泗长做了充分的准备，回答得很流利，他再一次看见沈克非满意的神情。

沈克非的眼睛在实习医生心目中就像一架摄像机，任何不得体的行为举止都休想逃脱。查房时，看见有的医生不由自主地叩碰病床床架，他会严厉地批评：“如果你是手术后的病人，受到这样的碰击，你说伤口痛不痛？”沈克非强调医生要保持在细微之处为病人着想的意识，有损于病人的哪怕一丝一毫的行为，他都是不允许的。

沈克非不仅注重培训医生的医德和行为，在着装上也同样严格要求。他认为一个医生如果没有良好的形象，就很难赢得病人的信任。在他的要求下，医生们都身着熨得非常平整的工作服上班。

医生们也仔细观察他们的沈院长，发现不管多忙，沈克非的皮鞋都是锃亮的，衣服都是平整干净的，头发更是梳理得一丝不乱。

一次查房时，一位医生没来得及梳一头乱发，就躲在众人后面，但最终还是没有逃过沈克非的眼睛："医院有的是凡士林，蹭一点儿抹在头上。"在场的医生个个面面相觑，没有一个人敢笑出声来。

沈克非批评医生毫不留情，但查房时如果有病人在场，他就用英文批评你。沈克非很注意在病人面前维护医生的形象。

皮鞋不亮不行，衣服不平不行，学问不好不行，沈克非全方位地要求每一位在他手下工作的医生。

上手术台时，沈克非要求做助手的医生提早到达手术室，做好一切准备工作。他说："我8点钟做手术，就是8点钟'见血'，而不是8点钟才进手术室换衣服、洗手、消毒、麻醉。"

在手术台上一站常常就是几小时，做助手的注意力稍不集中，递慢了器械，他的脚就有可能受到沈克非的重重一击。比如助手在手术切口处，钳夹出血点，多带了一点儿附近的软组织，这是沈克非不能允许的，他要求一次到位、准确无误。沈克非的严厉，常常使手术台上下的医生、护士紧张得不敢有半点疏忽。

尽管时时都有遭遇指责的可能，但医生们都愿跟沈克非上手术台，因为上一次手术台，就有一次新的收获。医生们看着沈克非解剖层次清楚、视野显露好、干净利落的手术技巧，无不由衷地敬佩。沈克非多次告诫年轻医生："要做解剖式的外科医生，不要做外科式的手术医生。"他还说："手术前，我要看一遍解剖；手术后，我还要看一遍解剖。”

每当手术顺利结束，走下手术台，脱去手术衣，沈克非常常会轻松地拍拍年轻医生的肩膀，和他们开开玩笑，台上、台下顿时判若两人。

不管手术进行到多晚，下了手术台，沈克非做的第一件事就是写手术记录。第二天，你准能看到沈克非亲自写好、由秘书整整齐齐打印出来的英文手术记录已夹在病历中，并签了字。

“我签了字，就负责到底。”沈克非说。

沈克非常常教育医生们说：“医生应该每天和自己所管的病人见一面，这样可以给病人带来莫大的安慰。”他是这样说的，也是这样做的。凡是他亲自做手术的病人，没有特殊情况，他都保证每天来到病人床旁巡视。

在手术室里眉头紧锁、异常严厉的沈克非，到了病房，见到病人，就完全变成了另外一个人，一个面带微笑、态度亲切、慈眉善目的人。没有一个医生不怕他，但从没有听说哪一个病人怕他，病人都很喜欢他。

按沈克非的学历、资历和技术水平，在那个年代，他完全有条件私人开业。当时，大学教授的生活非常艰苦，有一点办法的外科医生都开私人诊所，收入很高。而沈克非坚持只在公立医院里工作，他不仅从未开过私人诊所，甚至不愿意接收开过业的医师到医院里工作。

他的女儿看见父母为她的学费发愁，不得不向亲戚朋友借钱时，就问沈克非：“爸爸，你为什么不开一个诊所呢？这样，家里的经济条件会好一些。”

沈克非的回答让她知道了父亲的心迹：“学医不是为了赚钱，我绝不会把人道主义的医学用来赚钱。”

沈克非又告诉他女儿：“在公立医院工作，我不仅可以救治更多的病人，而且可以将知识传授给更多的学生。”

20世纪40年代初期，在国外留学的人陆续回国，无形中有了派系之分，分成英派、美派、德派、日派，而德派还分为同济派和同德派，但沈克非说：“我们医院只有中国派。”

在沈克非的严格要求和管理下，医院内各个医疗机构层层以严字当头，蔚然成风。他团结全院医护及教职员工在那个硝烟弥漫、艰难困苦的战争年代，把医院办成了一所高水平、高质量、高风尚的医院。

在抗战时期，教育、卫生经费极少。沈克非仍坚持严格按无菌、隔离的条件建设手术室。在因陋就简、由竹篾片搭起的教室、实验室、宿舍平房群中，建起了独一无二的砖墙楼房手术室。那高高竖立的手术室，鹤立鸡群，十分醒目。在当时职工们的食宿都非常困难的情况下，手术室在清洁、卫生、无菌、隔离等方面都达到了有关规范要求的标准。没有沈克非一心为病人着想的指导思想，恐怕是难以做到的。

1946年，沈克非作为创办国之一的中国的代表，参加了在美国举行的世界卫生组织筹备会议，并代表中国在《世界卫生组织组织法》上正式签字。南京中央医院的年轻医生们知道了这一消息，无不为自己是他的学生而自豪。

沈克非的“严”里常常透着长者的爱，医生们都怕他，又都很喜欢他。

一次过春节时，大家想在一起聚餐。当时的住院医生一共有7人，人称“七君子”，大伙儿便分头去准备东西。

有一位负责买食用油的“君子”，连最简单的生活常识都没有。他竟然跑到油漆店去买油，站在油漆店柜台前，看着黏糊糊的油漆不知如何是好，还很纳闷儿这“油”怎么炒菜，但最后还是买了一斤“油”回来。大家看到他买回来的油漆捧腹大笑，一时传为笑话。

当时任住院医生的姜泗长为了这次聚餐，买了两条鱼走在回医院的路上。恰巧，沈克非的汽车开过来。他停下车探出头来问，得知年轻医生们要聚会，就高兴地说："我出钱再给你们加两个菜。"并让姜泗长坐他的车一道回去。

20世纪40年代初，曾在沈克非手下工作、学习的医生们都知道这样一件事：

当时，作为国际外科学会中国分会会长的沈克非亲自给出国人员出了5道考试题。参加考试的人员中，就有后来成为我国著名外科学家的黄家驷。

卷子交到沈克非那里，他发现，黄家驷完全答对了4道题。然而，有一道要求描述肩关节的实用解剖学的题，被黄家驷答成了髋关节的实用解剖，完全答非所问。沈克非又重新看了一遍，发现黄家驷对髋关节的描述完整无缺、无可挑剔；再细想，髋关节的解剖远比肩关节复杂，这显然是看错了题，而绝无避重就轻之嫌。但毕竟是答错了题，按照沈克非一贯严厉、严格的作风，完全有理由只给黄家驷80分而取消他的出国机会，令人意外的是，沈克非给了黄家驷满分100分。

设想一下，如果沈克非一味机械地"严"，那么中国就少了一位著名的外科学家，而多了许多平庸的医生。沈克非不但爱才、惜才，更可贵的是，他会爱才、会惜才。

在医生们的眼中，沈克非近乎完美：相貌非凡，举手投足都透着神气，手术做得漂亮，讲课讲得深透。年轻医生们爱跟他上手术台，更喜欢听他的课。他用丰富的知识、幽默形象的语言把一堂堂枯燥的医学课讲得生动有趣。尤其是讲解剖时，他生动地将脊髓在管腔里漂浮的动态情景，描述得像一幅风景画，使人终生难忘。

例如，在讲痔疮时，他说："十男九痔，十女十痔，如果不痔，时机未至。"旧社会的妇女怀孕次数多，因此更易生痔疮。他在讲胆结石症时说，要记住"4个F"。第一个F是Female（女多于男），第2个F是Forty（多发于40岁左右），第3个F是Fatty（病人的体形较肥胖），第4个F是Fairy（病人一般比较漂亮，如优雅的女士，因为喜欢紧缩腰部，容易使胆汁流通不畅）。

沈克非查房用英文，讲课用英文，在一切正式场合，他常常喜欢用英文，这给医生们留下了一种印象："沈院长的英文比中文好。"一次，沈克非一改往日以英文为主的讲课方式，而用中文讲课。这一天，他比往常多带了一本中文字典来到课堂。沈克非环视着整个教室："今天，我不用英文，改用中文试试。"说完，他笑了笑，那笑容里包含着让你们瞧瞧的意思。那是他第一次用中文讲课。正是因为第一次听沈克非用中文讲课，半个多世纪后，姜泗长仍清楚地记得那堂课讲的是如何诊治腰痛病。

从病理、病因、症状到治疗方法，"讲得清楚极了"。姜泗长多年后说，"那堂课生动、有趣，我终生难忘。"事实上，沈克非讲的每一堂课都生动，使人印象深刻。一堂课听完不需复习，已经铭记在心。

他用中文讲课之后，医生们信服了沈克非的中文和英文一样的好，无不为他雄辩的口才所折服。

1938年，就在紧张地抢救伤兵的日子里，姜泗长不幸患上了肺结核，当即病倒在床上。在当时，对肺结核没有特效的疗法和药品，患了这种病就意味着死亡，唯一能够做的就是静卧在床。虚弱的姜泗长连翻身的力气都没有。

仰望着天花板，姜泗长万念俱灰。

他想起了父亲姜世尉说过的话："告诉你的哥哥们，不管日本人给多少钱、许做多大官，我绝不会当汉奸。"

他也想起了母亲刘锡佩说过的话："如果将来你有本事，在外站住了脚，有了钱，姜家的人找你，你不要理；如果你在外饿死、穷死，也别找姜家的人。"

不知父母现在怎么样，父母的养育之恩还没有报答。

“我不能回去，因为没有路费；就是有路费，也不能回家再给父母增加困难。”姜泗长这样对自己说。

护士们偷偷拿来中国共产党在国民党统治区出版的《新华日报》给他看。姜泗长从报上看到：国民党腐败，在抗日战场上节节败退，前方吃紧，后方“紧吃”。共产党则坚持抗日。但共产党在哪里，姜泗长茫然不知。

国家前途无望，个人前途更是渺茫。身体虚弱加上心情郁闷，他几乎就要垮掉。

姜泗长想，就是死也要死在外面，一定要跟随中央医院一同撤退。

日军的战线再度推进，长沙的形势又吃紧了，医院被迫经湘西辗转到达贵阳。医院里每天都有大批的伤病员死亡。沈克非对姜泗长这位年轻医生的生命至为珍惜，他来到姜泗长的病床前看望，并指示外科住院总医生在医院经费十分紧张的情况下，支付了姜泗长全部的住院费用。

沈克非不仅在学问上影响了姜泗长，在他人生的非常时期，对他的爱护和帮助可称恩重如山。

这里星星点点记下的有关沈克非的故事很有限。古人云：贤人有弟子三千。沈克非的传奇人生和人格魅力，影响的又何止三千人呢？

几乎每一位在沈克非手下成长起来的医生都多多少少受到过他那严厉的求全责备，但很少有人抱怨他，姜泗长也不例外。沈克非的“严”常常使当事人当众羞愧得难以接受，但随着时间的推移，当事人就会越发感到沈克非当初的“严”，是真真切切对他们的爱。

也正是因为沈克非这个“严”字，他为中国造就了一批批医学界杰出的栋梁之才。他的精神、品德更是影响了一代又一代医务人员，甚至包括从事其他工作的人员。

二、恩师胡懋廉

姜泗长的病情趋于稳定，但身体仍很虚弱。他告诫自己，不能掉队，医院到哪儿，他就到哪儿。当时在重庆工作的姜泗长的大哥姜彝长，担心大病初愈的弟弟经受不住拥挤脏乱的火车，劝说姜泗长先从长沙坐船到重庆，然后再坐飞机到成都，一切费用由姜彝长承担。

当时的《成都日报》登出了这样一条消息："姜泗长等人从重庆乘飞机抵达成都。"姜泗长第一次上报纸成为新闻人物，是因为坐飞机。坐飞机显示身份是当时的一种时尚，凡坐飞机者，新闻媒体都要一一报道。

到了成都，姜泗长径直来到存仁医院找到胡懋廉教授。

在患肺结核之前，姜泗长一度想将骨科作为自己今后主攻的专业。患病之后，姜泗长对今后的专业方向重新进行了选择。骨科是需要体力的专业，医生每天要搬上搬下几十公斤重的东西为骨折病人作牵引。姜泗长大病初愈，十分虚弱，身体状况不能胜任骨科的工作。

最后，姜泗长决定选择耳鼻咽喉科。一来，当时耳鼻咽喉科是一个小科，工作似乎不应该太忙、太累；二来也是最重要的一点，姜泗长在耳鼻咽喉科实习轮转时，得知科主任胡懋廉毕业于北平大学医学院的前身——北平医学专门学校（胡懋廉就读时是4年制），而且两人同是天津人。更让姜泗长心动的是，他发现胡懋廉为人谦和，尤其对年轻医生爱护有加。

胡懋廉看着面色苍白的姜泗长说道："你的身体状况还不能

工作。你先到成都结核病院休养一段时间再说。”听到这话，姜泗长很沮丧。“我资助你。”胡懋廉又说。

在胡懋廉的资助下，姜泗长住进成都结核病院。3个月后，他拿着X光胸片给胡懋廉看，从片子上看到病灶已经钙化。“你可以工作了。”胡懋廉高兴地说。

与其说，姜泗长选择了耳鼻咽喉科事业；倒不如说，他选择了胡懋廉这样一位为人厚道、学识渊博的老师。在胡懋廉的帮助下，姜泗长正式成为存仁医院的住院医生。从此，他追随胡懋廉教授，选定了耳鼻咽喉科作为自己为之奋斗的终生事业。

这是1939年，胡懋廉已是全国有名的耳鼻咽喉科教授。

胡懋廉是中国第一代耳鼻咽喉科专家之一，也是中国早期将国外先进的医学科学，特别是西医治疗耳鼻咽喉科疾病的方法引入国内的人。在美国哈佛大学医学院进修时，胡懋廉与来自世界其他国家的6名进修生一同参加考试，他以理论、手术课目的最好成绩取得第一名，并获得哈佛大学医学院博士学位。他闭着眼睛，就能用橡皮泥捏出一个个形态逼真的鼻子来。当时，美国耳鼻咽喉科权威穆希尔（Mosher）教授对胡懋廉灵巧、神奇的双手十分赞赏。

胡懋廉（1899～1971年），摄于1950年

1934年，有着深厚东方文化功底，又受西方文

化影响的胡懋廉回到中国，就任南京中央医院耳鼻咽喉科主任。

在抗战烽火中建立的存仁医院，是南京中央大学、山东齐鲁大学和华西医科大学联合组建的眼耳鼻咽喉科医院。各个科室的领导班子由每所学校的专科主任组成。

在校舍紧张、仪器奇缺、作风各异的状况下，三家大学各有各的想法和打算。各大学之间的矛盾，常常通过刁难对方的学生表现出来。姜泗长是中央大学的，自然就被划为胡懋廉一派。有位科主任对姜泗长有着极大的偏见，时常出一些难题难为他。

这位科主任每次上手术台之前，都要求做助手的姜泗长做好一切准备工作。术前的麻醉早一点不行，晚一点更不行，以科主任什么时候穿上手术衣、拿起手术器械为准。姜泗长紧张、害怕得无所适从，因为他无法知道科主任什么时候进手术室、什么时候穿好手术衣。他再怎么努力去做，都无法让对方满意。

姜泗长常常搞不清自己错在哪里，就遭到一顿毫无道理的训斥。

工作还不到1年，面对这样纷杂的人事关系，姜泗长陷入了深深的苦恼之中。但为了学技术，只有一条路可走，那就是忍辱负重。不管对方如何刁难，他总是不打折扣地尽全力完成上级医生交给的任务。他努力做着每一件事，但丝毫不能改变科主任对他的态度。

“屋漏偏逢连夜雨，行船又遇打头风”，各大学之间的矛盾终于以解聘才工作1年的姜泗长为导火线达到高峰，他不幸成为派系之争的牺牲品。

人们之间为什么不能以诚相待？姜泗长开始思索人性的善与恶。一夜之间，他似乎懂得了许多。姜泗长身无分文，离开存仁医院后能到哪里去？万般无奈之下，他只有写信向胡懋廉求助。这时，胡懋廉正在外地休假。他接到信后，立刻给中央大学医学院院长戚寿南写了推荐信：“姜泗长是一位勤奋好学、工作严谨的住院医生。”戚寿南了解了真实情况后，很快给院方有关部门做出指示。这样，姜泗长作为中央大学医学院第一位临床助教，重返存仁医院做了住院医生，由中央大学发给薪金。戚寿南是中国现代内科学和心血管病学的奠基人，他于1920年毕业于闻名世界的美国霍普金斯医学院，并获得了医学博士学位，是霍普金斯医学院成立以后的第一位中国毕业生。戚寿南回国后，历任北京协和医院的主治医生、主任医生。他早期的研究涉猎了内科学的各个分支，为协和医院创建初期的制度建设、医德学风建设都做出了贡献。协和人凝重、内敛、崇尚科学的文化特征，在戚寿南的身上都表现得十分鲜明。

跟一个你最讨厌的人一起共事，并在有一天让这个人喜欢你，不跟你计较，而且配合你的工作，这是一种什么样的本事？有人这样问姜泗长。

适应却不屈从、和谐却能有为的心态，让姜泗长度过了那个精神备受折磨的时期。

这里稍作赘述。

许多年过去了，一天，当年刁难过姜泗长的那位科主任打来电话，对几十年前的事表示歉意，并希望姜泗长到他所在的医院帮助开展内耳手术。那位科主任没有想到，姜泗长不计前嫌，很痛快地答应了。“宽宏大量啊！姜泗长肯来帮我。”那位科主任感慨道。

又过去了多少年，那位科主任身患重病。临终时，他对身边的人说：“请解放军总医院的姜主任来。”姜泗长闻讯来到那位科主任的病榻旁。“解聘姜泗长事件”虽然过去了几十年，但愧疚感伴随了那位科主任的后半生。当时，他最强烈的愿望是要当面为他当年所做的事，再一次向姜泗长表示深深的歉意。

“我跟在他后面学会了许多技术，没有理由再忌恨他。”姜泗长说，“事情过去了，就不要提了。谁也难保自己一生中不做错事。宽厚待人，胡老（懋廉）就是这样做的。”

以特殊方式组成的存仁医院成为当时成都最著名的医院，来自四面八方的病人都到这个专家、教授云集的医院诊治，每日的专科门诊量高达500～600人次。一个医生每天看几十个病人成了很平常的事。忙累的工作、偏低的待遇、抑郁的心情，使埋伏在姜泗长身体内的结核病菌又一次苏醒。他再度大口吐血，又一次倒在病床上。

被病痛折磨的姜泗长，在胡懋廉和同事们的爱护、帮助下坚强地支撑着。他始终没有脱离集体，总是尽可能地帮助大家做一些力所能及的事情。

当时，成都除了外国人设立的一家医院外，连一家省立医院都没有，医学院毕业生没有实习的地方。在存仁医院教授会议上，有人提议创办一所教学医院，这一提议得到了大多数人的赞同。1941年7月，中央大学医学院从存仁医院分出来，另外组建中央大学医学院附属公立医院，院址设在成都正府街122号（原天府中学院内）。戚寿南为院长，胡懋廉为副院长，医院董事长由当时的四川省政府主席张群兼任。

开办一所新医院，需要一大笔经费，这是毫无疑问的，可院方只拿到国民政府拨给的20万元法币作为开办费。大家在议论：“国民党政府的财政部部长孔祥熙打一次麻将就可以输掉20万元，新建一所医院只拨了够买一箱盘尼西林（即青霉素）的钱。”面对这个现实，医生们也毫无办法，只能靠自己的学识和努力工作来建设医院。艰难困苦并不可怕，团结才是真正的力量。

在这种大背景下，姜泗长跟随老师胡懋廉创办的这所医院的耳鼻咽喉科，离开了那令他苦恼的是非之地。姜泗长也庆幸，新的征途就此起步。

这一年，姜泗长对耳鼻咽喉科学真正产生了浓厚的兴趣，并开始在这一领域艰难地跋涉。

病房是由原来学生们上课的大教室改造的，用隔板隔成一个个小房间作为特别病房。当时，物价飞涨，民不聊生。医生们只能住在外面下大雨、里面下小雨的屋子里。但就是在这样的条件下，他们挽救了一位又一位病人的生命。手术室简陋得没有一件多余的物品，手术台及手术器械都是土制的，就连吸引器也是用打气筒改造的。没有器械自己制，没有敷料自己做，胡懋廉带着姜泗长等年轻医生，用两只手创造了无数奇迹。

在吃了上顿没下顿的艰难日子里，胡懋廉仍不乏幽默和风趣，时不时和大家说一段笑话，逗大家穷开心。胡懋廉的乐观和厚道，犹如艰苦环境里的调和剂。

胡懋廉是当时中国著名的耳鼻咽喉科专家，有权有势的人甚至国民党高级官员经常慕名找他看病。宋美龄每次来看病，诊室内外都香气扑鼻。国民党特务头子戴笠来看病时，身前身后的特务一层又一层。

一来二去，胡懋廉和戴笠熟悉起来，关系也不错。一次，胡懋廉劝说戴笠释放特务抓捕的进步青年："人要多积德啊！少杀人，多干好事。"他还教给戴笠一些办法："你可以让学生跑，你假装追。上面也怪罪不了你。"后来，戴笠果真放了一些进步学生。胡懋廉虽然和不同阶层的人做朋友，但从不向不义之财伸手。

生活常常陷入窘境，一到月底就没钱买米，是胡懋廉家常有的事。

"钱是万恶之源。"这是胡懋廉经常说的话。他对病人不分高低贵贱，一视同仁。对有权势的人，胡懋廉不推诿，不卑不亢。对贫苦大众，他尽其所能，热情诊治。胡懋廉从没多要一分他认为不该得的钱。医院的单身医生几乎都有借钱给胡懋廉的经历，也都有上胡懋廉家蹭饭的经历。那时，医生们中间流传着这样一句话："教授瘦死，讲师讲死，助教叫死。"医生、教授们常常挨饿的现象比较普遍。

为了缓解教授们穷困的生活状况，医院终于出台了一个明文规定：病人可以指定医生看病、做手术，但费用要高出两倍。胡懋廉把他那份额外的、并不多的收入，还分一部分给科里的其他医生。这样，每个医生又都有了从胡懋廉那里得钱的经历。

当年外部的社会大环境是烽火连天、饥馑遍地，但在医院的一个角落里，以胡懋廉为核心，营造出一个敬业、友爱的小集体。姜泗长回忆说："大家相处得像亲兄妹一样，没有上下级观念，不分护士、医生、工友，有福同享，有难同当。"

即使在这样艰苦的环境中，院长戚寿南对年轻医生的要求也丝毫没有放松。当时，中央大学医学院有一条规定，住院医生可以谈恋爱，但提升为讲师后才能结婚。因为医院要求：住院医生24小时不能离开医院，在病人入院后的24小时内，必须完成一般体检及血、大小便常规检测和病历记录。

有两个"勇敢者"破了医院关于住院医生不能结婚这一规定，这就是后来成为骨科专家的陆裕朴和姜泗长的师兄姜东明。那年，姜泗长也二十有九，他真是羡慕这些"先行者"的举动。他和吴幼霖已相好6年有余。动荡年代，两人各奔东西，感情不能说不受一点影响。

一天，有人对姜泗长说，在上海看见吴幼霖打扮得非常时髦，言外之意是让姜泗长多留点神。其实，吴幼霖对姜泗长的感情始终如一。

只身在成都的姜泗长也并非"平安无事"，他常常能够感受到年轻姑娘热辣辣的眼神，同时，也被那青春美丽的倩影深深吸引。

一位银行家的女儿请姜泗长为她切除扁桃体后，对这位风度和技术颇佳的青年产生了极大的兴趣。女儿出院后，银行家在其富丽宽敞的大厅里为女儿的康复举行了热闹的舞会，姜泗长获邀参加，这位女子对姜泗长的好感越发鲜明地表露出来。

为了学业，还有记忆犹新的“解聘事件”，姜泗长始终把更多的精力和时间放在他的专业技术上。

最终，姜泗长对吴幼霖的感情没有被这位银行家的女儿所动摇，但也多少影响了他的心情。那段日子里，他心烦极了。

次年，姜泗长被提升为讲师，他终于熬到了可以成家的资格。这年，他和吴幼霖都已30岁，他们在上海举行了婚礼。姜泗长身穿结婚礼服，吴幼霖身披婚纱，在欢乐的《婚礼进行曲》中走向了人生又一个起点。他们建立起了一个简单但美满的家。

胡懋廉也为自己的学生成家立业倍感高兴。在上海待了半年有余的姜泗长，又一次回到了成都，跟着胡懋廉投入到紧张的临床工作和研究中。

20世纪40年代初期正是抗日战争最艰苦的阶段。胡懋廉除了带着学生完成每天大量的临床工作外，还积极想办法致力于基础理论的研究。

头天，侵略者的飞机还在那里狂轰滥炸；次日，胡懋廉就带着他的学生在无主的坟堆中捡拾颅骨，在可以找到标本和瓶瓶罐罐的地方收集这些东西。仅凭一双手，他们在成都建起了中国第一个耳鼻咽喉科实验室。确切地说，应该是标本室。正是在这个简陋的实验室里，姜泗长打下了扎实的解剖学基础。

在这里，姜泗长在胡懋廉的指导下，开始进行解剖训练。实验室初始还谈不上能进行实验研究，但在胡懋廉的严格要求下，学生们养成了严谨求实、勤奋刻苦的可贵品质。

胡懋廉看门诊，姜泗长在旁边记录病历；胡懋廉上手术台做手术，姜泗长在旁边做助手。胡懋廉批评人很含蓄，不像沈克非那样言辞严厉，但说出来的话也常常令人羞愧得无地自容。

胡懋廉也曾骂过姜泗长吊儿郎当，从此之后，姜泗长再也没有让胡懋廉如此批评过。

一段时间后，胡懋廉想考考学生姜泗长，看看他的临床技术究竟掌握得如何。

一天，胡懋廉为一位眼睑下垂的病人会诊。他叫来姜泗长，让姜泗长先下诊断。

姜泗长看到那位40多岁的男性病人面色萎黄，精神不振。进一步检查，他发现病人鼻咽顶部有0.5厘米范围的颗粒状肉芽面。姜泗长抬头看着胡懋廉说道："初步诊断是鼻咽癌。"几天以后，活检结果证实了姜泗长的诊断。胡懋廉非常高兴，看出这个学生是棵好苗子，就有意给他学习机会。

姜泗长发现胡懋廉很会学习，也很会用人。每当来了新杂志或有关文献，胡懋廉会交代学生去查阅，并要求写出读书报告交他一阅。这样既督促学生掌握新知识，他也了解了耳鼻咽喉专业的最新动态。

耳鼻咽喉科做手术，手术室里总是静悄悄的。尽管设备异常简陋，但大家在胡懋廉的严格要求下始终兢兢业业，努力为病人服务，从没有发生过责任心不强导致的医疗事故。

胡懋廉经常这样教育他的学生们："手术室就是战场，是一个安静的战场。特别是一些局部麻醉仍然清醒的病人正在忍受治疗的痛苦，当他听到医护人员嘻嘻哈哈，病人心里会有怎样的感受？把自己交给这样的医生、护士，他能放得下心吗？"

一次，姜泗长给一位病人做扁桃体摘除术。不到5分钟，他就结束了手术，从手术台上下来了。这时，胡懋廉的手术衣还没有换好。胡懋廉惊异学生的手术做得如此之快，他喊住正要离开手术室的姜泗长。他走到病人跟前，看了手术的切口，满意地笑了。但一转身，他又对姜泗长说道："一次手术做得好不算什么，如果次次都能做得漂亮，才算你的真本事。"

胡懋廉有这样一个规定：摘除一个扁桃体只准用5～6个棉球。正是胡懋廉这种苛刻的要求，练就了姜泗长一套稳、准、快的手术技巧。

那时，除了美国友人赠送的一套手术器械外，没有一件能称得上器械的东西了，一切要靠自己动手做。胡懋廉用灵巧的双手设计各种教学模型。他把一只滴鼻玻璃瓶，去掉两头的胶皮帽，在瓶子的大口捆上两条橡胶手套的皮，这样就形成了两侧声带。该声带呈闭合状，瓶内放一粒黑瓜子，瓶子下端连接一个喷雾器用的皮管与皮球。当挤压皮球时，瓜子被吹起，向上击胶皮，形成了声门下拍击声。其他科室的医生很惊异，胡懋廉的学生不用听诊器，只听咳嗽声就能判断有无异物在病人的气管里。胡懋廉就是用这样的教具，教出了一批又一批优秀的学生。

在胡老师的影响下，姜泗长也开始琢磨解决临床上遇到的问题。姜泗长还自己设计、制作了一把用于诊断眩晕病的铁转椅。为了制作这把转椅，每天一下班，他就往铁匠师傅那里跑。图纸画了一张又一张，姜泗长甚至与铁匠师傅一齐抡着大锤、拿着火钳敲敲打打。前前后后用了半年时间，从成本到手工一共花了15元钱。椅子放在医院门诊部属公用，但费用没处可以报销。

后来，姜泗长频繁调动，四处迁移。这把铁转椅也跟随他走南闯北，从成都到南京，从南京到西安，又跟他来到北京。随着科学技术的进步和发展，这把铁转椅早已完成了它的历史使命，现在存放在解放军耳鼻咽喉研究所的地下室里。“那是我心血的结晶”，姜泗长说。

这把铁转椅伴随他走过了半生的从医生涯。自己动手可以创造一切，是那个艰苦的环境让他明白了这一真理。

胡懋廉的“严”字里面更多的是慈爱之心。可以说，胡懋廉是一个连猫狗都不欺的人，也是一个非常有民族自尊心的人。他一改中央大学医院撰写病历、报告病历全部用英文的惯例，要求自己所在科室的所有医疗文件都用中文，并幽默地用他那浓重的天津口音说：“中国人嘛，用中文。”

胡懋廉喜欢各种各样的动物，家里就像一个动物园。缸里养着金鱼，笼子里喂着鸟，门上拴着狗，地上爬着乌龟。在姜泗长的印象中，胡懋廉总是穿着一件破羊皮袍子。每当胡懋廉下班回到家，什么猫啊、狗啊还有乌龟，都跟在他的后面欢蹦乱跳，摇尾乞怜。小动物们很通人性，知道主人非常喜爱它们。

一天，胡懋廉的狗死了。姜泗长看见胡老师非常伤心地把狗抱在怀里，带着两个儿子来到荒郊野外，为狗挖了一个坑，竖了一块碑，碑上写着“爱犬之墓”。

姜泗长深受震动：对动物都异常怜爱的人，对人哪有不怜惜之理?

胡懋廉还有一大爱好：画画。他常在家里的墙上、门上直接进行艺术创作，家里到处都是他的作品。他尤其喜欢画各式各样的金鱼。胡懋廉还将他的绘画才能应用在教学上，制作了许多教学挂图，使学生们受益匪浅。胡懋廉不仅自己画，还以艺术家的眼光，指导年轻医生们制作各种标本、模型。在贴贴画画的过程中，姜泗长的动手技巧大为长进。当时受益于胡懋廉传授技艺的学生还有：刘乾初（后为西安第四军医大学耳鼻咽喉科主任）、李继孝（后为第四军医大学解剖教研室主任）、姜东明（后旅居美国，从事房地产生意）。

在老师教育学生的同时，学生也在观察老师。姜泗长发现胡懋廉处理问题很有技巧，机智又灵活，而且不乏果断和勇敢。

白喉在抗日战争时期，是流行很广的传染病。特别是一到冬天，白喉病人很多，每天需要做气管切开手术的病人也很多。

一天，四川有名的军阀邓锡侯急慌慌找到胡懋廉，说他的孙子得了白喉，呼吸困难，危在旦夕，需要紧急进行气管切开手术。面对这样一个有势力的大军阀，胡懋廉多少有些顾虑：不怕一万，就怕万一。稍有不慎出了问题，那将不仅仅是个别医生的问题，整个医院都可能有灭顶之灾。胡懋廉搪塞说：“我们的仪器都运到城外去了。”

当时，日军飞机正狂轰滥炸，空袭警报一声紧似一声。邓锡侯看出胡懋廉的顾虑，非常干脆地说："东西运得再远，我们派车去取。你们全力以赴地抢救，人死了，我不追究你们的责任。如果你们不治，就别怪我不客气了！"

听到这个大军阀这样说，胡懋廉的紧张心理也稍有放松：你不治，你一定会有麻烦；你把病人治死了，他倒不一定找你的麻烦。看来在这件事情上，军阀邓锡侯还不是十分蛮横无理。不管怎样，救人要紧。

这样，胡懋廉带着姜泗长来到了邓锡侯的家。在当时的医疗条件下，为一个1岁多的小孩做气管切开手术，真是铤而走险。没有插管，没有氧气，甚至抢救用的药物都不全，完全要凭医生丰富的临床经验和高超的手术技巧。

胡懋廉娴熟地一切一剪地做着手术，气管切开后，取出一块很大的伪膜，随之进行了人工呼吸。邓锡侯就一直站在一旁盯着，见孙子没有什么异常，手术做得很顺利，他很高兴，要请胡懋廉和姜泗长吃饭，被胡懋廉推辞了。

关键一步平安无事，没想到第二天，姜泗长带着一位住院医生为患儿换药时却出了问题。为小儿换药，气管套管的带子一定要系紧，因为这时瘘道口还没有形成，这是耳鼻咽喉科医生应该具备的基本常识。当事医生忽略了这一点，换药取内套管清洗时没注意，外套管脱出，切开的呼吸道再一次闭合。患儿立刻口唇青紫，呼吸困难。作为上级医生的姜泗长没有来得及多想，拿起一把蚊式止血钳插入气管内抻开切口，又将套管放入，患儿才转危为安。事后多日，姜泗长和当事医生还惊魂未定，想想就后怕。

对这件事，姜泗长虽没有直接责任，但他也深深自责。他是上级医生，在指示下级医生单独进行某项操作时，就该把关键的步骤和可能遇到的问题向下级医生交代清楚。

胡懋廉知道了事情的经过非常生气。很快，院长戚寿南也知道了此事，决定辞退当事医生。

姜泗长知道这一消息后很着急，他想，如果将医院仅有的两名住院医生再辞退一个，没人干活，自己这个管理病房的住院总医生还怎么干?

在姜泗长的努力说服下，这位住院医生最终没有被辞退。这件事“对我、对他都是一个教训”，姜泗长说。

那时，做一个诊断几乎没有什么仪器设备，但诊断符合率很高。正是在没有任何诊断仪器设备的情况下，姜泗长练就了一套过硬、扎实的基本功，为他日后事业的进一步发展奠定了良好的基础。

当时，成都中央大学医学院附属公立医院云集了一大批优秀的人才。特殊的社会环境以其特殊的方式，造就了这样一群人。正是这些人，为中国医学事业的发展打下了基础。

伴随着烽火和炮声，伴随着胡懋廉的严格和慈爱，姜泗长渐渐成长起来。这是他一生中很重要的转型时期。

三、恩师再举

1945年8月15日，日本天皇的投降诏书通过无线电波和报纸在饱受困苦、灾难深重的中华大地上传播。持续了8年的抗日战争终于结束了，郁积在中国人心中8年的耻辱、愤怒、仇恨化作无法控制的激奋，人们纵情欢呼着胜利。

抗战8年是姜泗长和老师们一起创业、一起忍饥挨饿的8年，也是他全面成长的8年。无论在技术还是作风方面，姜泗长已经

1945年，姜泗长（前排右一）准备离开老师胡懋廉（前排右二）回南京中央大学医学院时，与耳鼻咽喉科全体同事合影留念

是一位让胡懋廉满心欢喜和放心的学生。

打败了日本鬼子，举国一片欢腾，大家的爱国热情和工作热情异常高涨。国共两党开始和平谈判，谈成谈不成，姜泗长并不过分在意。对政治上的事情，他搞不懂，也无暇深入研究。他只关心业务和技术，在他看来，解决病人的问题才是正事。

抗日战争胜利后，中央大学医学院的一部分工作人员要先回到南京。胡懋廉对姜泗长说："你先回南京，主持科里的工作，这是锻炼你的好时机。"

即将离开胡懋廉，姜泗长心中十分难舍，他与胡懋廉有父子般的深情。

姜泗长和一部分工作人员回到了南京。战乱使久负盛名的南京饱受创伤，南京大屠杀的阴影仍笼罩在城市的上空。断壁残垣，杂草丛生，那两个深深的弹坑依然横卧在医院的空场上。

从成都先迁回来的这部分人，实际上肩负着重建南京中央大学医学院的使命。从物资、设备到人员，32岁的姜泗长精心运筹，他从老师那里学到的知识都派上了用场。

两年以后，34岁的姜泗长被提升为副教授，开始全面主持耳鼻咽喉科的各项医疗工作。这时，他在考虑：要进一步提高自己的医疗技术水平，必须出国学习深造。

去哪里？胡懋廉曾留学美国，沈克非也曾留学美国，所以，姜泗长也想去美国。他开始积极准备。

在妻子吴幼霖的朋友帮助下，姜泗长联系了美国的一所医学院，对方答复一切费用由姜泗长自理。就在他准备将已填好的有关表格寄往美国之时，正赶上国民政府给了南京中央大学医学院5个美国医学援华助学金名额。

“有这个机会当然好了。”姜泗长很想争取到一个名额。

南京中央大学医学院教授会会议正在紧张地举行，不凭关系，只凭真才实学以及工作成绩，数着人头评来评去，最后评出5位选送对象，姜泗长有幸成为其中之一。

但是，姜泗长走了，谁来给学生上耳鼻咽喉的课？这个问题又成为争论的焦点。

最后，校委会同意派姜泗长出国深造，但先决条件是胡懋廉必须从成都回南京授课，姜泗长才能出国学习。

抗战胜利后，胡懋廉就留在了四川成都，建立了中央大学医学院的分院，并担任成都中央大学医学院耳鼻咽喉科主任兼成都中央大学医学院附属医院院长。胡懋廉知道姜泗长面临这样一个关系着未来前途的选择后，当即向南京中央大学医学院表示：“让姜泗长出国深造，我回来代课。”

不久，胡懋廉一家就从成都迁回南京中央大学医学院。为了让学生姜泗长能如期出国深造，胡懋廉再一次做出了牺牲。老师的引路和知遇之恩、提携和栽培之情，深深地印在已近中年的姜泗长心底。有这样爱护学生、舍己为人的老师，是姜泗长一生中的大幸，还有什么比这更幸运、更幸福的呢？

有人说：一个人一生中遇到一位好老师并不难，而要遇到一位好领导却不易。姜泗长是如此幸运，胡懋廉既是他的好老师，又是他的好领导。

姜泗长虽有幸成为享受助学金的5人之一，但还有一道关要过：国民政府卫生部部长周诒春亲自进行的英文口语考试。

那天，卫生部的门前站满了前来考试的人，和姜泗长一起来的吴再东（后为解放军总医院病理科主任）先被叫入考场。

10来分钟以后，吴再东出来了。

“怎么样？”姜泗长急切地问道。

“不怎么样……说我口语太差。”吴再东十分沮丧地说。

姜泗长想，吴再东从小一直在教会学校读书，口语在他们同级的医生当中，称得上流利。这样的英文水平，周部长还说“差”，那他姜泗长就更差了。

“姜泗长”，考官叫他的名字。他推门进来，看见周诒春端坐在桌前，姜泗长紧张得脚下发凉，心情一样忐忑不安，因为，他对自己的英文口语没有信心。

医生们都知道，周诒春毕业于美国耶鲁大学，获得硕士学位，一口流利的美式英语已和美国人没有两样，并在1913~1918年任清华学校校长，考试的难度也就可想而知。

姜泗长磕磕巴巴地回答着周诒春提出的一个又一个问题，看到周诒春的表情变得越来越严肃，姜泗长的手心也开始潮乎乎的。此时，真是“度分如年”。终于听到周诒春尘埃落定般的声音：“你的英文口语差得太远，要努力。”这是周诒春部长宽容地在姜泗长的名字下打上钩后对他说的话。

出了考场的门，姜泗长长长地舒了一口气，真想喊一声感谢周诒春高抬贵手。

客观上说，姜泗长学英语并非不努力。当时在胡懋廉的影响下，耳鼻咽喉科查房、教学都用中文，这是胡懋廉的民族气节使然。对于一切医疗工作都用英文的中央大学医学院来说，耳鼻咽喉科在这一点上与众不同。胡懋廉坚持“中国人用中文”，医学院并没有干涉他的这一爱国举动。虽然耳鼻咽喉科的学生们失去了锻炼英文口语的机会，但胡懋廉强烈的中华民族气节深深地感染着他周围的医护人员。

让姜泗长担心的英文口语考试，总算在周诒春的“垂爱”下得以通过，可还有一项让姜泗长更发怵的身体检查关未过。

他得过肺结核，而当时美国驻华大使馆规定：凡患过结核病的人不得进入美国境内。

出国前的体检，是在美国驻华大使馆指定的上海一家美国人开的私人诊所里进行的。姜泗长躺在一张床上，年轻的美国医生Mason为他检查身体。姜泗长似乎早有准备，当Mason用听诊器听他的右侧肺时，他就用劲深呼吸，因为他的右侧肺患过结核；当听左侧肺时，他就憋气，这样使两侧肺产生的鸣音听起来一样。

Mason听得很认真，听了前胸听后背，没有听出什么异常。姜泗长心里暗暗好笑：美国人真笨，略施“小计”就能把他蒙骗过去。Mason又拿起姜泗长的模糊不清的X光胸片，左看右看，好像有问题，再看看又没有什么问题。正在Mason拿着片子犹豫不定时，正巧天津医科大学附属医院放射科副教授杨继也正在此处检查身体。Mason就将这张一时无法下诊断的X光片拿给杨继看。

“没什么问题！”杨继看了一眼，很干脆地对Mason说。

Mason一声“OK”，就在体检表上写上“正常”。

一出门，姜泗长正好碰上杨继，他们本不相识。杨继问：

"刚才那张片子是你的？"姜泗长点点头。

"你曾经得过肺结核？从片子上看，胸膜已经增厚……我想这张片子肯定是中国人的，中国人当然要帮助中国人。"杨继笑着说。

"是不是天助我也？"姜泗长又一次碰到好人，非常幸运地过了体检这一关。

吴幼霖听说上船后美国人还要检查，发现患过结核病的人，将把他们统统赶下船去。"咱们多花点钱，你还是坐头等舱保险一点。"吴幼霖对姜泗长说。

头等舱的一张票是300多美金，这对他们来说是一笔不小的开支，但一向节俭的吴幼霖坚持让姜泗长坐头等舱。"就是美国人不再检查，你这样的身体也禁不住海上颠簸十几天，头等舱的条件总是要好多了。"吴幼霖把父亲吴中英留给她的1000美金塞在丈夫手里。

上船后，姜泗长看见，美国人果然对普通舱的乘客又进行了一次全面的体检。姜泗长再次感到万幸，美国人对头等舱的旅客真的没有再检查。

一声汽笛响起，船起航了。去美国学习是姜泗长多年的梦想，现在正一步步接近实现。激动、兴奋令他坐卧不宁，他索性起身站在甲板上，眺望汪洋大海。咸咸的海风吹过来，姜泗长身轻如燕。

姜泗长对美国的了解，是从老师沈克非、胡懋廉的言行和做派中得到的。沈克非一直是他崇拜的人，曾就读于美国俄亥俄州克利夫兰西余大学医学院。胡懋廉则是他始终敬重的人，曾在美国哈佛大学医学院进修两年。

老师们的学问、技术受着美国的影响，姜泗长则深深受益于他们的影响。这次赴美学习，姜泗长将学到什么？

四、师从林赛教授

1947年7月，姜泗长抵达美国芝加哥大学医学院，他的导师林赛（John Rolston Lindsay）是芝加哥大学医学院有名的耳鼻咽喉科教授。

来到这陌生的地方，面对陌生的一切，姜泗长的心情紧张得无所适从。孤身在异国他乡，他不免思念老师和亲人。一天，姜泗长拿出和老师、同事们在南京中央大学医学院教学楼前拍摄的夜景照片默默注视，忽然传来一个美国人惊讶的声音：“你们中国也有电灯？”姜泗长愣住了，美国人这声疑问给他留下了深刻印象。身后的祖国，在美国人眼里，比实际的还要落后。从某种意义上讲，这声疑问也刺激、强化了姜泗长的图强意志。

林赛教授（1898～1981年）

芝加哥大学医学院耳鼻咽喉科住院总医生苏格耐西特（Harold F.Schuknecht），带着姜泗长在医院里四处参观。姜泗长惊异地看到，仅一个芝加哥大学医学院耳鼻咽喉科就有两个实验室，一个是耳病理实验室，另一个是耳生理实验室。美国人已经可以应用仪器和设备，为病人做客观的听力测试。

这一客观的检查为临床诊治提供了可靠的依据。他强烈地感到需要学习的东西很多，包括美国人的认真作风和求实精神。

姜泗长想起胡懋廉带着他们千辛万苦在成都建起的那个只有几个模型加上几个头骨、简陋而单调的实验室，怎能和眼前这些功能各异的仪器、应有尽有的实验设施相比？他不由地从心底里生出羡慕。

美国实验室里一盒盒、一张张形态各异的颞骨病理切片，在姜泗长眼中，犹如艺术家在法国卢浮宫看到的那一幅幅令人激动不已的世界名画。

苏格耐西特指着一架不很精细、但很实用的曲颈灯，骄傲地对姜泗长说："这是我设计、制作的。"姜泗长感到很惊奇，不是因为苏格耐西特的设计奇妙，而是因为在两个不同的国度，两个年轻人竟同时制作了一件几乎完全相同的东西。姜泗长不知道世界上还有多少发明创造是同时进行的。他除了设计、制作了一把用来诊断眩晕病的铁转椅外，也制作过一架曲颈灯。

要学的东西很多，先从何处下手，迈出自己的第一步？姜泗长举棋不定。

同样受美国人歧视的犹太教授波尔曼（Perlman）对姜泗长说："你如果单纯学手术技巧，回国后，能很快应用于临床。但要真正提高医学技术水平，最好先学习耳生理学和耳病理学等基础理论。"这个意见给正无所适从的姜泗长很大启示。

就先从学耳病理学开始。姜泗长想：耳聋是中国急需要解决的问题，因各种原因致聋的病人在中国有成千上万。治好一个人的耳疾，就给了他生活的希望。

经过全面考虑，姜泗长决定以临床和科研问题最多、最复杂的耳科为主攻目标，把重点放在学习和研究颞骨组织病理学方面。

从此以后，芝加哥大学医学院耳鼻咽喉科实验室的灯光常常亮到子夜时分。

静静的实验室里磨刀机沙沙的声音，陪着姜泗长记下了读上万张颞骨切片时的笔记。制作颞骨切片，这是耳科基础的基础。人的听觉中枢在颞部，只有在这一领域进行研究、开拓，才有可能向耳科学更深层次发展。

林赛对姜泗长渐渐地有了一个勤奋好学的好印象："你很会学习，选题也好。"

一天，林赛做手术时缺少助手。"你行吗？"林赛问姜泗长。

"可以试一试。"姜泗长答道。

上了手术台，姜泗长把精力高度集中在方寸大的视野内。林赛需要什么器械，姜泗长都能很快、很准确地递过去。护士发现林赛这次做手术很安静，没有"Suction，Suction（吸引）"地喊个不停。原来，在他还没有喊之前，助手姜泗长已经完成了吸引这个动作。手术做完后，林赛更切身认识到姜泗长这个中国年轻人是一个很用心学习的人。

从此，林赛希望姜泗长做他的手术助手时，不再问"你行吗"，而是问"你愿意吗"。

后来成为姜泗长好友的苏格耐西特对整天做教授的助手早已厌烦，他不解地问姜泗长："整天站在那里递钳子、吸引，你难道一点儿也不烦吗？"

姜泗长确实没有一点儿厌烦的情绪。"他觉得做助手乏味，我却认为这是学习的大好时机。"姜泗长后来说。

慢慢地，姜泗长成了林赛"法定"的助手。

姜泗长从林赛身上学到的绝不仅仅是手术技巧，更多的是像胡懋廉一样的严谨和开拓精神。

在20世纪30年代，芝加哥大学医学院耳鼻咽喉科还处在初创阶段，但用了不到10年的时间，林赛就将这个“小科”发展成接受外来人员学习进修的基地。

1931年，33岁的林赛赴瑞士苏黎世大学进修，师从著名的耳鼻咽喉科医生F.R.Nager教授。在Nager的启发下，林赛对颞骨病理产生了浓厚兴趣。从欧洲返回美国后，林赛立即着手建立了当时美国第二个颞骨病理实验室。

林赛说过一段见地脱俗的话：“有些人勤勤恳恳地工作，献身于高质量的研究工作；有些人则拼命赚钱，而且难以自控。当然，金钱是有用的，但是追求知识更令人兴奋。”

正是令林赛兴奋的知识，使他日后成为美国卓有成就的临床学家和科研泰斗，并成为世界颞骨组织病理学的奠基人。

更让姜泗长惊异的是，在林赛灵巧的双手下，当时中国被视为禁区的内耳由他轻松地打开了！在小小的听小骨壁上开一个窗户，一个个聋人就听到了声音，真是很神奇的手术，这就是治疗耳硬化症聋的内耳开窗术。姜泗长做手术助手时的感受和学到的东西，是苏格耐西特料想不到的。后来，姜泗长成功地进行了内耳开窗术，在中国耳鼻咽喉界产生了极大的影响，并从此奠定了他在中国耳鼻咽喉学科的地位，更是苏格耐西特始料不及的。

100多年以前，人们首先发现镫骨底固定于卵圆窗，与耳聋的发生有密切的关系，从而在耳部疾病中分出名叫耳硬化症聋的病种。近百年间，各国专家一直在不断地改进手术方式。直到1942年，一位叫Julis Lempert的医生首先采用了内耳开窗术治疗耳硬化症聋。这是现代耳科学开始创立的标志。6年以后，Lempert经进一步研究后，提出在水平半规管近壶腹部开窗，但应防止打开的窗口再封闭。这时，治疗耳硬化症聋的有效手术方式在美国也起步不久。

当时，国外文献记载耳硬化症聋多发生于白种人，而在有色人种中罕见。中国人是有色人种，那么，学习内耳开窗术对于中国医生来说，意义到底有多大？

姜泗长想，耳硬化症聋是要借助尚未普及的仪器进行测试才能确诊的。有色人种很少有这种就诊的机会，因此，在逻辑上并不能推断出有色人种不患此症。

即便中国没有耳硬化症聋，掌握内耳开窗手术对于一个耳外科医生来说，也是一项很重要的手术技巧。

姜泗长决定对内耳功能及解剖进行深入的研究，在应用于人之前，先在动物身上反复操作、实验。姜泗长除了继续做林赛的手术助手外，仍然把主要精力放在实验室。光看不行，他要亲自操作。

技术员教他如何抓猴子：拿一个大网袋，看准猴子，猛扑过去，如同在河里捕鱼。第一步学会了抓猴子，接下来就是为猴子进行手术前的全面检查。林赛说："凡是感染过结核病菌的猴子不能用来做实验，以防传染给人。"

在X光下，姜泗长看到有的猴子真的已感染过结核病菌。他这个患过肺结核病的人也曾在重重关口下"漏网"，当时，他心里真不知是什么滋味。

1948年，姜泗长在美国芝加哥大学医学院留影

姜泗长从不信神，但此时，他默默地感谢上苍在冥冥之中保佑他。如果林赛知道他曾患过肺结核病，还会留他在这里学习吗？姜泗长不敢往下想。

猴子一只只从遥远的印

度被运到美国，再运到芝加哥，一只就值25美金。当时，10多只猴子已“牺牲”在姜泗长的手下。从为猴子检查身体到麻醉、手术，都由他一人独自完成。林赛时不时过来看看姜泗长的工作，发现他已能在猴头上熟练地进行内耳开窗术，就给了他一个在当时非常难得的尸头，那是一个黑人尸头。姜泗长如获至宝，抱着尸头在显微镜下实施手术成了他长时间的定格镜头。

一次，林赛邀请姜泗长参加芝加哥大学举行的教授会。姜泗长走进富丽堂皇的大厅时，有恍如隔世之感。教授个个衣装笔挺，女士同样个个光彩照人，优美的圆舞曲回荡在金碧辉煌的厅堂中。

这时，林赛的妹妹走到姜泗长面前：“请你跳个舞可以吗？”

“对不起，我不会。”

“你这么年轻，怎么不会跳舞呢？”林赛的妹妹很惊讶。

“我们中国没有这个习俗。”姜泗长答道。

在外国人看来，只会工作，不会休息，更不会娱乐的中国人，简直不可思议。

身处异国的姜泗长，似乎并不孤独。每个月，胡懋廉就能接到来自林赛的信。学生究竟学习、工作得如何，胡懋廉从信中就能知道个八九不离十。同样，姜泗长也常接到胡懋廉的来信，师生之间的对话通过书信频频进行。

林赛的信写得很认真，也很仔细，每月一封，从未间断过。将中国留学生的情况向他的中国老师汇报，在林赛看来，是理所当然、义不容辞的事。

姜泗长通过一次又一次或失败或成功的实验，终于熟练地掌握了内耳开窗术的基本步骤。然而，在动物和尸头上操作与在活体人耳上进行手术还有一定距离。

在活体人耳上做手术，操作中势必会出血而影响手术视野，从而在本来就很狭小的空间，加大辨别组织结构的难度。“耳”

成了姜泗长所有精力和兴趣的聚集点。

芝加哥大学医学院是美国很知名的一所医学院，病人多，手术也多，姜泗长有较多的学习机会。

姜泗长出国前，胡懋廉叮嘱他："注意学习他们的乳突手术，琢磨为什么我们做的效果不好。"经过仔细观察，姜泗长发现美国人做手术并没有什么特别技巧，主要问题是中国医生清除病灶不彻底。

姜泗长注意到，我们的落后主要是在基础理论研究方面。在临床上，我们也有自己的优势。

一天，曾向姜泗长提示"基础理论水平上去了，临床工作才有后劲"的犹太教授波尔曼主刀，为一位病人摘除鼻咽部纤维血管瘤。术前的一切准备工作就绪，波尔曼切开病人的软腭正中部及悬雍垂，鸭蛋大小的瘤子出现在他眼前。波尔曼用术前设计好的一个通电后能够电烧瘤子的圈套器，对准瘤子，准备把它套出，但由于病人出血多，套了几次都未能成功。他担心这样下去，病人会因出血过多而出现生命危险。

恰巧此时，林赛不在场。波尔曼转过身来紧张地问旁边的姜泗长："你有没有办法？"

"我可以试一试。"姜泗长答道。因为在国内做过这种手术，对此，他充满信心。

把钳子放下去，不一会儿，姜泗长就将瘤子取出，手术成功了，波尔曼惊喜万分。在他的想象中连电灯都没有的中国，培养出来的医生竟然真有两下子。波尔曼很高兴，接过护士递来的止血钳开始缝合切口。

也许是因为激动，也许一贯就如此操作，姜泗长惊讶地看到波尔曼在病人的鼻面部缝了几针，在咽部又缝了几针。他担忧地对波尔曼说："这种缝合法容易使软、硬腭交界处形成瘘管，伤口不易愈合。"波尔曼并未听进去，仍继续以他的方法完成了切口缝合。

当天，为了感谢姜泗长解围，波尔曼一定要请这位中国留学生到自己家吃饭，波尔曼一家人热情地招待了他。

波尔曼非常高兴地告诉自己的夫人：“今天手术成功应归功于姜医生，没有他，不知会出什么事。”

波尔曼的夫人是一位社会服务工作者，她听说了日本侵略中国的事，就向姜泗长询问。姜泗长把在中国看到的日本侵略者的滔天罪行向这位美国妇女描述了一番。波尔曼的夫人听到日军在南京进行惨无人道的大屠杀时，惊得目瞪口呆。

她无法想象在世界的另一端曾发生过这样丧尽天良的事情。波尔曼的夫人愤慨无比，当夜就写了一篇专访，刊登在芝加哥大学的学报上。

于是，也就有了以下这么一个小插曲。当时也在芝加哥大学医学院深造的吴阶平看到这篇文章，很兴奋地找到姜泗长聊起来。他们由此产生强烈的共鸣，此后，常互诉学习感受，一起上街采购，一起散步。那张姜泗长在芝加哥郊外逗狗的照片，就是在中国留学生相聚时拍摄的。共同的经历和志向，使姜泗长与吴阶平结下了深厚的友谊。

1947年，姜泗长在美国芝加哥郊外游玩

新中国成立后，姜泗长在西安第四军医大学附属医院工作时，经常被邀到北京给各级领导人看病，有时就住在

1993年9月15日，吴阶平（左）来家中祝贺姜泗长80岁寿辰

吴阶平的家里。

在为《纪念姜泗长从医55周年论文集》所作的序中，吴阶平这样写道：“我与泗长同志第一次见面是在1948年，我们都是1947年到达美国芝加哥的，同在芝加哥大学医学院进修，又同住在附近的国际公寓里，恰巧都住在5层楼，房门斜对，因此见面机会很多。泗长同志给我的第一个印象是翩翩的学者风度。我们很快便熟悉起来，互相介绍自己的经历，后来，更经常交流进修中的见闻和各自的抱负。泗长同志敏锐爽直，以诚待人。”

多年后，都已成为著名医学家的姜泗长和吴阶平再次相见时，吴阶平说：“我们虽不常见面，但我们的心是相通的。”

话说回来，那个病人的纤维血管瘤是拿下来了，然而事情并不像波尔曼想象的那样顺利。瘤子切下来是第一步，手术也仅仅是成功了一半，更重要的是伤口愈合，手术才能算完全成功。

结果正像姜泗长担心的那样，由于切口没能很好地缝合，3天后大查房时，波尔曼发现姜泗长预料的事情发生了，病人颈部已形成瘘道。

这一次，波尔曼真正对眼前这位中国医生刮目相看了，他逢人就夸姜泗长。其他医生知道事情的经过后，都对姜泗长产生了好奇。他们知道了中国不仅有电灯，而且还有出色的外科医生。

姜泗长的能力和学识，得到了导师林赛的信任和好评。姜泗长来到美国时间不长，林赛就把带教实习学生的任务都交给了他。

一天，林赛请姜泗长到自己家里做客，顺便邀请科里的其他医生一同去。苏格耐西特对姜泗长说："我们是沾了你的光。我们和林赛教授在一起工作了这么长时间，都不知道他的家在哪里。"

19世纪，一位维也纳乡村医生意外地发明了额镜，这成为耳鼻咽喉科专门化的一个契机；法国的一位医生又发明了耳镜。此后，耳科逐渐有了评价听力是否下降的方法和指标。姜泗长在美国学习期间，耳鼻咽喉科在美国的外科大系列中仅是一个小分支，被放在不起眼儿的位置。几十年过去了，医学飞速发展，耳鼻咽喉科也以它特有的诊断、治疗和检查方式，在外科领域自成体系。如今，世界领域的耳鼻咽喉科已发展成为独立二级学科的"大科"，它的手术范围已扩展到颅内，成为新型的耳鼻咽喉头颈外科。这是当时的人们所难以想象的。

那时医学院的教学大纲规定耳鼻咽喉科专业的课程只有十几个学时，对这门"小科"并不太重视。短时间内要了解并掌握一门专科的基础知识和操作是根本不可能的，学生们只能走马观花般地看看，有一个模糊的概念。每一批实习学生来，指导老师都例行公事地指定学生阅读一些参考文献，在实习结束前上交一份学习报告就可以了，而对这些报告，教授们是不屑一看的。

姜泗长发现美国的教学方式和中国的截然不同，学习是学生自己的事，没有人跟在后面督促你、管你，而是给你充分的自由空间，学好学坏与老师无关。

站在美国教授和美国学生面前，姜泗长不由得想起自己的老师。他们教书育人，循循善诱，不辞辛苦。姜泗长感到自己是如此幸运，能遇上爱生如子、知识渊博、满腹经纶的沈克非和胡懋廉等教授，真是他一生中的大幸。

美国人是傲慢的，也是友好的。你只有用工作成绩和学识证明你行，才能得到他们的尊重和友谊。时间不长，姜泗长就和苏格耐西特成了一对非常要好的朋友。几个月以后，他作为主要嘉宾出席了苏格耐西特的婚礼。

后来，还有这么一段故事：在姜泗长做出回国的决定后，苏格耐西特深感遗憾。他决定买一辆小汽车送给姜泗长，待办好一切手续后，才发现汽车无法运往已成立的中华人民共和国。

一两年过去了，姜泗长没有任何音讯。后来，苏格耐西特了解到，由于新中国和美国没有建立外交关系，信件都不能邮寄。直到1981年姜泗长出访美国时，苏格耐西特才得知："姜泗长还活着。"1986年，姜泗长作为中华医学会代表团副团长第二次访问美国时，这两位老朋友才得以相见。两位老人分外激动，紧紧地拥抱在一起。

苏格耐西特曾从美国的新闻媒介上得知，中国的"文化大革命"专整知识分子。那时，苏格耐西特的太太曾经担心地对丈夫说："姜是一个多好的人，如果被整死了多可惜。"而20世纪80年代又站在他们眼前的姜泗长，还像30多年前一样气宇轩昂、风度翩翩。往事并不如烟，那一幕幕情景犹如昨日……这之后寒来暑往，每一个圣诞节，他们都会收到对方一张满载诚挚祝愿的贺卡。

姜泗长由专科杂志上早就知道，苏格耐西特已成为美国著名的临床学家、病理学家，并在激烈的角逐中成为哈佛大学医学院耳鼻咽喉科荣誉教授。这么多年间，姜泗长对苏格耐西特的了解远远超过对方对他的了解，一是因为苏格耐西特不懂中文，二是

1986年，姜泗长与哈佛大学医学院教授苏格耐西特在美国合影

因为美国的宣传总是落后于中国的真实情况，而姜泗长可以从每期的专业英文杂志上了解美国耳鼻咽喉科的发展动态。

五、回到祖国

时间如同流水飞云，转眼就到了回国的日期。是回国还是留下，姜泗长犹豫不定。这1年多的时间里，姜泗长不仅在业务上有了全面的长进，英文也说得流利了。更重要的是，他学到了西方开明、务实的思想和行为方式。

美国的科技进步、美国的和平环境，都不能不对年轻的姜泗长产生吸引力。他始终希望妻子吴幼霖能够远渡重洋，全家团聚。

林赛多次表露出想让姜泗长留在美国的愿望，他相信如果姜泗长留下，前景是看好的。

“姜泗长，电报！”有人在喊他。这是家里发出的第三封催促他回国的电报了。

国内解放战争进入战略决战阶段，姜泗长的亲人们焦急万分地频频来电。他们只有一个朴素的想法：“美国再好，也不是你的家。”并希望姜泗长尽早回国，在中国一样能发挥他的一技之长。

可以说，除了医学，姜泗长并不太了解外面的世界，他有的只是与生俱来的爱国意识和民族自尊心。

在国内，他曾听到国民党的反动宣传：“共产党共产共妻。”对此，用他所能了解到的政治和社会知识是无法辨别真伪的。“假若真是如此，是不是还是留在美国好？”

姜泗长处于矛盾之中。

恰在这时，中国留学生计苏华来到姜泗长的宿舍，向他宣讲中国人民解放军的“三大纪律、八项注意”，宣讲中国共产党对知识分子的爱护政策。

计苏华满怀激情地为姜泗长描绘出一个五彩缤纷的世界——即将诞生的新中国。

计苏华对姜泗长说：新政权是绝大多数中国人盼了多少年的人民自己的国家，而不是国民党、蒋介石一手控制的假民国。共产党领导，绝不是共产党独裁。共产党就是要领导中国人民推翻蒋家王朝，铲除那种人剥削人、人压迫人的不平等制度；改变中华民族百年来受帝国主义列强欺凌的屈辱历史；创造一个和平、自由的社会环境，建立合理、平等的社会制度。新中国需要知识，共产党需要知识分子……

计苏华对共产党的热情宣传，让举棋不定的姜泗长开始相信共产党比国民党好。

姜泗长发现计苏华活跃在每个中国留学生的宿舍里，各种形式的讨论会也在他的主持下进行着。从朝气蓬勃的计苏华身上，姜泗长看到了新中国的曙光。

“新中国需要知识分子、需要医生。”这个声音一直在他的耳际萦绕。

“还是应该回到祖国去！”

回国的决心已下，姜泗长感到自己要学习的东西太多，应该把更多有用的知识带回国去。

他来到了美国圣路易斯听力中心。当时美国拥有的听力检测设备，我国直到20世纪60年代才有。美国人在进行临床研究的同时，始终在进行大量的基础研究。不管走进哪一所大学或哪一所医学院校，都会看到每一个专科都有自己的研究室或研究所。

姜泗长在美国学习的是颞骨解剖和颞骨病理，还有内耳开窗术，胡懋廉对他也是这样要求的。在耳鼻咽喉科中，“耳”的难度最大，值得研究、探索的问题也最多。越是具有挑战性的东西，对姜泗长也就越具有吸引力。

回国的心情迫切，想多学东西的欲望也更加强烈。姜泗长感到眼睛、大脑等都不够用。在费城某医院参观内窥镜时，姜泗长看到操作者双腿跪在地上，非常吃力地拿着镜子操作，就想，难道没有更好的操作姿势？

回国后，他将这一跪式的操作姿势，大胆地改为病人平卧仰头式。选择诊治体位有两个标准：一是病人舒适，二是医生视野清楚。病人平卧仰头式完全符合这两个条件。病人平卧在心理上能够放松一些，医生也轻松了不少。人们冷不丁看到医生以别扭的跪姿操作，恐怕都会有不同程度的心理不适。有些人安于现状，有些人则试图改革，姜泗长属于后者。

在姜泗长看来，学习他人的东西，不是照搬过来就行，而是要在别人的基础上发扬优点、克服弊端。

多年后，姜泗长到北京一所医院会诊时，发现同行做气管镜检查时，仍用美国那套十分吃力的跪式操作姿势。问起来，对方说："我们习惯这样做。"后来，同人们就在一起开玩笑："你们一直很虔诚啊！"

又过了许多年，姜泗长才发现他们改变了这一跪式操作姿势。

姜泗长善于学习他人的成果，但并不单纯地承袭，而是将这种成果吸收过来后，发扬光大。不因循守旧、不满足于现状，这是姜泗长一步步走向成功的关键所在。

在姜泗长的科研和临床工作中，总是能够找出许多吸取别人的经验教训，从而搞出自己的东西的事例。

在参观、学习中，他还发现美国人对肺脓肿病人常常采取冲洗的方法，效果很好。可在国内，我们曾使用过多次，都因病人突然呼吸困难，而停止了这种方法的使用。

"同样的方法，为什么你们的效果好，而我们却无法进行？"姜泗长向美方请教。

美方反问他："你们用的是冷水，还是温的生理盐水？"

"冷水。"

"冷水导致小气管痉挛，当然呼吸困难。"

姜泗长恍然大悟。

就这么一个简单的问题，我们忽略了，从而使得这一临床效果甚好的方法没有得到很好的应用，影响了许多病人的康复。姜泗长更深刻地感到基本知识的重要，医生对一个小小问题的忽略，都可能导致一个致命的错误。什么叫基本功？这就是基本功。他成为研究生导师后，把这一教训传授给了他的学生，让他们深切认识到基本功的重要性。

还得回到姜泗长回国的话题上来。姜泗长准备启程时，不巧碰上美国海员大罢工而无法按常规乘客船返回。既然已经决定回国，他就希望早一天回到祖国的怀抱。他使出了全身解数多方联系，终于搭上了一艘货船。

上船后，姜泗长才发现船上一共只有6名乘客，其中两个还是神父。一位美国青年，拿着收音机找到姜泗长请求道："你能否帮我翻译收音机里播送的新闻？"这位美国青年对中国共产党表现出浓厚的兴趣，他要和姜泗长探讨些什么。这时，收音机里正在播放："共产党的根据地延安评出了优秀劳动生产者……"

对延安这块神秘的土地，那年姜泗长气息奄奄地躺在湘雅医院的病床上时就神往过。现在，即将回到祖国的姜泗长，对共产党仍没有太深的认识，他没能向美国青年谈出更多的见解。但不管今后如何，选择回国是不该后悔的。祖国再穷，也是孕育自己成长的家园啊！

货船绕道中美洲，途经巴拿马、日本，整整在海上漂泊了20多天之后才抵达上海。姜泗长走出船舱，发现上海码头被紧张、慌乱的气氛笼罩着，匆匆往来的人流、车流以及船只，使本来就杂乱不堪的上海码头越发混乱起来。

姜泗长有种从天堂回到人间的感觉，那一个个衣衫褴褛的人给他的刺激是强烈的也是深刻的，但他终究是回到祖国的怀抱了！

自从接到姜泗长要回国的电报，吴幼霖就扳着手指头算丈夫回来的日子。她抱着3岁的儿子，从南京专程赶到上海迎接丈夫。

吴幼霖抱着孩子踮脚翘望，终于看到丈夫从船上走下来。丈夫清瘦了许多，妻子单薄了不少。但能够平安回来，夫妻团聚，父子相见，这是战火烽烟中的幸事！千言万语不知从何说起，多少牵挂、多少担忧，此时都变成了笑眼吟吟的相望和泪水浸满眼眶的幸福。

1948年，姜泗长在归国途中

1948年，姜泗长回国后与妻儿团聚

吴幼霖从手提包里拿出一块黄金对姜泗长说：“这是胡老特意为你留下的，他担心你回到上海后生活没着落。”

什么是恩师？什么是爱生如子？胡懋廉的所作所为，是诠释这些词义的最好说明。可以说，没有胡懋廉，也就没有后来的姜泗长。胡懋廉一次又一次在危难中帮助姜泗长走出困境。在姜泗长面临被解聘之时，胡懋廉力排众议，极力举荐；在姜泗长有出国深造的机会时，胡懋廉以偕全家老小返回南京接替姜泗长授课为牺牲；更让姜泗长感激涕零的是，并不富有的老师为刚刚回国的学生留下了生存所需要的保证。胡懋廉的体贴入微让姜泗长相信，老师的栽培之情胜于父母的养育之恩。

胡懋廉的一言一行，深刻地影响了姜泗长一生的言行。在姜泗长成为一个又一个学生的老师后，他自觉不自觉地将胡懋廉对他的爱，延伸到了一批又一批的学生身上。

第三章

开创事业

一、临危受命

姜泗长从美国归来后在上海逗留了一段时间，于1949年年初，又回到南京中央大学医学院。

1949年4月1日，伴随着解放军的隆隆炮声，南京10余所大专院校的师生举行了声势浩大的示威游行，“争生存！争自由！争和平”的口号声响遍南京的大街小巷。就在游行将要结束时，师生突然遭到国民党军警的袭击，先后有100多人受伤，有的师生因伤势过重而惨死。惨案发生在国共双方开始和平谈判之时，一时间震惊国内外。《新华日报》发表了毛泽东亲自撰写的题为《南京政府向何处去》的社论。正如毛泽东所分析的那样：“四一惨案”的发生，不是偶然的，是蒋介石抵抗共产党八项和平条件的反动行为。

刚从美国回来的姜泗长，被眼前的一片混乱局面搅得心乱如麻、无所适从。他没有立即投身到这场风起云涌的运动中去，只是焦急地静观事态的发展。

这时，英勇的人民解放军正饮马长江，准备挥师南下。南京国民党政府慌忙撤退到广州，并企图让南京中央大学医学院也随之南迁。全院师生闻讯，义愤填膺。在中共地下党组织的领导下，全院师生员工很快成立了以“保护学校、迎接解放”为宗旨的应变会，并派人手持木棒，白天站岗，晚上巡逻。姜泗长和同事们一起加入了这场保护学校的斗争。

带着大量黄金和珍宝准备仓皇撤退到台湾的国民党反动派，没忘了带知识分子一同走。他们把国内稍有名望的知识分子都一一列入名单。

这时，有人劝说姜泗长到台湾去，飞机即刻起飞。走还是不走，姜泗长思索着：眼下的局势已经告诉人们，国民党的没落只在朝夕。他已感到共产党强大的影响力。对共产党，他虽然还没有充分认识，但对国民党已完全失望。他只想等等看，不管怎么样，作为一名医生，解除病人的痛苦是自己的立身之本，也是做人之本。

他决定留下来，看看共产党究竟是什么样的政党。

人们不会忘记，南京中央医院在迁往成都另组建公立医院时，主要收治国民党军伤兵，但当时国民政府只拨给医院20万元法币的开办费，而孔祥熙玩一次牌，出手都比这多，这件事始终是医生们在工作之余的谈资。国民党的腐败让知识分子们失去了信心，而共产党用小米加步枪竟然打败了国民党几百万正规军。有智慧、顺民心的共产党让人们看到了新的希望。

共产党执政下的学校会是什么样？共产党会如何对待专家、教授……大家既兴奋又紧张。

就在解放军接管南京中央大学前夕，中央大学医学院附属医院的院长偕家眷出走，消息迅速传开，医院上下顿时乱作一团。

病人每天都有，医院一天也不能关门，而现在群龙无首，医院无法进行正常的工作。在工会的组织下，采取了最民主的方式：南京中央大学医学院的学生以班为单位，医院工作人员以科室为单位提名、投票，选举南京中央大学医学院附属医院院长。

选举结果令姜泗长感到十分意外，他的票数最多！为什么大家要选自己做院长？他百思不得其解。他刚从国外回来还不到半年，做院长是他做梦也没有想过的事。十几年前患肺结核病后，姜泗长就不爱多言，连给学生讲课的声音都不大，算是个沉默寡言的人。平时跟自己专业无关的事，他一概不关心，比如医院里的食堂在东还是在西、妇产科在南还是在北，他都说不清楚。姜泗长被选为院长，这好像难以让人相信，却真实地发生了。

姜泗长焦虑不安地思忖着：虽说共产党已经打下了大半个天下，但目前医院正处在一个非常的历史时期，各种事情纷纷杂杂、没有头绪……想来想去，姜泗长认为自己不是当院长的料。他敲响医院一位教授朋友的家门："我只适宜钻研业务，搞行政工作是外行，也没兴趣。"

"我看你有这个能力，否则，大家不会选你。"朋友给他打气。姜泗长想，比他资历老的郑集、陈华、林几、荫毓璋等教授都没能当选院长。可以说，他们都在不同时期给姜泗长传授过知识，是他真正意义上的老师。几位资历很老的教授都一致支持姜泗长担任院长，但众教授的鼓励并未打消姜泗长的顾虑。

民主投票后的第二天，南京中央大学医学院院长蔡翘出现在姜泗长面前（医学院原院长戚寿南被派往美国担任中国驻世界卫生组织代表）。姜泗长第一次见到蔡翘是1940年在成都。当时，蔡翘是存仁医院生理教研室的主任——赫赫有名的生理学教授，姜泗长则是存仁医院的临床住院医生。

最初，蔡翘在上海雷士德医学研究院工作，每月薪水1000银圆。但他不愿意为外国人工作，来到了待遇低的南京中央大学。蔡翘曾说："在上海是为外国人工作，来南京是为中国培养人才。"在动荡不定的年代，蔡翘完成了中国第一部生理学专著，为中国现代生理学奠定了基础。该专著成为当时医学院及有关学院学生的必修教材。在中央大学医学院学习过的人都知道，所学的课程中，生理学考试最难通过，因为有一位十分严厉的蔡翘教授。学生们往往要花比其他课程多几倍的时间学习生理学，才能通过考试，然后才可以顺利升级。

胡懋廉曾对姜泗长说："我非常佩服蔡翘。"

有一年，在医院举行的同乐会上，胡懋廉为有特点的教授每人画了一幅漫画谜语让大家猜。姜泗长当时是住院总医生，主持同乐会。当他拿出一张题为《一人成名万狗哭》的漫画展现在大家面前时，教授们忍俊不禁，哈哈大笑。只见画面上洋洋得意的一位男士手里拿着他的杰作《生理学》，他周围数十条可怜的狗在悲惨地痛哭（因为他的生理学研究要用狗来做实验）。大家一望便知画的是蔡翘。胡懋廉以他特有的幽默方式，表达了对蔡翘的祝贺与敬意。蔡翘在那个时代是知识分子们钦慕的知名学者，他严谨的治学态度和献身科学的精神为一代知识分子所敬仰。

蔡翘以中央大学医学院院长的身份和他在知识分子中的崇高声望，几次登门与姜泗长谈心。

最后结果是：姜泗长答应试试看。但有两个条件：第一，只干3个月；第二，再选两位副院长。

血液科主任宋少章、消化科主任张学庸，成了姜泗长的左膀右臂。新上任的这两位副院长也是行政方面的外行，“三人行，必有我师”，三人只有边干边学。遇到事情，三人商量着协同解决，大家称他们为“三驾马车”。

上任伊始，新旧交替，经费使用、医疗行政等事务千头万绪。要干就干好，否则就不干，这是姜泗长为人做事的一贯原则。

新中国成立在即，医院的一切要正常运转。能有一个和平、安静的环境行医做事，是医教员工的最大愿望。

1949年4月23日凌晨5时，传来了“南京解放了”、“解放军进城了”的欢呼声。中央大学全校师生闻讯，与南京市民一起涌向晨曦照耀的街头，去迎接解放军的到来。纪律严明、作风优良的解放军官兵，感动了中央大学的专家、教授，也深深地感动着姜泗长。

中央大学医学院，在全院师生员工的精心保护下完好无损，只等共产党来接管。

不久，解放军委派的医院政委兼政治部主任李树森、副院长耿希晨上任。有了军方院长，姜泗长提出的只干3个月的许诺也正好到期。

“我的任职期限已到，申请辞职。”姜泗长对新来的副院长耿希晨说。

“共产党的官不能随便就不干，除非你犯了什么大错。”耿希晨说。

能犯一个什么错，才可以不当院长呢？姜泗长想来想去，也没有找到一个“合适”的错误可犯。

很快，南京市军管会主任刘伯承签署命令，任命蔡翘为南京大学医学院院长、姜泗长为南京大学医学院附属医院院长。

一纸公文已向姜泗长说明，他要有长期做院长的打算。他不仅要保证医院的正常运转，还要考虑医院的发展。他开始感到责任重大，除了行政管理工作，每天还有100多个学生等着他去上课，成百的病人也等着他去诊治，天天忙得像打仗，留给自己的时间少得可怜，看书、备课只能从睡眠时间中索取，紧张得让他喘不过气来。可奇怪的是，一向虚弱的姜泗长反而变得精力充沛。

医院为姜泗长配备了专车，是一辆苏联产小轿车。“那辆车，我一次也没有用过。”姜泗长说，“你只要坐一次，就脱离了群众。”

姜泗长很注意和群众打成一片。全院人员到城里的大礼堂去开会，他和同志们一同骑自行车到达会场，比姜泗长还小几岁的教授随便地拍着他的肩膀说：“老姜，你也来了。”大家把姜泗长看成他们当中的一员，并未因他当了院长而敬而远之，这使上任不久的姜泗长颇感欣慰。

在建设医院的过程中，姜泗长开始有点喜欢院长这个职位了，医院发展的蓝图正在他手中绘制。

一天，姜泗长在门诊发现有许多人围观。他走过去，看见门诊询问处的职员在和病人吵架。他站在那里听了一会儿，搞清楚了是怎么回事，但他没有说话。

“我就站在一旁，他居然越吵越厉害。”姜泗长想。在一转身的同时，他开始考虑辞退那个职员。

很多病人进了医院来看病，但晕头转向，不知应该到哪里去看、挂哪一科的号。设立门诊询问处，正是为病人服务。现在，自己的员工因为病人询问次数多而不耐烦就与病人吵架，这让做院长的姜泗长很是生气。

当天，姜泗长就写了辞退此人的报告，医院主要领导都一一签了字。

不久，整风运动开始，副院长耿希晨想起此事就说：“我们应该先说服教育。”言外之意是当初处理得有些过激。

姜泗长认为，每个人都应该按照医院制定的规章制度办事，哪有那么多说服教育的时间？这是不是资产阶级的作风，他不得而知。他的工作作风，无疑深受老一代的影响。就他所知，南京中央大学医学院老院长戚寿南就曾经辞退了几位服务态度不好的医院工作人员。

医院的教授会正在举行，姜泗长又提出辞退有贪污迹象的院办秘书。这位秘书欺负新上任的院长还没来得及精通行政业务，想从中浑水摸鱼，但他忽略了姜泗长是一位善于学习、善于发现问题的院长。

没有可商量的余地，立即辞退，毫不留情。姜泗长的这一举动在医院上下引起了强烈的反响。他知道这些反响里面，大都是对他的支持和信任。

姜泗长万万没有想到，他审查别人不久之后，自己也成为被审查的对象。一场“三反”、“五反”运动在全国范围内轰轰烈烈地开展起来。中央人民政府对国家工作人员重点开展了“反贪污、反浪费、反官僚主义”的运动。作为一院之长，姜泗长自然被列为审查对象。

一个审查班子，很尽职地工作着，从办公室到家里，警惕的眼睛、高度的责任感，不错过任何一个细节。就连是否用医院的公用信纸、信封写过私人信件之类的事，都被列入了审查范围之中。经过反复查实，没有任何证据说明姜泗长用过公家的信封、信纸处理过私人事情。工作中没有查出丝毫问题，那么，就进入家里继续查证。审查组从房子里面转到房子外面，终于发现了“问题”。房子外的一个小厨房是否拿公家的材料搭成很值得怀疑，到院务部一查，果然有记载：“姜泗长搭厨房材料成本费25元。”可会计的账本上却记着20元，于是就跟踪追击那5元钱的去向。令人感到意外的是，最后查出是总务科科长贪污了那5元钱。

当时的5元钱是一个人一个月的生活费，并不是个小数目。运动结束后，姜泗长成了医院廉洁的典型，这是他自己也没料到的结局。

德为首要，智在其次，克己正身，不图奢浮，敬天命而尽人事，这是胡懋廉遵循的准则。他宁愿过清贫淡泊的生活，而绝不趋炎附势、索取利益。胡懋廉所言所行，在他的学生姜泗长身上结出了可喜的果实。

“三反”、“五反”运动，终于查出个轰动全国的大案，大街小巷张贴着当年的“红小鬼”怎样变成人民公敌的各类宣传材料。刘青山、张子善贪污人民币5000元，成为“红小鬼”蜕化变质的典型。毛泽东主席亲自批示：判处两人死刑，以此教育更多的为人民服务的公仆。

榜样的力量是无穷的。好的榜样是力量，坏的典型是镜子。

那时，穿着打补丁衣服的省长、市长、将军随处可见。中华人民共和国的领袖接见外宾时，也需要警卫人员时常提醒，注意“家丑不可外扬”，不要露出衣袜上的“千疮百孔”。廉洁成为共产党人的美德。

正是从这些细微之处，姜泗长渐渐地看到共产党是真正为人民服务的政党。尽管自己受了审查，但他从中也感受到共产党的纯洁容不下一点儿污秽的东西。这个党真是让他充满信心。

经过“三反”、“五反”运动，姜泗长的工作热情更加高涨，医院的各项工作在他的领导下按部就班地进行。每星期一次的院领导碰头会必不可少，没有废话，职责明确。每月一次的教授会也一直坚持下来，主要讨论经费如何合理分配、合理使用。大家畅所欲言，民主当家。

姜泗长的管理才能开始在医院建设中显露出来。他当初像赶鸭子上架，如今成了一位受人尊敬、让大家信任的院长。

姜泗长在当院长主持行政工作的过程中悟透了一个道理：即便是对科学家来说，掌握一定的权力也是很重要的。这个权力可以为科学铺路，可以为科学开绿灯，成就事业，造福人类。当然，权力这东西也会成为徇私谋利的工具，但他姜泗长不会这样做。

姜泗长开始有点庆幸自己当初被迫临危受命。作为一院之长，他不仅要关注耳鼻咽喉科的发展，而且还要纵观全院各个学科的协调并进，这使他逐渐树立起了全局观念。

新中国成立之初，喜悦与亢奋还没有结束，抗美援朝战争的炮声又隆隆响起。中国能够打败美国吗？姜泗长的心里在打鼓。他曾留学美国，美国的强大是他目睹过的。尽管对抗美援朝这类复杂的国际政治、军事问题，他无法搞清楚，但作为院长在向全院同志作动员时，他站在主席台上慷慨激昂地对大家讲道：

“美国人欺软怕硬！”

然后，姜泗长讲了这样一个故事：

医院骨科孟继懋教授在美国哈佛大学医学院学习时，一次坐公共汽车，在一位白人旁边的空座位上坐下。这时，他看到那个美国人耸着鼻子发出厌恶的声音，站起来就走。血气方刚的孟

1952年，姜泗长（第三排右五）与南京大学医学院奔赴抗美援朝战场的同事合影

继懋愤怒地一拳猛打在美国人身上，他质问美国人："我不是人吗？"孟继懋做好了和美国人大打一架的准备，可是美国人被他一拳打得连一句话都说不出来，胆战心惊地走了。

"你只要硬，美国人就怕。"姜泗长讲完这个故事，听到台下响起雷鸣般的掌声。

全国上下齐动员，一切为抗美援朝战争服务。为了加强我军力量，20世纪50年代初期，我军组建了空军，从苏联引进了机动性能好、空中战斗力强的喷气式超音速歼击机。空军初创时期的飞行员，大多没进行严格的选拔和系统训练。尤其是歼击机飞行速度快，在空中容易使飞行员产生晕机、错觉、耳气压功能失调等问题。这些症状都可能造成飞行员在空中失能，甚至机毁人亡。所以，驾驶喷气式歼击机对飞行员的身体素质要求很高。当时，我国在这方面的研究完全处于空白状态。时任南京大学医学院院长的蔡翘，邀请时任南京大学医学院附属医院院长的姜泗长与陈定一（后为第一军医大学航空生理系教授）到达长春医科大学，开始针对这一课题进行调研。从飞行员的硬件装备到飞行员的衣食住行，对我军来说都是崭新的课题。调研结果令他们焦急、忧虑。他们将调研报告送到中央军委，后来，就有了空军第507研究所。这是中国的第一个航空医学研究所。这次蔡翘、姜泗长及陈定一三人的调研，为中国航空医学系的发展明确了方向，也为飞行员的选拔、训练及营养制定了标准。

在以后的工作中，姜泗长常有机会和蔡翘并肩合作或交流，他们之间的友谊也日见深厚。后来，蔡翘做了解放军军事医学科学院（当时称236部队）院长，姜泗长调到解放军总医院。两家单位，仅隔一条马路。每年春节，不是姜泗长到蔡翘家去拜年，就是蔡翘登门来看望姜泗长，彼此关心，互相鼓励。

在知识被视为粪土的动乱年代，蔡翘白天接受批判，晚上挑灯夜战、著书立说，并幽默地说："他批判他的，我写我的。"

"文化大革命"结束后，蔡翘的30多万字的中国第一部《航天航空生理学》专著完成。在那样的日子里，能完成如此恢宏专著的知识分子并不多。

轰轰烈烈的抗美援朝运动在全国展开。从前线频频传来的捷报，极大地鼓舞了南京大学医学院附属医院全院教职员工的工作干劲和热情，院校的教学大改革也在积极进行。医学院确定了专科重点制，使每个学生都有一个主攻方向。专科的教学量加大，难度也加深。虽然有了耳鼻咽喉科专修班，但学生用的讲义还没有。作为主讲教师的姜泗长又夜以继日地查阅大量资料、文献，赶写了一本《临床耳鼻咽喉科》讲义。这本讲义为姜泗长日后完成中国第一本《临床耳鼻咽喉科学》打下了基础。

学生们很喜欢听姜泗长形象生动的讲课，镫骨这块人体最小的骨头，让他讲来，成了学生们似乎看得见、摸得着的东西。许多学生多年后仍然记得姜泗长是怎样为他们描述那块让人难以

1950年8月25日，召开中华耳鼻咽喉科学会筹备会。前排右一为姜泗长，右三为张庆松，右四为刘瑞华，右五为胡懋廉

捉摸的镫骨的："镫骨顾名思义，形态像马镫，但底板像人的鞋底。左鞋底翻过来像右耳的镫骨底板，右鞋底翻过来像左耳的镫骨底板。"通过姜泗长这样的描述，那块小小的、神奇的镫骨的形状就牢牢地留在学生们的记忆里。学生们每当做内耳手术，就会想起姜泗长这一形象的比喻。

如何诊断耳硬化症聋呢？姜泗长也有形象的描述："患耳硬化症聋的病人跟你说话时文质彬彬、细声细气，而患神经性耳聋的病人和你说话如洪钟大吕。"

学生们还记得姜泗长当年授课时总喜欢穿一身白西服，气质、风度让大家赞叹不已。那情景，就如当年姜泗长和其他年轻医生们欣赏、羡慕他们的老师沈克非一样。

姜泗长喜欢年轻人，年轻人也都喜欢他。年轻人只要肯动脑子，有创新的举动，哪怕是一个小小的创新，作为院长的姜泗长都会给予鼓励。当年做内窥镜手术时，每一次都兴师动众，给病人抱头的抱头、压肩的压肩、压腿的压腿，再加上准备器械和做手术者，不大的手术间挤满了人。一位负责准备器械的青年工人，动了脑子，做了压肩带、压腿带，减少了人力。姜泗长异常高兴，在全院大会上把这位青工大大赞扬了一番，鼓励年轻人积极发明创造。

二、打开内耳禁区

中华人民共和国成立后，人民当家做了主人，欢声笑语回荡在新中国的山山水水。姜泗长也和其他成千上万的中国人一样，为新中国的诞生欢欣鼓舞。

姜泗长看到自从新中国成立之后，贫苦农民来医院看病的多了起来。这是他自从医到国民党政府覆灭前不曾见到的可喜现象。

当一年洗不了几回澡的庄稼人，带着特有的气味坐在医生的诊断椅前叙述他的痛苦时，作为医生，你能做的就是让贫穷的同胞再少受些疾病的折磨，在这蔚蓝的晴空下，自由自在地生活、劳动。

在门诊诊治过程中，姜泗长发现因听力减退来医院就诊的病人最多，大多是因中耳炎没有得到及时治疗，最后导致鼓膜大穿孔或听骨链损伤。在进一步诊治过程中，姜泗长又发现一些耳聋病患者和中耳炎没有关系，他怀疑是耳硬化症聋。而当时国外文献记载：耳硬化症聋高发于白种人，在有色人种里罕见。人们对此深信不疑，在诊治中常常把耳硬化症聋误诊为慢性卡他性中耳炎或耳咽管阻塞来治疗，结果，病人的症状依旧、痛苦依旧。

在美国，姜泗长主要学习的就是治疗耳硬化症聋的内耳开窗术。学这项技术时，他自己也无法说得清中国人有无耳硬化症聋，但他很努力、很认真地将这门技术学到了手。

20世纪50年代，姜泗长在看病理切片

现在，姜泗长要论证中国人到底有无耳硬化症聋。他把不是中耳炎的病人的病历收集起来分析后，开始怀疑外国人“耳硬化症聋高发于白种人，而有色人种罕见”的论点。他从大量的病例推测，中国人不仅有耳硬化症聋，而且，发病率不低于白种人。以前关于耳硬化症聋的论文是由白种人写的，他们对自己民族的发病率有发言权，但没有根据地、过早地为其他民族下了结论。中国人不是没有这种病，而是没有相应的方法及仪器把它检测出来。

经过统计，姜泗长发现每220个耳科病人中，就有1个可能是耳硬化症聋。而要给这一推测下结论，必须通过手术才能证实。

恰在这时，姜泗长接到一位患者从安徽合肥寄来的信。病人是一位银行职员，他听说姜泗长正在进行聋病研究，就写信来咨询。信中言辞恳切：“家里人都讨厌我，不爱和我讲话，没有听力，生不如死……”

从病人叙述的症状来看，可能是耳硬化症聋。姜泗长立即给这位患者回信：

“如果条件允许的话，欢迎来南京诊治。”

病人没有想到，姜泗长这么快就给他回了信。他似乎在死亡的阴影中看到了一点儿光亮。

假设一下，如果当初姜泗长认为自己没有太大的把握，也没有及时给病人回信，不仅这位病人的命运要改写，姜泗长的故事也会减色几分。任何有意或无意的失误，都有可能造成千古遗恨。

病人很快来到南京，找到了姜泗长。当时，能够进行听力测试的器械只有音叉。为了进一步取得客观指标，当院长的姜泗长利用手中的职权，将医院库房内积压的治疗性病的药品，从南京精神病院换回一台测听仪。就是用这台简单的仪器，姜泗长为病人做了进一步诊断。病人具有耳硬化症聋的典型症状。

耳硬化症聋在临床上的特点，表现为两耳听力进行性渐进失聪。无任何诱因，双耳听力缓慢下降，多数伴嗡嗡声耳鸣，并有"闹境反聪"或韦氏误听现象。这是因为内耳的镫骨慢慢固定长死，而不能很好地将外界的声波传入内耳。

现在的专科医生从听力曲线表中一望便可对耳硬化症聋下诊断，但在半个多世纪以前没有完善的诊断仪器情况下，能够勇敢地向外国专家挑战，确认黄种人中的耳硬化症聋并非罕见，这本身就是一件了不起的事情。

对于要不要给病人做手术，姜泗长没有十分的把握。他对病人说："从几个指征来看，现在可以确定你患的是耳硬化症聋。在美国，我学的就是这个，多次在猴头和尸头上做过手术，但从未在活人身上做过。能否成功，我不敢打百分之百的包票。"

"你就拿我当实验品，失败了，我也毫无怨言。没有听力，活着也没什么意义。"病人着急地说。

"我会全力以赴的，但现在不行。"

在美国，在林赛教授的指导下，在猴子身上，姜泗长已经熟练地掌握了内耳开窗的技术，但他毕竟没有在活人身上做过这种手术。内耳被视为禁区，到了内耳，就接近大脑，如同在密密匝匝、纵横交叉的神经网里做手术。在此处动刀动剪真是危机四伏，稍有不慎，病人不是头晕、全聋就是面瘫。

虽说姜泗长从美国带回了一套内耳手术器械，但除此之外，一切都是零，谈何容易！他还没有足够的物质和精神准备。

100多年前，耳硬化症聋被一位德国人发现。之后，经过几十年手术方法的不断改进、经验总结，直到1947年姜泗长踏上美国的土地时，内耳开窗术的成功率也只有60%，而且术后常常伴有并发症，治疗效果并不是很理想。

姜泗长不会忘记在20世纪40年代初，一位不远千里慕胡懋廉之名从贵州跑到成都要求诊治的患者。当时，胡懋廉怀疑这位病人患的是耳硬化症聋，而此病多发生于白种人的论点实在是很大程度上影响了中国医生的思维和判断。

病人最后没能被确诊，就是确诊了，在当时的中国也尚无一人能够进入内耳施行手术。

当年，姜泗长赴美国进修时，胡懋廉对他嘱咐了两点：第一，学习中耳手术；第二，学习内耳开窗术。如今，姜泗长学成回来了，但是要把学到的东西用在病人身上还需要一个过程。

此时是1949年年底，中国医生能够确诊耳硬化症聋，在同行中已是一个重大新闻。

病人再一次来到姜泗长的家，那阵式是准备打持久战。病人的痛苦一览无余，就在姜泗长眼前，使他为之震动、为之同情。

医生的责任感给了姜泗长勇气，他决心试一试。

在决定为病人做手术后，他便是加倍地忙碌，查文献，到各处收集并自己制作需要的每一件器械，从牙科借来的线钻使用起来不那么顺手，还需要反复练习。

南京大学医学院的人发现，每个晚上，教学楼的解剖室都亮着灯，那灯一直亮到很晚。忙完一天医疗行政工作的姜泗长正在尸头上熟悉解剖标志，每一根神经、每一条血管都要烂熟于心。第一例内耳开窗术能否成功，这将关系到成千上万的耳硬化症聋病人能否得到治疗。

首先，让我们进入内耳的内部结构看一看。

内耳是耳朵的最深层，这个如花生米大的地方，天生具有一套精妙无比的结构，它专门把鼓膜接受的声音振动传导给听神经的感受器——耳蜗。这套结构像一条链子，是由几块精致的小骨头锤骨、砧骨和镫骨组成的，这也是人体中最小的三块骨头。内耳和其他关节一样有着肌腱、滑膜。朝里的一端扣在前庭窗上，像鞋底一样的小骨片就是镫骨板，它虽然只有绿豆般大，却是人感受各种声音细微变化的重要部件，也是声波传入内耳的唯一通

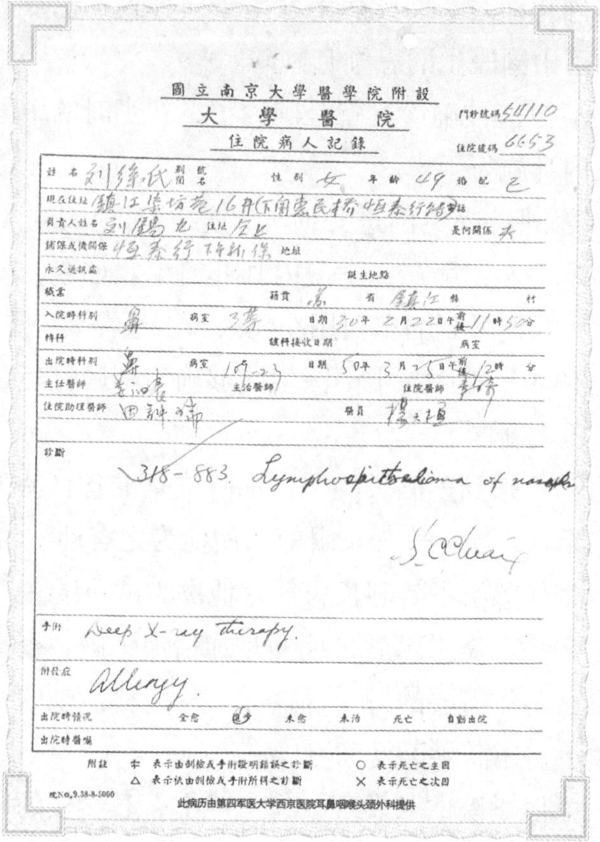

1950年，姜泗长亲笔签字的住院病人记录

道。患了耳硬化症聋的病人，因为镫骨长死了，固定在四周骨质上，失去了传导能力，导致听力下降，甚至完全变聋。

姜泗长现在要做的，就是在内耳的骨壁上开一个“窗”。

1950年7月的一天，姜泗长站在手术台上，助手田钟瑞迅速、准确地递上每一件需要的器械。此时，哲学家的辩证思维和美学家的艺术眼光，都在内耳这方寸大的手术视野中融为一体。

经过6个多小时的苦战，中国历史上第一例耳硬化症聋开窗手术成功了。成功的喜悦，使辛苦都变得甘甜。病人从麻醉状态下苏醒，原本安静的世界一下子变得嘈杂起来。整个病房沸腾了，病人激动地流下眼泪。

那时，对高难度的手术新技术、新方法的成功并没有新闻媒介来宣传，都是由病人一传十、十传百地传开的。全国各地的耳聋病人拥向南京。许多没有听力的病人迫不及待地要做手术。病人下了火车，只要说是找姜泗长治耳朵，人力车的师傅就会准确无误地把他拉到目的地。

内耳手术是一种难度大、操作精细、术程长的手术。一些手术器械是由姜泗长一点儿一点儿地磨出来的。每一次手术后，器械都会受到不同程度的磨损，所以还要重新修整。这样就影响了手术进度，开始时只能隔日做一例。

虽然内耳开窗术取得了成功，但在姜泗长看来并不十分满意。他在前人的手术理论基础上，又改进了顶盖造窗术，减少了“窗口”封闭的机会。在以后的一次次实践中，他不断总结经验，从手术切口到手术方式甚至到麻醉，都一一进行了改进。首先，他一改此种手术采用全身麻醉的惯例，变为局部麻醉并一举成功。局麻病人受到的损伤小，术中能够随时观察情况，但麻醉难度大。值得提一句的是，直到今天，美国人仍然采用全身麻醉施行此项手术。这也许是美国人的习惯，也许能说明一点问题。当时，经过姜泗长改进的内耳开窗术的有效率为81.4%，达到了国际先进水平。

姜泗长在潜心攻克耳硬化症聋的同时，还做出了国内第一套成人颞骨切片。在许多人不知内耳为何物时，此套切片，为专科人员提供了一个形象的说明。

1953年，中国第一篇有关耳硬化症聋的论文出自姜泗长之手，发表于创刊不久的《中华耳鼻咽喉科杂志》上。国外有关学者睁大眼睛研读了中国同行的这篇论文，姜泗长的观点两次被美国杂志引用。

内耳开窗术的成功，打破了国人所谓的“内耳禁区”。耳硬化症聋多见于白种人的论点，也全面崩溃。

1952年12月，中华耳鼻喉学会全国委员会全体委员合影，第三排右一为姜泗长

就在姜泗长为攻克耳硬化症聋苦思冥想、不懈努力之时，在中国的北方，一个和他有着相同经历、共同志趣的人也在努力做着同一件事情，但当时彼此并不知情。姜泗长取得成功的消息，通过病人传入这位探索者的耳中。他就是山东医科大学教授，也曾留学美国的孙鸿泉。两人深感英雄相见恨晚。

可以说，孙鸿泉勇于“开窗”的时间并不比姜泗长晚，只是他的第一例手术没有取得成功。在姜泗长的第一例内耳开窗术成功后不久，孙鸿泉也成功施行了此项手术。

当时任上海眼耳鼻喉科医院院长的胡懋廉，得知弟子姜泗长成功地施行了内耳开窗术的消息，那欣喜的心情不亚于自己在医学探索的道路上获得了一次成功。他立即写信给姜泗长，邀请学生来上海作专题学术报告和手术示教。

姜泗长接到老师的邀请很快来到了上海，学生在手术台上一刀一剪地做着，老师凝神仔仔细细地看着。现在，学生成了老师，老师变成了学生。“弟子未必不如师”，胡懋廉教出来的学生无可辩驳地证明了这一点。

看着学生娴熟的技法，胡懋廉的脸上洋溢着得意的微笑，他为自己当初认准的苗子而欣慰。事实上，从姜泗长成为他学生的第一天起，他就看好这位学生，对姜泗长时有偏爱之举。胡懋廉常说：“姜泗长肯于刻苦钻研，手也灵巧，是个临床好医生，是难得的人才。”

胡懋廉不仅请自己的学生来进行手术示教，对同行中的“能者”也由衷地敬佩。1957年，已是上海公济医院（上海市第一人民医院的前身）院长的胡懋廉，听到挤切术是治疗小儿慢性扁桃体炎的一种好方法，就主动请院外的李宝实教授到医院讲学，并亲自主持会议。姜泗长虚怀若谷，毫无门户之见，不能不说是受了胡懋廉的影响。

1952年，全国耳鼻咽喉科会议在南京召开。这次会议上，姜泗长和孙鸿泉不期而遇。两人就内耳开窗术的细节问题进行了针锋相对的辩论。孙鸿泉阐述自己的观点，姜泗长摆出自己的看法，两人各说各的“理”。这是在研讨学术问题，自然没有相让之理。会议主持人胡懋廉听着两位年轻人云山雾罩的争论，摆了摆手说：“你们争论的这些问题，我都听不懂，你们俩还是到会下去争论吧。”

作为姜泗长的老师，胡懋廉毫不隐晦自己的“无知”，他为有这样的学生而自豪和骄傲。学生离开他不到三四年的工夫，就进行着连老师都不懂的工作。可以说，当时除了姜泗长、孙鸿泉两人，在场的怕没有第三人明白他俩争论的问题。

不打不相识，不争不明晓，相同的经历、共同的志趣，使姜泗长和孙鸿泉成为真正意义上的志同道合者。

“文化大革命”期间，姜泗长被关在北京的“牛棚”，孙鸿泉被关在济南的“牛棚”，他们用大半生经营的医、教、研基地遭到同样的厄运。专案组往返于京城、泉城之间，从两人的口中取证对方的“罪行”。但最后专案组得到的是两人彼此尊敬和赞赏的言辞，没有丝毫诋毁和攻讦。直到1978年，姜泗长当选为第五届全国人大代表，孙鸿泉也为同届全国政协委员，两人相约在北京见面，共叙春秋。遗憾的是，开会期间，孙鸿泉突发脑血管意外住进了北京宣武医院。姜泗长闻讯后即到医院探望，可惜孙鸿泉已经失语，二人只能用目光倾诉几十年共同奋斗、相互砥砺的学友之情。

姜泗长打开内耳禁区，从此奠定了在中国耳鼻咽喉学界的地位，一步步走向事业的辉煌。他和孙鸿泉的友谊，也随着彼此事业如日中天而日益深厚。

姜泗长在中国耳鼻咽喉学界的影响力越来越大，各级领导和各界知名人士请他会诊的也越来越多。郭沫若多年来一直听力不好，是姜泗长的老病人，他欣然提笔为姜泗长送上书法作品。

姜泗长的知名度与日俱增，一些当初别人看来难度很大的手术，他也能自如地完成。他快捷、准确的手术技法得到同行的一致称赞。在一次又一次成功和一片又一片赞扬声中，骄傲、自以为是的萌芽也在姜泗长身上悄悄地滋长出来。

一天，姜泗长收治了一个患有巨大上颌窦血管瘤的16岁男孩。几天之后，男孩就进了手术室。这种手术，姜泗长过去做过，一切都很顺利，他认为自己有把握，因此，术前没有反复推敲，忽略了手术过程中大出血的可能。手术正在进行，让他始料不及的大出血真的发生了。由于术前没有进行输血准备，病人没能及时补充血容量，死在了手术台上。

姜泗长不知自己是怎么从手术台上下来的，他内疚、痛心得不能自拔。几天过去了，他却像过了几年。姜泗长深知对于病人的死亡，他有不可推卸的责任。患者的父亲也是南京大学的教授，他没有责备主刀的姜泗长一句，反而说："姜泗长做都失败了，那别人做就可想而知。"

"听到这话，真比当面骂更刺激我。"姜泗长说。时至后来，那个活泼可爱的男孩还时常在姜泗长的脑海里浮现。骄者必败，这是千古不变的规律。"满招损，谦受益"，那次血的教训，深深地影响了姜泗长后半生的行医作为。

三、新的使命

当初并没有想到自己会当医院院长的姜泗长，看到共产党执政仅短短几年，就在领导中国人民用双手建设新世界的同时，用先进的革命纲领改变了人心。努力工作，已不单纯是谋取生活来源的一种手段，解放全人类、实现崇高理想成为教授们的生活目的，世界发生着令人惊诧的变化。新的生活使姜泗长也发生着变化，这种变化集中表现在他对共产党的信任感增强了。

姜泗长也为自己的变化感到惊异。在医院院长的位置上，他发挥着连自己以前都不清楚的才能。他毫不留情地将工作不称职的院办秘书辞退，认真地主持每月一次的教授会，广泛征求对经费使用的意见……南京大学医学院附属医院在他的领导下稳步发展。

内耳开窗术的成功，为新中国成立一周年献上了一份厚礼，也为南京大学医学院增添鹊誉，全国各地的耳疾病人源源不断地涌向这里。

姜泗长的前景、南京大学医学院（1952年12月改编为解放军

1954年，南京第五军医大学迁往西安之际，附属医院主要领导合影。右起依次为：李树森、姜泗长、蔡翘、许伟、耿希晨

第五军医大学）的前景恰似刚刚落下重笔的一幅水墨画，运气正在笔端，就差一挥而就。可惜纸和墨不理想，要选纸重画。

1954年4月的一天，解放军总后勤部卫生部部长饶正锡、副部长宫乃泉从北京来到南京的第五军医大学。第二天，五医大召开了有史以来最壮观的一次大会，大操场上站满了人，姜泗长也站在人群中，人们已经预感到一场重大的改变就要来临。

饶正锡宣读了中央军委的文件《关于军医大学整编的决定》：决定解放军的7所军医大学合并成4所，原第四军医大学与第五军医大学合并。

饶正锡的声音未落，七嘴八舌的议论声顷刻间迭起。这道命令是人们没能料到的，校园内顿时炸开了锅。南京大学医学院才被整编为第五军医大学不久，现在又要迁到西安，与解放军第四军医大学合并。要撤销五医大，教职员工从感情上一下子难以接受这突如其来的变化。南京大学医学院经受过战火的洗礼，在炮声中成长壮大。它创建于1930年，几年以后就成为设备齐全、师资强大、学科比较齐全的高等医学学府之一。医疗和科研并进、教学和医疗结合，成为学院的办学宗旨，并树立了治学严谨、勤奋好学的良好校风。国内外许多有真才实学的人被这所学院所吸引，学院也培养出一批又一批高水平的医学人才。

南京风光秀丽、物产丰富，教授们熟悉并喜爱这里的一山一水、一草一木。西安虽说曾是几朝古都，但地处西北。南方与北方地区毕竟有许多不同，南、北方的差异，就让许多教授颇有顾虑。

饶正锡的声音又在学校大操场上的广播中响起："整编是为了集中人力、物力、财力，加强正规化、现代化军医大学的建设，以适应军队卫生工作的需要。这是党中央、中央军委的意图，是从全局出发的一大措施。"

搬迁，最重要的是搬人，而搬人的关键是搬科主任，人搬

1954年8月18日，第五军医大学同志迁往西安之前合影，前排右五为姜泗长

动了，物资、仪器也就搬动了。那段日子里，学校上上下下围绕着西迁的问题议论不休。第五军医大学不是撤销，而是为了更好地发展，正像毛主席制定的伟大战略战术：撤退是为了更好地进攻。

饶正锡、宫乃泉和学校领导表现出惊人的工作效率，夜以继日地找各位科主任谈话，甚至与他们的家属和未婚妻交流，做说服工作，晓之以理，动之以情。教授们的思想终于通了，想明白了就接受。一夜之间，3000多个箱子不知从哪里冒了出来。不管职务高低，不论官衔大小，不分白天黑夜，教授和职工都成了

搬运工、装卸工。大家干得热火朝天，像是天兵天将下凡，神速得让人难以相信，一个月内就装好了准备运往西安的3000多箱器械、资料。对于这种整体搬迁，学校的工作人员并不陌生。

战争的炮声好似昨天还在耳边响起。抗日战争的烽火逼近南京，学校无奈迁往长沙；炮声又在长沙轰鸣，再迁往贵阳；最后撤往成都。直到解放战争的战鼓在中国大地上敲响，学校才终于搬回到了老家南京。战争年代的每一次搬迁恰似又一次逃难。战争让每一个中国人饱受苦难，今天太阳照常升起，明天不知身落何处。更严峻的问题摆在人们面前，要么个人开业，要么和学校及医院同生共亡。有自己开业赚钱的人，而更多的人选择了与学校及医院同生死、共存亡。

从某种意义上讲，学校及医院的技术力量并没有因为炮火和硝烟而减弱，战争的炮火造就了一支技术全面、充满伟大爱心的队伍。对事业的热爱、对生命的热爱，使这所学校及医院在困境中得以生存、得以发展。

教授们明白了这次搬迁和过去任何一次都不同，这次举迁是为了建设一所更完善、更完美的医科大学。目标就在前面，有了这样的理想，就有了非凡的智慧和干劲。这项艰巨繁杂的搬迁任务，不到三个月就全部完成。该留下的留下，该运走的运走。学校外观还像以往那样安静，但校内已人去楼空，面貌全非。

站在附属医院院内，一种失落感涌上姜泗长的心头，还有说不清的留恋和惋惜。南京是他开始从医生涯的第一站。在这里，他打开了内耳禁区并轰动国内外；在这里，他临危受命做了医院院长。从被迫到情愿，作为新中国成立后第一任南京大学医学院附属医院院长，他为此付出的心血恐怕不比其他任何人少。

就要离开这里，到一个新的地方去。饶正锡已和姜泗长谈过话，几天后，他将成为位于西安的第四军医大学附属医院的耳鼻咽喉科主任。

火车一驶进西安车站，大家就听到“咚锵咚锵”的锣鼓声。第四军医大学的教职员工喜气洋洋地敲着锣鼓欢迎南京来的专家、教授，那场面热烈感人。浩浩荡荡的车队开进了位于西安郊区的四医大院内，南京来的教授们发现醒目的标语贴在最显眼的地方：“团结合校、团结建校。”汽车继续往里开，很快，映入眼帘的是破房旧舍、遍地荒坟，战争的重创并未完全消除。这哪里像个学校，简直就像战后的废墟。不要说办学、办医院，就连生活、居住都很困难。

卸下物件，大家还没有搞清东南西北，校长、政委的声音就在四医大断壁残垣的大操场上响起：“革命者的任务是，不仅要推翻旧世界，还将建设一个新世界。”

既来之，则安之。面对校园杂草丛生、一片荒芜、每到夜晚一声声狼嗥不绝于耳的状况，大家没有丧气，斗志依然高涨。用革命精神和自己的双手建设一所新型的军医大学，成为全校同志们奋斗的目标。

在不长的时间内，房舍一间间盖起来，高高的水塔也竖起来了。水通了，灯亮了，家家的炊烟袅袅升起。

南京来的教授们出门习惯穿西服、换皮鞋，而在这偏僻的地方，这种着装显然不合时宜。出了学校大门走15公里路，还看不见西安城里的大雁塔。所有的路都是土路，人走起来，土也飞起来。偶尔过来一辆汽车，才有一丝现代文明的感觉。进城走一趟，不一会儿，白脸就变成“黄脸”，黑鞋也变成“棕鞋”。路上的行人常常停下来，好奇地瞧着这些着洋服、穿皮鞋的人，那情景就像当年中国人看见洋人一样。这样的“西洋景”，在当时还偏僻落后的西安郊区是很少见的。

1954年9月，姜泗长（前排左三）在陕西西安与解放军第四军医大学耳鼻咽喉科的同事合影

西安城里的老百姓听说从南京来了许多专家，这成了他们生活中的一件大事。在他们的心目中，这些专家没有治不好的病。从此，他们感到生活像是有了某种保证，心里踏实了。

中共陕西省委书记也来看望南京来的专家们。

“南京来的教授们喜欢洗澡，你们准备了澡盆没有？”省委书记问校长。

这个问题让姜泗长感到很奇怪，就如同问你们家准备了饭碗没有一样，很令他费解。吃饭是每天必须进行的，洗澡同样是经常要做的事情。后来，姜泗长才知道西安乃至西北地区严重缺水，所以，这里的人没有经常洗澡的习惯。

回头再看看，校党委首先为南京来的教职员工建房舍、竖水塔。在吃水都困难的情况下，校党委责成学校有关部门，想尽一切办法安装水塔，是为了保证南京来的教授们能经常洗上澡。细微之处可见党对知识分子的爱护和关心，这使姜泗长十分感慨。

然而，教授们更关心附属医院各个科室的建设。在荒郊野外建起来的医院处在百业待兴的状况，各种医疗及行政制度尚不健全。既然是大学，怎么没有教研室，没有读书、搞研究的地方？各项工作如何开展？下了班，到了晚上，凡有灯亮的地方，你就能听到吵吵闹闹的打牌声和吱吱咀咀的胡琴声，读书、钻研业务的人寥寥无几。教授们焦急，姜泗长也不安。

无规矩不成方圆。教授们商议后，让姜泗长出面与校领导谈一谈，提一些建议：“学校首先应建立起一系列的规章制度。一切有法可依，才能办校，也才能建校。”

校领导听取了姜泗长代表教授们提出的建议。紧接着，姜泗长与学校有关领导查看了学校各个角落，决定把与医疗、教学没关系的房间统统腾出来，三下五除二，将房间打扫干净，把一张张不算精制的桌子、凳子摆进去。四医大的基础研究从此起步。

姜泗长像一个上紧弦的发条，白天看门诊、做手术；到了晚上，他带领科室其他医生开始经营实验室。在北平大学医学院学习、在胡懋廉身边学习以及在美国进修时的感受，都告诉他这样一个真理：基础研究是决定临床发展的关键所在。

不久，耳鼻咽喉科实验室算是建起来了，有了几个尸头、标本和桌椅板凳，还有几个实验器皿。实验室每天都有新的变化，不断充实起来的速度令人欣喜。

门诊病人从原来的每天20来个一下猛增到上百人次，医生们忙得没有时间吃饭。临床、门诊、实验室、教学等工作千头万绪，但姜泗长忙而不乱，把一切处理得井井有条。

在创业中，姜泗长的行政管理能力再一次得到验证。1954年8月，校党委宣布了一项命令：“任命姜泗长为第四军医大学附属医院副院长。”

命令下来之时，姜泗长又想起老师胡懋廉的话：“当了院长千万不要扔了业务，技术是知识分子的立身之本。”依照这一思想，姜泗长的工作重点依然是临床和科研，当院长却像是一个“业余专业”。

对于这一次当副院长，姜泗长似乎没有感到意外。对行政事务，他仍然不会倾注太多的精力。但他也认识到，有一定的行政职务，对业务的发展会带来许多好处和方便。

原四医大和五医大合并在一起，师资力量空前强大。这支队伍由三部分人员组成：一是来自解放区的老同志，多数自延安的中国医科大学毕业。他们早年参加革命，长时间经受战火的锻炼。二是新中国成立后来自全国各地的志愿投身于革命军队卫生事业的专家、教授。他们思想进步，技术优良。三是原第五军医大学的教授、学者。这样一支来自五湖四海、阅历不同、风格各异的队伍在一起工作，冲突、矛盾自然不可避免。

这时，姜泗长告诫学生田钟瑞：“少管闲事，全身心钻研业务。”

师生两人双耳不闻窗外事，一心只钻研内耳开窗术及内耳组织病理。一批批死婴的内耳标本做出来了。研究表明：未成形的5个月胎儿的骨迷路大小就和成人无异。这一结果，为进一步研究内耳提供了有力的理论依据。

在长期共事中，姜泗长认定田钟瑞是一个不可多得的人才。就像当年胡懋廉对他的偏爱，今天，他也对田钟瑞欣赏有加。师生二人常常肩并肩地在一起解决问题，真是你中有我、我中有你。在以后的工作中，姜泗长因为有田钟瑞这样心灵手巧的助手，业务更有了突飞猛进的发展；田钟瑞也因为有姜泗长这样一位有胆识、有魄力、一心钻研业务的老师，才华得以充分施展。

四、风波迭起

四医大蓬勃发展，其附属医院的病人日益增多。门诊大楼、口腔医院大楼、基础学科教学楼、图书馆一一拔地而起，医院各项工作渐渐走向规范化。门类不同的医疗设备从全国各地运来，装备各个科室。有了一定的设备条件，教授、专家们的技术水平渐渐发挥出来了。四医大迅速发展，蒸蒸日上。短短几年之内，在杂草丛生、荒芜遍野的郊区建立起来的第四军医大学附属医院，就成为西安地区远近闻名，乃至西北地区知名度最高的一所医院。走进四医大，走进附属医院内，到处都是树木成林、绿叶成荫、草坪片片，尤其是道路两边的牡丹花开得姹紫嫣红。四医大筹建初期，时任副校长的李炳之负责四医大与附属医院的基建工作，他和同事们在一切为零的情况下开始建校。没有钱买仪器、药品和图书，他们就跑到西安农村买棉花，再拉到上海卖棉花，用赚到的差价，购买了大量的仪器设备和药品。难能可贵的是，这些刚从战争的硝烟中走出来的军人，非常注重环境美化，为此，他们投入了大量的心血和汗水。那年，两校合并前，四医大邀请五医大的专家、教授来校参观。一圈走下来，给五医大的教授们印象最深的是那一排排花红柳绿的树木和路两边一排排的玫瑰花。来过四医大的人都感到不是进了学校，倒像是进了公园。20世纪50年代中期，四医大校园已成为西安的一道亮丽风景。

两校合并，优势互补。在校长曾育生，政委刘庆珊，副校长张录增、李炳之的领导下，师生员工齐心协力，干劲十足，大家都在为建设一所新型的军医大学而奋斗。

1956年5月一个星期日的上午，学校员工都已放假，彭德怀元帅突然出现在四医大校园内。听到彭总来学校视察的消息，校领导既高兴又感到意外，因为事先彭总并未向学校打招呼。

彭总是第一位来到四医大视察的中央军委首长。没有热烈的欢迎仪式，没有空洞的花架子，没有五花八门的随同人员，也没有休息片刻，彭总立即召开校领导和部分教授参加的座谈会。姜泗长作为被邀请的部分教授之一出席了座谈会。

不大的会议室内坐满了人，专家、教授占了多一半。在这次座谈会上，姜泗长第一次看见威震四海的彭大将军。彭总穿着袖口已磨破、肩上有补丁的旧呢子中山服，脚上是一双黑布鞋，但他的声音铿锵有力。彭总的讲话始终在强调一个内容："要依靠知识分子办好学校。"持续了两个多小时的会议，就是围绕着怎样尊重、爱护知识分子，怎样信任知识分子的主题进行的。当会上有人提到护士能不能当医生时，彭总说："你们的校长曾育生，就曾是护士。护士能当校长，为什么不能当医生？"

从彭总质朴的外表，姜泗长深深地感到了共产党对知识分子无微不至的关怀和信任。他在寻思，彭总这趟来四医大视察，颇有微服私访的意味。仅从外表看彭总，应该说他更像一位老农民。

会议结束时，已到吃饭时间，校领导精心地在食堂为彭总准备了丰盛的饭菜。校办公室的秘书陪着彭总的秘书来到食堂。看着满桌丰盛的饭菜，彭总的秘书焦急地说："你们准备这样高级的饭菜，不但彭总不吃，而且你们还要挨骂。"

校办秘书看着已做好的饭菜，真不知如何是好。

"赶快撤了重做。大家平时吃什么样的饭，他就吃什么样的饭。"彭总的秘书干脆地说。

彭总率先垂范的品德、严于律己的作风，顿时在学校内外传为佳话。四医大的文艺宣传队根据彭总在食堂用餐的情景，编排了一个小话剧。剧本中有这样一句台词："我们的彭总可好啦，生活可艰苦呢。他最爱吃的菜就是菠菜、豆腐、鸡蛋汤。"

彭总在四医大知识分子的心目中，树立了一位共产党高级领导人俭朴廉洁的光辉形象。

姜泗长这次见到彭总，感触良多。从彭总的生活习惯到工作方法，无不体现着共产党员的优良作风，姜泗长由衷赞叹，这位党和国家的高级领导干部品质、品德的崇高和伟大非仰视不可及。

1958年，彭总第二次来到四医大。他认真听取了校领导的汇报后说："你们要勤俭办校，防范教条主义和形式主义。"然后，彭总洪亮的声音在学校操场的上空响起。全校师生站在操场上，聆听了彭总简短而有力的讲话："不要辜负党和人民的重托与希望，要做一名合格的人民军医。"

后来，叶剑英、聂荣臻元帅，谭政大将，萧华、洪学智、李聚奎、王平上将等人都陆续到学校视察、参观。军队领导频频来到四医大关怀知识分子，关心学校及医院建设。地方省级领导也经常到校看望大家。

一天，中共陕西省委书记召集西安有名的教授开会，主题是征求大家对党的意见。不知是有顾虑，还是没意见，眼看着会议就在无声中进行。省委书记看大家都没有要发言的意思，就点了姜泗长的名。他曾是姜泗长的病人，彼此还比较熟悉，就问：

“姜教授，你与校党委之间有没有隔阂？”

“没有。”姜泗长答道。

“难道意见始终统一，没有一点儿矛盾？”省委书记又问。

“夫妻之间还有意见不统一的时候，何况在工作中。”

听到姜泗长好像话里有话，省委书记说：“你接着讲。”

征求意见是为了更好地工作，姜泗长就把自己的想法说了出来：

“其一，学校最好成立一个由教授组成的咨询性质的校委员会，这对学校的建设和发展是有益处的。其二，学生毕业后最好在学校训练两年，根据各自的特点和实际情况再确定留校或分配。”

“你说得很好，符合实际情况。”四医大训练部部长非常赞同地应道。

后来，四医大将座谈会上教授们提的意见收集整理后，制定了落实措施。

遗憾的是，还没等印在纸上的油墨晾干，反右运动就开始了。姜泗长说的话白纸黑字地印在那里，“铁证如山”。姜泗长一下子成为反右对象，那两条“符合实际情况”的意见，也变成和校党委分庭抗礼、不一条心的证据。写检查成了姜泗长每天的“必修课”。

自己到底错在哪里，这一切究竟是因为什么？姜泗长被这场运动搞得不知所措。他开始关心政治，看报纸、听广播也成为他每天必做的事情。报纸上说，每个单位都要抓出一两个右派，“还有百分比”。这使姜泗长陷入了极度的苦闷之中，坐在书桌前，两眼盯着摞得高高的医学书和那些标本，不知如何是好。书是看不下去了，干什么也都没有劲头。钟表嘀嘀嗒嗒的声音，此时犹如刺耳的噪声在他头脑里轰鸣。往后的工作该怎么个做法，难道自己真的有同校党委分庭抗礼的意识和想法吗？他想不通。

姜泗长仔细想来，一是他对政治之类的事情从来不感兴趣；二是从心里来说，他拥护校党委一班人，因为校党委、校领导一直都很支持他，只要他有困难，不管是校长还是校党委书记都会积极想办法帮他解决。这顶突如其来的“帽子”，让他苦闷难耐。

写检查，这是必须完成的事情。写这种东西，着实让姜泗长发愁。他对共产党只有好感，如果说有意见，不很确切，只能说提了一点儿建设性的意见。一连憋了几个晚上，他也没写出几行字。妻子吴幼霖跟着着急，到时候交不了检查，还会有“帽子”扣下来。

“我来帮助你写吧。”吴幼霖对丈夫说。吴幼霖趴在桌上写了两个晚上，终于有了一个叫“检查”的东西。

“咚咚”的一阵敲门声后，陈华推开门：“老姜，上我那儿坐坐！”

应着陈华的喊声，姜泗长习惯性地跟着陈华来到他家。

陈华拿起酒瓶，像往常一样倒了两杯酒：“来！干了！咱们这叫闹中取静、闹中找乐。”两人一抬手，一饮而尽。

“我说老姜，你不要有太多的顾虑。你要记住，不管开展的是什么运动，你千万不要发表意见，不要表态。保持沉默是最好的武器。”陈华像过来人似的对姜泗长说道。

当时，陈华已是我国著名的口腔科专家。1935年，当姜泗长还在北平大学医学院读书时，陈华已与著名牙医韩文信、牙科教育家黄子濂等人一道，创建了中国第一所牙医学校——南京中央大学牙医专科学校。

姜泗长与陈华的交往始于20世纪50年代初期，当时他们同在南京大学。1954年，他们又一同从南京北迁到西安第四军医大学。共同的志向、志趣，以及相同的经历，还有客观上的年龄差距（陈华比姜泗长正好年长一轮），使他们成为兄弟般的好友。在某种意义上讲，陈华更像是姜泗长的老大哥。

在南京，姜泗长和陈华两家正好住对门儿。陈华高兴或烦恼时，都喜欢喝点酒。酒精穿肠过，所有的喜怒哀乐就都随着酒精的作用升温或降温。陈华很少喝闷酒，喜欢找一些知己畅饮，姜泗长便是他经常邀请的知己之一。酒逢知己千杯少，两人一谈就是半宿。经常是陈华倒好酒后，再跨两步来敲响姜泗长的家门。

陈华每每邀请，姜泗长每每必应。

“一来二去，我从陈华身上学到了许多做人做事、管人管事的学问。”姜泗长后来回忆说，“陈华很有领导艺术，常常教我一些如何搞好学科建设的方法。”

陈华深厚的文化功底、一举手一投足的儒雅气质，是姜泗长敬重陈华，并引为知己的根本原因。

“三反”、“五反”运动时，陈华受到了冲击，但也像是接受了什么教训。这次反右运动一开始，并没有找他的麻烦。当和姜泗长共同坐在全校召开的批判姜泗长“资产阶级医疗作风”大会的台下时，陈华就寻思着散会后一定要找姜泗长喝两盅叙一叙，好好安慰一下遇到麻烦的弟兄。

一散会，陈华就敲响了姜泗长的家门，随即出现了上面的一幕。

在会后的一天，校领导又找到姜泗长：

“姜主任，群众批一批就完了，你已经没事了。”

“是真的？”姜泗长不太相信自己的耳朵。

“你放心吧。”校领导说。

姜泗长顿时如释重负，多少天来压在他心中的重石终于卸下了。

“我没事了！”一进家门，姜泗长就兴奋异常地告诉妻子。

“真的！那我们上街转一转好吗？”吴幼霖更是欣喜至极。

夫妻两人肩并肩走在古城西安的街道上，心中的乌云驱散了，抬头看看天，天空格外蓝，云朵格外白。往来的车流，拥挤、嘈杂的人群，也变得异常亲切。对小商小贩的叫卖声，都觉得悦耳动听。看见熟人，他们会露出欣快的微笑。连平时无用的东西，今天看来全觉得很亲切。

两人走进一家旧货店，一件件质地不同的皮大衣挂在那里，吴幼霖一直想为丈夫买件皮大衣。一件绒毛长长的、光滑柔软的毫绒大衣，吴幼霖一下就相中了。

“那天，我和老伴买了一大堆东西。那是件真貉绒皮衣，我们毫不犹豫地买了下来。”姜泗长回忆说。

可以想象，当时姜泗长从被批判之中解放出来的愉快心情。

就在姜泗长夫妇欢天喜地采购东西时，校领导正在和陈华谈话：“你要正确对待革命运动！”

陈华一听就明白了：“难道我被打成了右派？”他的脑袋“嗡”的一声。

当天晚上，陈华又敲响了姜泗长的家门。两人自然又坐在一起，端起了酒杯。

“我不想活了，‘三反’、‘五反’整了我一下。现在反右，又拿我来开刀，我实在想不通。”

两人一叙又是一夜，姜泗长感到陈华的情绪格外消沉。

第二天一早，姜泗长就推开校领导办公室的门。“如果把陈华定成反右对象，他就会自杀……批了我一个就行了。”姜泗长焦急地说。

此时，姜泗长已经知道每个单位必须抓出5％的右派分子。他捏着指头算了算，学校批他一个已经够了这个数。

校领导被异常激动的姜泗长搞得不知如何处理陈华的问题才

好，反复商量后，果然没有再批陈华。校领导也怕出事。

这次反右运动给了姜泗长很大的刺激。自幼，家训就一再告诫他，要一心一意搞门技术。有一项绝好的技能，不管什么情况下都有饭吃。自从医以来，姜泗长越发感到“名”与“家”分量的贵重。他崇尚成名成家，也想成名成家，为病人多做贡献。尽管很苦恼，但他工作起来一如既往。

五、再度创业

运动一个连着一个，一场教育革命的热潮又在神州大地掀起。解放思想、破旧立新、教育与生产劳动相结合，运动搞得热火朝天。

姜泗长所在的耳鼻咽喉科以及实验室正一步步朝着预定的目标蓬勃发展，可谓一片欣欣向荣之势。耳鼻咽喉科的病人总是很多，大多是奔着姜泗长来的。病人多，就诊号却有限。为看病，有的病人竟带着铺盖睡在挂号室门外。常常是到了中午吃饭时间，病人还看不完，忙得姜泗长恨不得生出三头六臂来才好。

第四军医大学，这所抗战烽火中诞生的学校，在新中国成立几年后就一跃成为全国第一批重点高等院校之一。在一片蒸蒸日上的形势下，姜泗长早年的老师沈克非来到西安第四军医大学视察。

新中国成立后，姜泗长时时能通过各种渠道听到有关沈克非的消息，得知沈克非已调到在上海的解放军军事医学科学院任副院长兼实验外科系主任。沈克非招揽了大批科研人员。他主张进行科研实验，但不愿意靠近甚至看见那些被麻醉的狗、兔躺在手术台上的情景，因为他实在不忍心看到这些可怜的动物在实验者手中的“遭遇”。沈克非的“严”字底下，一颗掩饰不住的慈善之心暴露无遗。

沈克非从小就接受基督教文化的教育和熏陶，但他怀着一颗赤子之心，深深热爱着自己的祖国和人民。1926年，已获得美国行医执照的沈克非，抱着科学救国的思想回到祖国，先后在北京协和医院、安徽芜湖弋矶山教会医院工作。沈克非的博学、仁义、奉公，深得当时任国民政府卫生署署长的刘瑞恒赏识，沈克非被刘瑞恒视为知己。当时，私立医院林立，大多以牟利为目的，大批的医学院学生毕业后无处实习。刘瑞恒和沈克非两人就创办了南京中央医院，办起了一所属于中国人自己的医院。

听说沈克非来到四医大的消息，姜泗长很兴奋。抗战结束后，他再也没有见过这位昔日的严师、恩师。沈克非更想见到姜泗长，这位曾给他留下深刻印象的学生。

还没等姜泗长去看他，沈克非就托人带话来：“我要见见姜泗长。”

师生俩一见面，沈克非的第一句话就是：“听说你干得不错，把你最近写的论文给我看看。”

后来，姜泗长把论文送到沈克非手里。姜泗长没有想到，他的事业、命运从此又将发生变化。

不久，姜泗长接到老师胡懋廉的信：“沈院长想调你到刚组建不久的解放军总医院做耳鼻咽喉科主任，军委也准备调沈院长到军事医学科学院任院长，兼解放军总医院院长。听听你的意见如何？”

姜泗长想，只要是沈院长调他，他会服从的。有机会又能和老院长在一起工作，聆听他的教诲，这是姜泗长很乐意的。严厉、宽厚、灵活、较真儿，是那么有机地融合在沈克非的身上。在这样一位要技术有技术、要学问有学问、要人品有人品的领导手下工作，是一件幸福的事。姜泗长又想，解放军总医院由沈克非做院长，他当科主任，不管他将要去的这个单位状况怎么样，他都相信，有老院长支持，他就能够继续做出成绩。

想到这儿，姜泗长立即提笔给胡懋廉写了一封回信，请胡懋廉转告沈克非：“我同意来京。”

调令很快下到了第四军医大学，姜泗长说走就走，打起背包就出发。妻儿老小、锅碗瓢盆一同跟着姜泗长来到北京，来到解放军总医院。这是1959年。

那时的解放军总医院，到处是砖头瓦片、碎石朽木，偌大的医院只看见一幢三层楼。后来，在总后勤部首长的关心下，医院又专为姜泗长这样的知识分子赶盖起一幢二层小楼。

坐火车、换地方，姜泗长的三个孩子很高兴。进了屋，他们才发现自己的房间小了许多。房子小了，这是次要的，姜泗长更关心他的科室情况。

为了欢迎姜泗长，解放军总医院专门开了全院大会。姜泗长和院领导坐在台上，台下的人都站着。那是一个四面透风的大教室，根本没有凳子。当院长靳来川向全院同志介绍，这是耳鼻咽喉科专家姜泗长教授时，台下一片惊叹声：“这么年轻就当了教授！”

姜泗长那年已经46岁，算不上太年轻，但在当时的解放军总医院，像他这样的年龄就当教授的还为数不多。

第二天，姜泗长就来上班。到刚刚为他腾出来的办公室换好了工作服，他想先看看病人，可病房在哪里还不知道。当时的耳鼻咽喉科没有单独的病房，和妇产科合为一个病区，病床只有13张，医生仅有5位，可见其“小”的程度。科里其他医生没有办公室，更谈不上实验室。耳鼻咽喉科的医生当时只能做扁桃体和鼻息肉摘除一类的小手术。没有技术，哪来的病人？就是那13张病床，还常常空着。

“姜主任！”有人在喊他，“请您快上手术台吧。”

第一天上班就给姜泗长出了个难题。他不知发生了什么事，急忙跑到手术室，穿好手术衣，推门一看，四面白晃晃的墙壁非常刺眼，血从刚摘除扁桃体的病人口中不断地涌出，出血之猛，在姜泗长不短的行医经历中还从没有遇见过。

“这样单纯地用纱布球填塞压迫不能把血止住，只有将咽部前、后壁的肌肉缝合才行。”姜泗长边说边非常利落地将前、后壁肌肉缝合，血很快就止住了。

手术室里静悄悄的，没有人说话。手术台上的其他医生从紧张转为由衷的佩服：“新来的主任，真是有两下子。”

一个月过去了，两个月过去了，怎么左等右等，还是没有沈克非的消息呢？姜泗长终于得到沈克非因病不能来京任职的消息。失落、无奈顿时笼罩着已到中年的姜泗长，他产生了回西安四医大的想法。他来解放军总医院的调令下来之时，中共中央刚刚批准第四军医大学为全军3所重点高等院校之一。四医大的灿烂前景似乎已经看到。

如果说四医大初始是个乱摊子，那么当时的解放军总医院则是个一穷二白的穷摊子。这所代号为“301”的医院，是1954年，在原来的中央军委直属机关医院基础上重组的，姜泗长到的那一年才有5年的建院历史，医院里到处是待建待修的景况。内、外科楼倒是竖起来了，但里面几乎没有像样的设备，医生、护士是在最简陋的条件下维持医疗诊治工作的。

面对这无从下手的现实，姜泗长再一次陷入了深深的苦恼之中。这是他人生中的第三次转折和变迁。1945年，他离开了在成都与胡懋廉一起建立的中国第一个耳鼻咽喉科实验室；1954年，当他呕心沥血建设的南京大学医学院附属医院声名鹊起之时，他服从组织决定，随同医院来到荒凉且野兽出没的西安第四军医大学附属医院；1959年，正当四医大附属医院发展壮大、实力增强之日，他又来到北京。从不信命的姜泗长，这时也隐隐感到命运之神在冥冥之中有意和他作对，抑或有意磨炼他的意志。如果说，前两次变迁在他的内心深处留下的是惋惜、遗憾和恋恋不舍的话，那么，这次的北京之行则是深深的痛惜了。人的一生有多少个10年啊！自己用心血创立的事业不能够继续发展下去，这种痛苦真是难以言说的，更是刻骨铭心的。

西安四医大刚刚建起的耳鼻咽喉科实验室，还有那一个个标本，都令姜泗长十分留恋。那些标本是他和学生们背着麻袋从建筑工地一个个捡来，经过一道道工序制作出来的。它们在他眼里就如同一件件精美的艺术品，他爱这些标本就像艺术家珍爱自己的作品。单单为了那些标本，他也想回西安四医大去。

姜泗长数日辗转反侧，无法入睡。在这手足无措、踌躇不定的时候，姜泗长又想起了老师胡懋廉。应该给老师写封信。

前面讲过，1940年，刚做了1年住院医生的姜泗长突然被存仁医院毫无理由地解聘。在胡懋廉的帮助下，姜泗长才又作为中央大学医学院第一位临床助教，重返存仁医院做了住院医生。

10多年过去了，姜泗长再一次遇到难题，心中有苦，最想和老师说。胡懋廉是他最敬重的老师，他是胡懋廉最得意的门生。

1959年，师生俩的信在北京到上海的路上走了一个来回。“标本和成绩是人民的，我相信你有能力、有毅力重新开始一切，有志者事竟成。”胡懋廉回信说。老师的人格力量再一次深深地感染了姜泗长，胡懋廉又一次帮助了姜泗长。这次是帮助姜泗长建立起信心，树立起信念。

一天，姜泗长意外地碰到当时在解放军总医院检查身体的总后勤部政委。姜泗长毫不隐讳地向首长谈了自己的想法：

“没设备、没钱，实在没法干！”

“调你来，就是让你从头创业。什么都搞好了，还调你来干什么？”

没有给姜泗长留半点儿打退堂鼓的余地。

让姜泗长没有想到的是，第二天，总后勤部卫生部部长饶正锡就拿着5000元人民币，专程给他送来。

饶正锡说："听说你有困难，政委让我给你送钱来了。"

饶正锡当然也知道这样一件事：在姜泗长之前，曾有一位耳鼻咽喉科教授，从上海第二军医大学来到北京解放军总医院。他在医院的前后左右、里里外外转了一圈后说："基础太差没法搞。"

然后，就黄鹤一去不复返。饶正锡担心姜泗长再走前一位教授的老路。

"我决定留下来！"姜泗长对饶正锡说。

饶正锡听到姜泗长明朗的表态，非常高兴地说："你有什么困难，尽管提出来，我们一起想办法解决。"

这时，姜泗长才开始真正进入科主任的角色，拉开了他第三次艰难创业的帷幕。

新组建不久的解放军总医院，有相当一部分工作人员是从延安八路军军医院过来的。他们带着革命战争年代刻苦肯干的热情和不怕困难的干劲，另一方面也多少流露着缺乏正规训练的习惯。

姜泗长第一天到解放军总医院上班，就遇到扁桃体摘除后大出血的病人。这就很能说明一个问题：医护人员的基础知识缺乏。要提高医疗质量，首先要提高医生素质，加强基本功训练。已从医20多年，姜泗长一直在教学医院工作，他知道怎样培训学生。

多年的临床经验告诉他，医疗意外事故发生的原因，大多是基本知识欠缺或责任心不强。教学，就从眼前出现的问题入手。针对扁桃体摘除后大出血这一病例，他组织医生们进行讨论。病房的学习室里，医生、护士睁大了眼睛听新主任分析病例：该病人长期服用阿斯匹林，此药的副作用为抑制血小板凝固，必须停药一段时间后才能进行手术。这是一个医生必备的常识。问题出在经治医生没有很好地询问病人的病史。姜泗长接着讲道：他曾遇到一位患第八因子缺乏症的病人，术前曾有拔牙后出血不止的病史。经治医生也是术前没有很好地询问病人的病史，就为病人做了扁桃体摘除术。术中，病人出血不止。还有一位病人一住进医院，没有经过任何身体检查就进行了扁桃体摘除术。经治医生只凭直观感觉，看到病人的身体非常健壮，而且是一位举重运动员。没想到病人是一位隐性血友病患者，同样发生了大出血。这是一个业务问题，还是一个责任心问题？恐怕两者兼而有之。

像这种类型的病例讨论会，姜泗长在每个星期至少都要组织一次到两次。他开始全面抓各级医生的基本功训练，采用讲课、手术示教等方式对医生进行培训，并严格要求每一位医生。仅仅带教还不行，要从根本上提高医疗水平一定要有科研做后盾，这是一条颠扑不破的真理。他想再创建一个实验室。由于姜泗长的努力，耳鼻咽喉科很快从妇产科独立出来，成立了单独的病房，病种、病人陆续增多。一个8平方米的房间也被腾出来做实验室，摆进桌子、椅子，还有捡来的颅骨。5位原来很轻松的耳鼻咽喉科医生，开始忙得团团转。他们的新主任给他们安排的事情，8小时上班时间根本干不完，渐渐地，加班加点成了习惯。

这个8平方米的实验室，在解放军总医院产生了不小的影响，因为这是解放军总医院第一个临床实验室。

耳鼻咽喉科的各项规章制度建立起来了，主任有主任的职责，主治医生有主治医生的职责，住院医生有住院医生的职责，各行其是，各谋其政。医生们发现他们的新主任话不多，但说出的每一句话都不容置疑。医生们都怕他，也都敬重他。

在姜泗长当实习医生时，沈克非这样要求他的医生们："医生应该每天和自己所管的病人见一面，这对病人是极大的安慰。"

每天和病人见一面，这早已成为姜泗长的习惯。此时，姜泗长要让科室所有的医生都有这个习惯。

星期天，姜泗长来查房。其他医生发现，他们的新主任到病房后没有直接去看病人，而是点科室医生的名：谁来了？谁没有来？某某医生为什么没有来？打电话叫，派人去找！

姜泗长坐在护理站的写字台前神情严肃，大家都等着那位没有来的医生。一次两次，没有哪个医生敢不来。星期天查房在耳鼻咽喉科渐渐成了习惯，甚至农历的大年初一也不例外，多年来都是如此。这一传统在耳鼻咽喉科一直保持至今，在偌大的解放军总医院也是不多见的。

问题很多，姜泗长也总能发现问题："耳鼻咽喉科手术室的墙怎么能是白的？四面白晃晃，光如何聚射在手术视野里？"姜泗长把疑问摆在了靳来川院长面前。很快，耳鼻咽喉科手术室的白色墙壁变成了墨绿色。仅改进这一点远远不够，姜泗长还有更独特的。他在无形中把南京大学、西安四医大的作风和习惯带到了解放军总医院。

"我的手术护士要固定，不要今天熟悉了，明天又换一个新手。这样来回换班，哪一科也不会精通。梅兰芳有梅兰芳的一套人马，我姜泗长也要有自己的一套人马。"靳来川院长又一次支持了姜泗长。

整个外科手术室，只有姜泗长的手术护士是固定的。

不是随便固定两名护士就行，姜泗长要从众多护士中挑出技术过硬、反应灵敏、动作麻利的优秀手术室护士。两名20来岁的张姓、熊姓护士有幸被姜泗长选中。

从此，她们跟着姜泗长把内耳手术从解放军总医院内做到院外。北京所有大一点医院的手术台，她们都跟着姜泗长上过。

姜泗长的重点攻关方向，仍然是解决听力问题。在他的影响和带教下，北京几家大医院已能开展内耳开窗手术。有些省市的大医院也能够进行，并取得了良好的疗效。

姜泗长被中苏友谊医院（现为友谊医院）聘为耳鼻咽喉科主任，每星期必去一次，进行手术示教和讲课。

姜泗长的事业在蓬勃发展，他在中国耳鼻咽喉界的影响也一天天扩大。

政治仍然是姜泗长不感兴趣的话题，但有一点他是认真的，发给他的红头文件，或上级要求组织大家学习的材料，姜泗长都会认真地看一遍。

解放军总医院在大食堂召开会议，传达周恩来总理作的题为《论知识分子问题》的报告。姜泗长听到："12年来，我国大多数知识分子已有了根本的转变和极大的进步……"姜泗长问自己，自己有变化吗？他相信自己真的被共产主义思想、毛泽东思想深深地影响着。报告中还说：我国知识分子中的绝大多数，是属于劳动人民的知识分子。听到这句话，姜泗长很兴奋。

姜泗长曾一度对"资产阶级"这个词产生过极度的恐惧心理，他怕人家说他不是劳动人民的一部分，而是资产阶级的一部分。党和国家现在承认知识分子是劳动人民的一部分，这对姜泗长来说就像吃了定心丸。对政治不感兴趣的姜泗长也开始关心、了解党和国家的方针政策，因为政治已和他的医学工作分不开了。他很注意听各种报告，甚至广播新闻。各行各业的捷报通过无线电波频频传来，他备受鼓舞，全身心地投入到医疗、教学工作中。

20世纪60年代初，我国国民经济出现了暂时困难，中共八届九中全会提出了"调整、巩固、充实、提高"的八字方针。教育部在八字方针的基础上，制定颁发《中华人民共和国教育部直属高等学校暂行工作条例》，简称"高教六十条"。全国上下掀起了注重教学、注重科技的热潮。中共中央还发出了《关于自然科学研究机构当前工作的十四条意见（草案）》，简称"科研十四条”。那几年，上至党和国家领导人，下至普通百姓，都在勒紧裤带、共渡难关。大家虽多少都有不同程度的营养不良，但工作热情始终高涨。

解放军总医院将上述这些精神落实在医院的教学工作中。建院初期，医院的技术力量薄弱，急需一大批学有专长的人才，而这些人才从哪里来呢？当然是由老一辈的专家、教授悉心培养。

怎么培养？教学查房是一个很重要的渠道。曾受益于姜泗长教学查房的医生们纷纷赞叹：每跟随姜主任查房一次，就有一次收获。院长靳来川为了让更多的医生受益，就组织全院专家到耳鼻咽喉科观摩姜泗长查房。如今，解放军总医院的许多专科老主任，对姜泗长形象生动、内容丰富的查房还有着深刻的印象。

1961年，姜泗长在查房

沈克非虽未到北京工作，他的思想、作风却深深地影响了姜泗长等一代又一代人。在中国医学界的每一个角落，你总能找到受沈克非影响而产生的结果。

多年后，姜泗长还不无惋惜地说："如果沈院长当初也调来北京工作，那将会对我军的医学事业做出更大的贡献。"

中国科学院院士、我国著名的胸外科专家吴英恺说："我深为沈克非教授旺盛的事业心和严谨的学风所感动，他对我们这一代医生来说，是一位富有强大号召力的楷模。"

中国科学院院士、我国著名的外科学家裘法祖说："在我留学德国的10年里，不断地听到有关沈院长爱才育人的逸事。他高尚的医德、精湛的技术、广而深的学问，早已使我钦佩之至。"

1997年，沈克非诞辰100周年时，中华医学会召开了隆重的纪念大会。人们深切怀念这位为中国医学事业做出巨大贡献的老院长，他对中国医学界的影响将世世代代传下去。姜泗长为此写了一篇纪念文章，文中充满了对沈克非的深深感念之情。

六、继续探索内耳奥秘

由于姜泗长的努力，耳鼻咽喉科这个从外科分出来的小科，得到了解放军总医院领导的足够重视。

一天，科室教导员郭韬找姜泗长谈话，姜泗长听出这是党组织在引导他向党靠拢。说心里话，他始终觉得共产党伟大，至于是否要加入这个政党，他还没有认真考虑过。严师沈克非是无党派人士，恩师胡懋廉也是无党派人士，但这丝毫不影响他们成为名震遐迩的医学家。

在与郭韬谈话后，姜泗长第一次认真考虑了入党这个问题。他找来《中国共产党章程》，逐条地研读。后来，他在一份思想汇报中这样写道："我愿意为共产主义奋斗终生。"

姜泗长坦白地向党组织说出自己的真实想法。当年，他20岁出头时，站在沈克非的查房队伍里，曾告诫自己，要努力、要发奋，稍有差错，就有可能在兵荒马乱、饿殍遍野的时代丢掉饭碗。后来，姜泗长跟着胡懋廉到处捡拾颅骨，创办了中国第一个耳鼻咽喉科实验室。那时，他有的是朝气和热情，还有一些兴趣。当他在美国对是否回国举棋不定时，中共地下党员计苏华，热情地向他宣讲共产党的方针政策。计苏华在20世纪30年代末毕业于上海医学院，是周恩来直接关怀下成长起来的医学家。20世纪30年代中期，计苏华怀着年轻人勇于探索真理的一腔热情，访问了《红星照耀中国》的作者斯诺，从此，将拯救中华民族的希望寄托于中国共产党。计苏华在1938年加入了中国共产党后，成为党的地下工作者，从此在周恩来、龚澎的领导下进行党的活动。"隐蔽精干，长期埋伏，积蓄力量，以待时机"，是周恩来给他的工作方针；"不要急躁暴露，勤学习，多交朋友"，是周恩来对他的嘱咐。1944年，抗日战争已现胜利的曙光。周恩来与计苏华在重庆曾家岩50号周公馆进行了一次长谈，这次谈话成了计苏华此后人生道路的指南。临别时，周恩来亲切地拉着计苏华的手说道："有机会要到国外去学习先进的医学技术，以备回国后为党的事业服务。"周恩来的远见卓识，激发了计苏华对光明未来的强烈使命感和责任感。1947年7月，由沈克非推荐，计苏华来到美国芝加哥大学比林氏医院进修，与姜泗长前后脚到达美国芝加哥大学医学院学习。姜泗长最后果断地做出回国的决定，不能不说是受了计苏华对新中国、对共产党政策宣传的影响。回国后，姜泗长亲眼看到，在中国共产党的领导下，整个中国社会以及人们的精神面貌都发生了天翻地覆的变化，这一切都是因为有了共产党的英明领导。

可以说，从那时起，姜泗长才真正开始思索共产党倡导的“全心全意为人民服务”的真正含义，以及“全心全意为人民服务”与一个人靠自己朴素的感情为群众做事的根本区别。

几天以后，姜泗长将入党申请书交给了郭韬。姜泗长愿意早一天加入中国共产党这个光荣的组织。

有了这样一个崇高的奋斗目标，姜泗长更加努力了。几个月以后，郭韬和耳鼻咽喉科医生张清波正式介绍姜泗长入党。

新中国成立以后，姜泗长一直在人民军队服务，但直到1960年9月，才正式入伍穿上军装，被授予上校军衔，成了一名真正的人民军医。

内耳开窗术的成功在国内外虽然产生了很大的影响，但在姜泗长看来，临床效果并不是十分理想。近期疗效还可以，远期疗效还不理想，而且该手术的适应症有一定限制。进行听力检测后，病人骨导损失较多、骨气导差距较小及年老体弱者，皆不适宜接受这种手术。术后，病人遗有较长时间的头昏或手术腔长时间

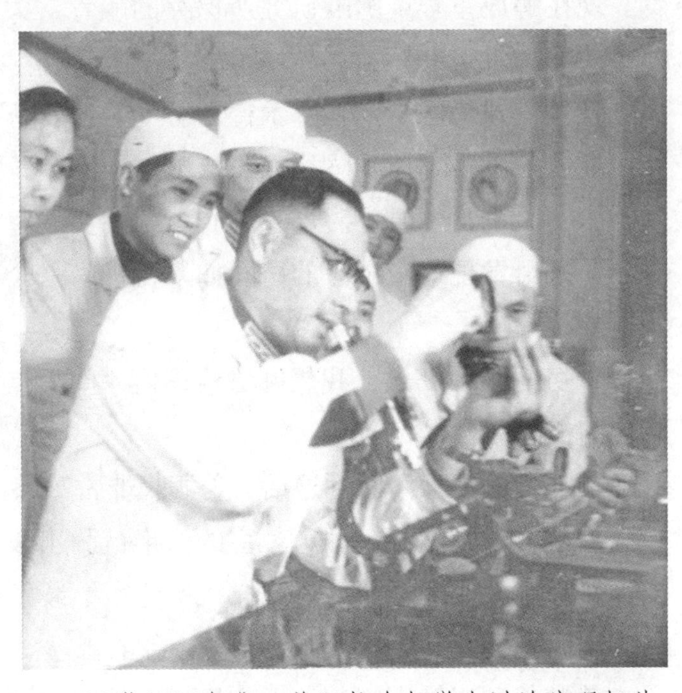

20世纪60年代，姜泗长在与学生讨论病理切片

有分泌物溢出。接受内耳开窗手术后，听力提高了，可骨、气导之间的平均域值仍有20db左右的差距，并未达到正常的生理指标。

20世纪50年代末，施行内耳开窗术在中国已形成了三足鼎立之态，即北京姜泗长的“顶盖造窗术”、山东孙鸿泉的“改良术”、浙江魏能润的“二层楼式”。这三种方法各有优点，效果基本相似。开窗术已定型，而内耳开窗并不是治疗耳硬化症聋最理想的手术方式，需要进一步改进。

姜泗长想让所有的耳鼻咽喉科医生都会做内耳手术，这需要一个复杂的过程。而训练他们最好的办法，就是先在尸头上反复练习，把一层层组织结构记清楚、搞明白。一时难以找到尸头，只能用颅骨替代。每天的《北京日报》一送到，姜泗长他们就迫不及待地翻到最后一版。如果登有迁坟启事，就是他们最高兴的事了。看着地图查找迁坟地址，骑着自行车，带着麻袋去捡颅骨。现在解放军耳鼻咽喉研究所保存的颅骨，大多是从那时积累起来的。

实验室成为医生们在手术台下的“第二战场”。

院长靳来川非常重视姜泗长建起的解放军总医院里这第一个临床实验室，他时不时过来看看。站在实验室里和姜泗长说话时，靳来川发现这个不大的房间如果再进来一个人，就转不开身子了。

“房间小了一点，我想办法给你换一间大点儿的。”靳来川对姜泗长说。

“那当然好！”听到这话，姜泗长非常高兴。

果然，没几天，一间大教室的一半被腾出来了，一共35平方米，实验室又变大了两倍。这样，实验室继续发展已具备了空间条件。现在，可以摆放一个大的实验台了。

姜泗长和田钟瑞想起地下室里那个被废弃的、缺了一条腿的乒乓球台，抬上来修修补补，接上一条腿，一个宽大的实验台就稳稳当当地摆在了实验室正当中。各种各样的实验器皿在一天天增多，一个长臂电钻也从牙科“移植”到实验室。

那段时间，在姜泗长他们手里，每天都发生着“变废为宝”的事情。

“耳为先导，我们集中力量攻耳。”这是姜泗长一贯的指导思想。耳在耳、鼻、咽、喉里是最复杂的器官，能做好这一件事就很了不起了。

在以后的研究以及临床实践中，越来越多的迷惑、越来越多的为什么，不断地向姜泗长他们提出一个又一个的问题。

采用任何一个新的手术方式，关键的关键是熟悉解剖，熟悉每一条神经的走向，熟悉每一个精微细小的结构。他们开始酝酿一个巨大的工程：测量听小骨，因为声音是从这里传进大脑的。

标本的来源成为第一重要的问题。历尽千辛万苦，一个个颅骨摆在姜泗长他们的面前。要从颅骨里完整地取出所需要的听小骨，这并非易事。三个听小骨只有黄豆粒儿那么大，稍不留神，听小骨就会损坏，将前功尽弃。

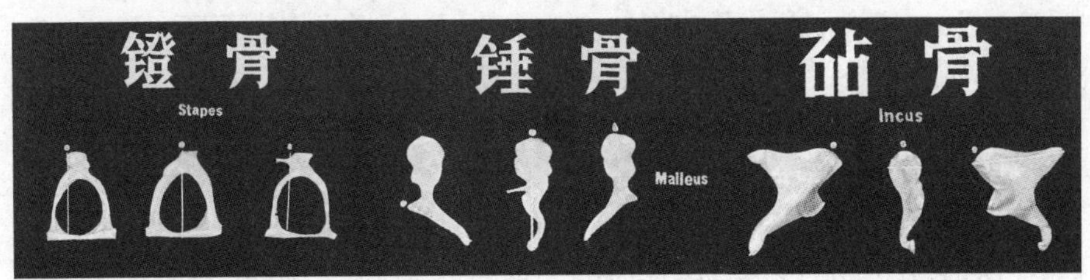

听小骨标本

有了听小骨的数据，解剖搞清楚了，但要真正在病人身上操作还有一段路程要走。下一步是如何断开粘连的镫骨，让声音传入大脑的通道畅通。

20世纪50年代初期，国外陆续报道治疗耳硬化症聋的镫骨底板切除术。直到1956年，这一手术方式才取得较满意的效果。姜泗长他们从国外期刊上看到这一情况，颇为兴奋。

他们决定先做鸡和鸟的动物实验看看。

在动物实验中，他们发现镫骨底板切除术确实是能达到生理要求、适应症广、术后反应也轻的最佳手术方式。

那么，在什么情况下进行常规的镫骨底板切除术？又在什么情况下进行生理性镫骨底板切除术、镫骨全切术或不锈钢丝脂肪栓塞术？这一切均由周围组织的解剖关系和镫骨底板硬化病灶固定的程度不同而决定手术方式。当时国外文献上虽有一些报道，但并没有给姜泗长他们提供完整的手术方法。

一切还需要先在动物身上做实验，然后再到尸头上操练。

“工欲善其事，必先利其器”。摆在姜泗长他们面前的问题，首先是没有能够施行镫骨切除术的器械。做内耳开窗术尚且有一套手术器械，那是姜泗长从美国带回来的。要进行镫骨手术，器械还不够齐全，但只要有一双手，什么奇迹都能创造。他们开始在显微镜下一点一点地磨钩、磨尖。这情景让人想起“铁杵磨成针”的故事。把铁杵磨成针，只要有恒心就可以了。而磨制精密的手术器械仅有恒心是不够的，还需要技巧，该弯的地方要弯，该有钩的地方要有钩，过一毫不行，短一分更不行。

在显微镜下，最困难的是眼睛不够用了。听小骨紧挨着细如头发丝的面神经，稍一不慎就会碰伤，造成病人口眼歪斜，严重的永远无法恢复正常。因此，操作范围被限制在很小的空间里。

在十几倍的显微镜下操作，就像照着镜子给自己理发，常常欲东而西，有劲儿使不到地方，眼睛明明看到是一分，实际上只是几毫。在这里，真正是失之毫厘，差之千里。

成套的内耳手术器械，就这样一件件在显微镜下硬磨出来了。这些器械凭肉眼看不出什么奥妙，若把它们放在显微镜下看，你就会为里面的奥妙而惊叹。更难想象，这是仅凭医生的两只手制作出来的。

1961年，姜泗长在实验室做标本

1962年1月13日，这是一个闪光生辉的日子，中国的耳科史应该为它重重地写上一笔。

这一天，隆冬，窗外飘着晶莹的雪花，世界显得纯净而安详。解放军总医院外科楼耳鼻咽喉科手术室里完全不像往常那样灯火通明，只有显微镜下一束柔和的光亮，聚射到病人耳内深处。姜泗长、田钟瑞同时站在手术台上。站在台下的医护人员，都聚精会神地瞅着手术台上那个方寸大的地方。从第三者的视角看，你很难看出手术者细微的动作，他们的手仿佛固定在那里，因为手术者可腾挪的空间只能用毫米计算。这情景，使人自然而然联想到在米粒般大小的象牙块上雕刻彩画的绝技。当然，在人身上做手术与在象牙上雕刻是不能比拟的，半点儿失误都不能有。

手术室安静得只能听到钟表嘀嗒的声音。手术持续了3个多小时，病人始终清醒着。突然，病人说道："为什么声音这样大？震得我非常难受啊！"

这是一句普通的话，但由聋了十几年的病人说出来，那意义就非同小可。对病人非同小可，对姜泗长他们来说，意义更大，这标志着他们所探索的手术方法的可行性，还证明耳硬化症聋病人可以通过镫骨手术恢复听力。病人将从无声的世界走出来，感受到美妙的有声世界。

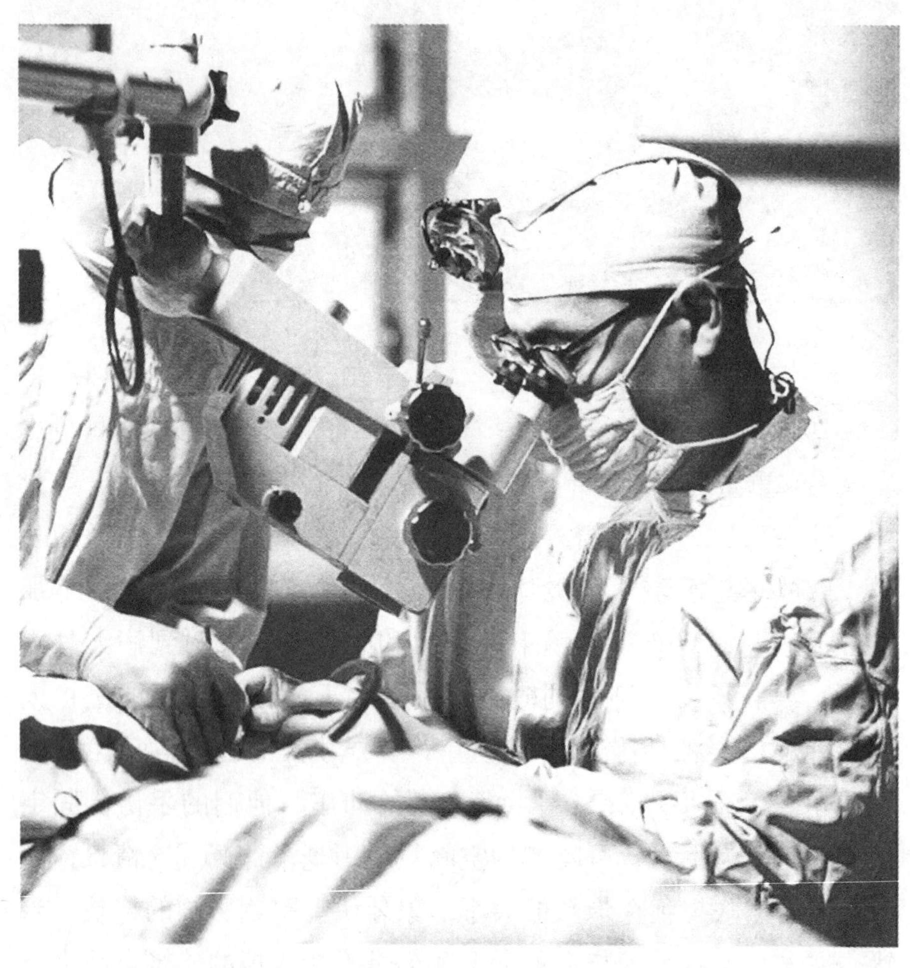

姜泗长（右）在做耳硬化症聋镫骨底板切除手术

中国第一例镫骨底板切除术成功了。记者闻讯赶来采访姜泗长："此时，您有什么感想？"

姜泗长指着田钟瑞说："其实，他们的手术做得比我好。我能够做的只是不保守，把全部成功的经验、失败的教训传给他们，让他们能够灵活运用，迅速发展，造福病人……"

记者又问："您今后还有什么计划？"

"他们做出的成绩也就是我的计划。"

当年，姜泗长对记者就是这么说的。

镫骨底板切除术是姜泗长和他的弟子田钟瑞共同完成的一项杰作。那是智慧以及艰苦的探索、辛勤的劳作，还有无数次失败和挫折的结晶。

同年，一篇题为《突破内耳禁区》的文章在报刊上发表，聋病患者犹如在黑暗中看到了一线希望之光。询医问药的信件，像蝴蝶般飞到解放军总医院耳鼻咽喉科。

回信已不是一个人就能完成的事情，全科人员都被发动起来了。认真答复每一位病人的来信，已成为耳鼻咽喉科人每天的重点工作之一。要让每一位病人得到满意的答复，并不是一件容易的事情。患者的来信大多表达不清，你很难从这些简单的叙述中判定患者究竟患的是哪种聋病。工作人员不得不一一为患者讲清楚什么样的聋才是耳硬化症聋、什么样的聋病可以治疗，并特别强调当时还有一些聋病不能治疗，比如神经性耳聋。对于那些不能很好地叙述病情的来信，工作人员还要在回信的最后写上，最好把当地医院的听力检查结果寄来，以供医生诊断时参考。

再后来，回信按不同病情、不同情况，分门别类做成了固定样式，手写变成了铅字，回信的速度大大加快了。

准确地说，《突破内耳禁区》这篇文章的题目不够确切。内耳禁区不是在1962年才突破的，早在人民共和国刚刚诞生不久，姜泗长已经把内耳禁区打开了。

姜泗长他们1962年的成功是在内耳开窗的基础上又进了一步，镫骨底板切除术的疗效远远高于单纯的内耳开窗术。

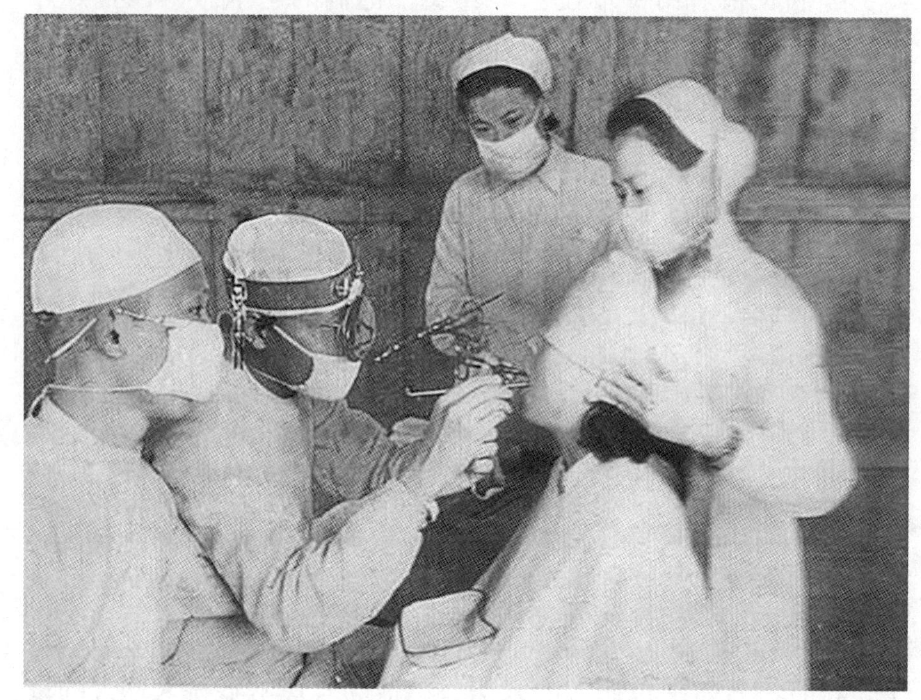

20世纪60年代，姜泗长（左二）在为病人做检查

新闻媒介的宣传和病人相互之间的传播，使姜泗长和他的耳鼻咽喉科名声大震，全国各地的专科医生慕名到解放军总医院进修。从此，姜泗长和他的学生们创建的耳鼻咽喉科实验室，实际上已成为来自全国各地的进修生的培训基地。

治疗耳硬化症聋取得了突破性的进展，镫骨底板切除术是目前达到生理功能疗效最好的外科手术之一。手术疗效虽好，但耳硬化症聋的发病率在正常人群中并不是很高。而导致听力下降甚至耳聋的，是发病率高、病变范围广泛而复杂的慢性化脓性中耳炎。它不仅可以造成鼓膜、听骨链的损伤，而且可以侵袭鼓室和内耳，以致完全丧失听力。

解放军总医院耳鼻咽喉科实验室的灯光经常亮到很晚，人们

1964年，姜泗长（第二排左二）同解放军总医院耳鼻咽喉科医生及进修人员合影

已经习以为常。一个手术方式成功后，另一个难题又摆在了姜泗长他们面前：如何进一步拓展新的方法，选取新的鼓膜替代物。要实现这个设想，比治疗单纯镫骨固定的耳硬化症聋更为艰难。

经过数十次的动物实验，他们终于找到了修补鼓膜的新材料、新方法。

一个问题得到解决的同时，往往又会有另一个问题向他们提出来。如何将受炎症侵袭，骨头缺损、变形，甚至完全烂掉的听骨链重新接起来，使中断的骨传导再次恢复传导声音的功能，是摆在姜泗长他们面前的又一难题。

在解剖了多种动物的内耳之后，他们从鸟的听觉器官中得到了启发。原来，鸟的听骨不像人那样，是由几块听小骨组成的。鸟的听骨的形状像雨伞，由一根长柱骨撑起鼓膜。由此，他们联想到：对于听骨缺损的病人，如果移植一根微小的元柱骨代替听骨，不是可以重新恢复他的听力吗？

为了进一步研究和验证这个设想，姜泗长和田钟瑞又先后进行了多次动物实验，终于研究成功了“高柱状听骨链重建手术法”。这一手术方式的成功，解决了中耳炎导致的听骨链缺损问题，使听骨受到破坏、听力下降的病人恢复了听力。

解放军总医院的名声越来越大，耳鼻咽喉科实验室也越来越充实。全国各地有心的专科学者开始关注这里发生的一切，更多的人是打起背包，来到姜泗长的科室学习。不大的实验室里，有埋头做实验的，有参观学习的，还有刚从学校毕业来实习的，实验室又显得拥挤了。

1963年12月6日，解放军总后勤部卫生部医学科学委员会耳鼻喉科专业组举行成立会议（前排左四为姜泗长）

姜泗长不仅重视在实验室中培养年轻人，在临床上，他也有一套实用、严格的教学方法。开始是他在手术台上做，学生站在一旁仔细看；后来是他和学生同时站在手术台上，他手把手地一步一步教；再后来就是学生在手术台上做，他在一旁看，直到切口缝合得令他满意后才离开手术室。年轻医生们就这样一个个掌握了内耳开窗术、镫骨底板切除术等手术技术。

“姜主任一进手术室，就让人害怕。”这是手术室里的医生、护士的普遍心理感受。

通常手术到了皮肤缝合时，大功算是基本告成，医护人员心里高兴，总爱在这时开几句玩笑，说几句笑话。但只要姜泗长在场，手术台上下，除了手术器械叮叮当当的响声外，只有呼吸机呼呼的声音了。医护人员没有一个敢说与手术无关的话。

当年，姜泗长作为实习医生给沈克非做助手时，亲眼看见：一次递不准器械，沈克非会大声说：“你是干什么的？”第二次递不准器械，沈克非就会气冲冲地将递过来的器械扔掉。胡懋廉不扔器械，但只说一句“费粮食”就够你受的：“会吃不会干，蠢啊！”

姜泗长没有像他的老师当年“训”他们那样“训”现在的年轻人，他只是用眼睛就足够了，那严厉的眼神就镇住了不守规矩的人。

第四章

风暴来袭

一、住进“牛棚”

一阵阵震耳欲聋的口号声和铺天盖地的大字报，成为1966年中国大地上最有代表性的人文景观。许许多多的中国人都难以从那场政治的洪流中逃脱。人们似乎都处在一种精神不能自已的状态中，不是精神癫狂，就是精神压抑，姜泗长属于后者。

每周的政治学习和思想报告会是雷打不动的。有了反右运动时的教训，姜泗长更加谨慎，采取不表态、不发言的态度，小心翼翼地观察着这场“文化大革命”的动向。

“文化大革命”愈演愈烈，一夜之间，许多姜泗长原来的战友、同事变成了“反革命”。姜泗长也有一种随时被捉拿归案的预感。夜幕就要降临，喧闹了一天的大字报墙显得安静和疲惫。偌大的墙壁已盛不下“革命者”的热情，新的大字报只能叠贴在昨天的“大字报”上面。

姜泗长一个人悄悄来到这火药味十足的大字报前，仔仔细细、一张一张地从头看到尾，生怕遗漏哪怕一句有关自己的内容。

终于，他发现自己的大名赫然出现在一张大字报上：“靳来川预谋让四个知识分子当副院长：姜泗长、黄克维、许殿乙、陈景云。”令人啼笑皆非的是，姜泗长这个被预谋当院长的人自己并不知道此事。

乌云笼罩着天空，隆隆的雷声轰鸣不止，无情的大雨顷刻间从天而降。墨迹混着雨水一道道地顺势流下，大字报的字迹开始变得模糊不堪，这一切似乎预示着什么。

姜泗长的心情极度压抑，他实在搞不清“文化大革命”的来龙去脉。这一次，他确确实实地茫然了。

那一天是国庆节，姜泗长到解放军总医院高干病房会诊，看见叶剑英元帅急急慌慌地走着。原来，叶帅到天安门城楼时，看见毛主席身穿军装接见成千上万汹涌澎湃的红卫兵。毛主席穿军装，他也得穿军装，所以，叶帅赶紧跑回病房换军装。

姜泗长在寻思：中央军委首长都被这场运动搞得身不由己，更何况他们这些从旧社会过来的知识分子呢！

姜泗长找到了黄克维、许殿乙、陈景云，讨论着一个令他们担心的问题：这场运动会不会再整到咱们？4位教授坐在一起忧心忡忡。许殿乙对姜泗长说："到最后，不是把你关起来，就是把我关起来。"

商量来商量去，4位教授天真地想：退党是保全自己不受伤害的最好办法。他们不懂政治，也不关心政治，只希望政治不要影响他们的生活和业务。但无论从哪个角度、哪个方面看，他们对祖国、对人民、对自身从事的工作、对病人都是忠诚不贰的。在他们看来，只要退党，就没有靳来川的"预谋"了，也就没有他们"当院长"的嫌疑了。

第二天一大早，在外科楼拐角处的墙壁上，人们看到这4位鼎鼎大名的教授的退党申请书，全院上下一片哗然。

仅仅过了两天，姜泗长却像过了两年。退党申请已贴在那里，全院皆知，想撕下来也没用了。

1968年8月1日，刚下手术台，身心疲惫的姜泗长就听到一声严厉的叫喊："二部政委、主任找你！"

1927年8月1日，南昌起义一声枪响，从此，中国人民有了自己的军队，8月1日这一天就成为中国人民解放军成立的纪念日。谁料想，这一天，也成为姜泗长生命史上难以忘怀的一天。

他进门一看，"坦白从宽，抗拒从严"的横幅标语挂在屋当中，主任、政委一脸的威严。

“姜泗长，今天让你来交代问题。”

“我一贯认真工作，没有任何反党、反社会主义的言论。”

“你要老实坦白！”

“我每天只知道治病救人、读书做学问。”姜泗长异常谨慎地回答着。

三双眼睛相互凝视着，双方开始僵持。

看来，今天不管怎样一定要说一点什么，否则是过不了关的。可是，说什么呢？姜泗长思忖着。他的心中始终有一件事令他不安：学生时代，他曾受过蒋介石的检阅。

1935年，正在北平大学医学院读书的姜泗长接到学校的指示：所有在校男生到南京接受军训。当时，国民党政府的中央陆军军医学校校长是刘瑞恒，教育长是沈克非。他们严格训练这些大学生学习战地救护、外伤出血包扎等急救技能。刘瑞恒特意对姜泗长叮嘱：“听从指挥，有事及时汇报。”

军训，这是战乱期间医学院学生的必修课。学生们都剃了光头，每人领到了一身军装、一杆枪。从学生到士兵，大学生们一下子都难以适应这种生活。姜泗长作为班长，处处要以身作则。军训的最后一天，蒋介石突然出现在大操场上。他用鹰似的眼睛扫视着全场，站在那高高的台阶上观看了学生们的分列式表演。后来，蒋介石大声向学生们训话。至于蒋介石说了些什么，姜泗长已记不清了。这在姜泗长看来是一段不光彩的历史，但是这样的事，在当时不是个人能够决定和选择的。

就像口述手术记录似的，姜泗长清清楚楚地将接受国民党军训前前后后的经过说了个明白。这事在他看来是他历史上的一个污点，为此，他一直深感不安。今天有机会向组织“交代”，他心里轻松、坦然了许多。然而，事情并不如他想象的那样简单。

紧接着，姜泗长进了“牛棚”，被关在外科楼地下室一间阴暗的房间里。

这时，姜泗长的三个孩子被带到地下室一间屋里接受训话：你们要与家庭划清界限，接受再教育，正确对待……

同时，另一拨人冲进姜泗长家里将吴幼霖与保姆赶到楼下后，开始翻箱倒柜，吴幼霖赶紧把钥匙递给来抄家的人。谁想，这些年轻人根本不用钥匙，直接撬开锁，底朝天地翻腾得满床满地。有人甚至爬上烟囱，看有没有发报机的天线。

在“牛棚”里，姜泗长被4个人24小时轮班看守，和外界失去了联系，也失去了自由。

专案组开始审问：“姜泗长，你要老实交代，你的‘号’汉民是怎么回事？这号是什么？一定是特务代号！你是几号？”

“那是我父亲给我起的，号在旧社会人人都有。”姜泗长哭笑不得。

更荒唐的问题一个接一个。专案组的那帮人都是刚参加工作不久的小青年，对中国的历史、对那些从旧社会过来的知识分子一无所知，他们是那个时代真正的受害者。

后来，回忆那段被小青年审讯的往事，姜泗长不乏幽默地说：“我当时要是知道外国有一个著名的特工007号，我就干脆说自己是‘007’，也省得折腾我到半夜！”

就这么一个让专案组百问不得答案的“号”的问题，从晚上7点一直折腾到深夜。专案组的人轮班吃饭、喝水，而姜泗长滴水未进。身为外科医生，他早已锻炼出十几个小时不吃不喝的本领。但非人的折磨、令人不解的荒唐审讯使他愤怒，更使他痛苦。

房间里24小时灯火通明，没有白天、黑夜之分。几天下来，他感到眼前一片片金星在闪耀，房子是圆的，地好像在转，姜泗长的精神已到了崩溃的边缘。

“能否给我几片‘安定’？”姜泗长对看守人员说。过了一会儿，药就拿来了。他知道，给他的不是“安定”，而是维生素。

这样下去，活着还有什么意思？真是生不如死。姜泗长环视周围，除了一张床、一条被子、一套《毛泽东选集》外，没有其他东西。原来，专案组早有防范，把所有可能对生命造成危险的诸如皮带之类的东西全部没收了。

难道就这样苦熬下去，耗完生命的能量？姜泗长陷入了绝望之中。他望着漆黑的窗外，天上满是星星，而星星的光因为寒冷都变成了淡淡的。它们并不闪烁，像一些冰球，在隐隐发着光。这时，窗外一片早凋的树叶缓缓落下，在地面上凄凄地翻飞。

乌鸦也在呱呱地叫着，不知解放军总医院里哪来这么多乌鸦？这哇哇的叫声很容易让人联想到凄惨的景象。在古人的诗词中，乌鸦也是和枯藤老树、残阳瘦马、西风古道、肠断天涯等等联系在一起的。

悲哀、痛苦几乎要将姜泗长吞噬。作为医生，他更懂得，生与死也就是一步之差。眼前的世界分明已经让他万念俱灰。

他想起了父亲姜世尉，想起了母亲刘锡佩，他是在姜世尉“万般皆下品，唯有读书高”的家训下，读完了小学、中学直至大学。儿孙能光宗耀祖，是姜泗长父母最重要的生活目标。

6个孩子都在上学，姜泗长父母的负担自然不轻。为此，姜泗长的大哥姜彝长高中毕业后，就找了一份在中学教书的工作。还在上小学的姜泗长为大哥的前途担忧，他对姜世尉说：“应该让大哥考大学继续深造。”

姜世尉真的改变了主意，同意大儿子继续深造。后来，姜彝长以优异的成绩考取了燕京大学农学院食品加工专业，是该专业的高才生。那年，美国的司徒雷登先生来农学院，陪同人员中就有姜彝长。司徒雷登得知操得一口流利英语的姜彝长并未出过国，很是感慨。

尽管姜世尉整天教育孩子们不要关心政治，但家里还是出了一个“叛逆者”。他就是姜泗长的二哥姜允长，号公伟。姜允长喜欢文学艺术，在报刊上发表文章均用姜公伟之名。

遥远的深处，姜泗长父母的声音又响了起来："我们知道允长这孩子将来要惹麻烦。"姜允长真的给姜家带来了"麻烦"。

北洋军阀统治时期的一天，姜允长托人带来一封急信："让泗长赶快来，把我的书都拿回家。"

姜泗长急忙赶到二哥的住处，只见屋里堆了一地的书，其中有两大摞书捆得结结实实。姜允长指着地上的书对姜泗长说："把这些书拿回家后藏好。"过后，姜允长又嘱咐弟弟千万别把书弄丢了。姜世尉看到儿子拿回来一大堆有关政治的书，很不高兴，因为他坚信"两耳不闻窗外事，一心只读圣贤书"才是立身之本。

还是刘锡佩主意多："把这些书和资料放在铁筒里，深埋在地下。"大家觉得这主意不错，就在家附近挖了一个坑，将书全部埋在地下。时局稍稍稳定后，姜允长一回到家就去找他的书，却怎么也找不到了。难道是姜世尉和刘锡佩又背着孩子们将它们转移到其他地方或完全销毁了？还是被人偷走了？当然，这后一种可能性几乎没有。这事始终没有答案，至今仍是个谜。

书丢了，姜允长非常痛惜，其中就有一套如今非常珍贵的《湘江评论》。

每天看着儿子神神秘秘地出门，又神神秘秘地回来，姜允长的父母就落下心病，姜允长也就成为家里最不受宠的一个人。后来，姜家人确知姜允长从事的活动，果真就是姜世尉和刘锡佩极力反对的容易招惹是非的革命活动。

五四运动的爱国口号声、"三一八"反对北洋政府的吼声，都让姜世尉和刘锡佩提心吊胆。常常是街上的口号声、警笛声过后，姜允长很疲惫、很焦虑地拎着被撕破了的衣服回到家，接着就听到姜世尉和刘锡佩的数落声从姜允长住的房间里传出来。

姜允长毕业于燕京大学外文系，思想进步，用现在的话说是典型的文艺青年。他在读大学时，就担任《燕大周刊》总编辑，还曾改编京剧、用英文演唱《四郎探母》，与曹禺一起登台演话剧《娜拉》。在抗战时期，姜允长任重庆《国民公报》副总编辑，广泛结交文艺界进步人士。戏剧家焦菊隐，文学家郁达夫，漫画家叶浅予，著名进步演员谢添、白杨等人，都与姜允长交往甚密。他积极参加怒吼剧社的活动，公演大型抗日话剧《保卫卢沟桥》、《血海怒潮》等。后来，姜允长为白杨、金山、张瑞芳等进步影人在重庆组织成立的中华剧艺社演出的大型话剧《屈原》、《雷雨》等，在媒体上进行大力宣传。进步话剧在抗战时期起到了激励民众团结一心抗日的积极作用。这段时间成为中国话剧史上的一个辉煌时期。作为《庸报》主编，姜允长亲自撰文称“《雷雨》以一种新的形式，象征着时代新的动向，是一部有着深刻内涵的优秀剧作”。此文成为《雷雨》公演后见诸报端的最早的评论文章，为《雷雨》在全国快速传播，发挥了关键作用。抗战时期，为了保证每天及时编印出报纸，姜允长常常连续工作十七八个小时，到了晚上，进入防空洞继续工作，以躲避日军飞机的空袭。长年的超负荷工作，致使他的身体严重受损，年仅30岁，就因病去世。重庆报业为其召开追悼会，唏嘘才子姜允长英年早逝，壮志未酬身先去。姜允长对文学、书法、绘画、二胡、京剧、摄影等几乎样样精通，是一个多才多艺之人。他逝世后，家人收拾遗物，看到他的摄影作品和绘画作品，整整存有一箱子。今天在记述重庆话剧史时，姜允长都是不能不提起的历史人物。

从当年姜允长的所作所为、所言所论来看，他应该是一位早期的中共党员，可惜走得太早。他是姜家唯一有政治头脑、敢为天下之先、忧国忧民的人。多年后，我国著名血液科专家邓家栋见到姜泗长时说：“你哥哥姜允长是个人才。”当年，姜允长担任《燕大周刊》总编辑时和邓家栋有过多次接触。如果姜允长在世，姜泗长不因自己是个“臭老九”，也会因二哥这个当年的“叛逆者”而受到牵连。

姜泗长实在无法理解眼前发生的一切。

“为什么一个为人民兢兢业业工作的共产党员反被共产党关起来？早知如此，我就应该留在国外做教授或开诊所，成了美籍华人，回国后反倒受尊敬。”

姜泗长充满愤怒的声音响起来，专案组的人一个个惊异地睁大了眼睛：“你的思想暴露得很好，如实写下来。”

此时的姜泗长已无所畏惧，将生死都置之度外，更不在乎再加什么罪名。大不了坐监狱，老伴吴幼霖还可以按时来探监；而关在“牛棚”里，真是生不如死。他只有把满腔的愤怒写出来，才能消除心中的忧愤。写了十几页纸的所谓“交代材料”交上去后，姜泗长等待着更险恶的审讯降临。出乎他意料的是，专案组再没有人来审问他。一切似乎发生了转折。

原来，造反派要互相打“内战”，无暇顾及姜泗长这个“特务嫌疑分子”了。外面天翻地覆地闹，“牛棚”里倒清静了，没人再天天逼着姜泗长交代问题，也没有造反派再虎视眈眈地监视他的一举一动。一切仿佛离他很远，但似乎又很近。

二、读毛主席的书，跟共产党走

住进“牛棚”的姜泗长被剥夺了看报纸、听广播的权利，只有4本《毛泽东选集》伴随着他。

姜泗长不是在五星红旗下长大的，但新社会和毛泽东思想深深地影响了他。过去，他受的教育是掌握好本领，不求荣华富贵，但求温饱安逸。现在，他懂得，掌握好本领的目的就是为人民服务。

翻开毛主席的书，从第一次国内革命战争时期到第三次国内革命战争时期，从《矛盾论》到《实践论》……姜泗长拿出做学问的劲头读着毛主席的书。从毛主席著作中，他知道了中国革命的星星之火，何以燎原。毛主席的英明论断，在中国革命的进程中一个个变为现实。尤其是《矛盾论》、《实践论》两篇哲学著作，以其精辟深邃的笔触、旁征博引的气势，论述了事物正反两方面的性质与变化。

毛主席的书真是太好了，每个人都能从这两篇哲学著作中吸取养分。此时此刻，姜泗长深感毛主席的英明、共产党的伟大，甚至后悔为什么不早抽出时间，好好读毛主席的书呢？

他对共产党的最初印象，是从接管南京中央大学医学院的人民解放军战士那里得来的。纪律严明、作风端正、态度和蔼，是他对共产党的第一认识。新中国成立初期，军代表组织他们这些只关心治病救人，而不关心什么主义的教授们学习政治理论，学习历史唯物主义，学习唯物辩证法。如果说，那时姜泗长学到的是一种用自己的眼睛看社会、看问题的方法，那么，今天他通读毛主席的书后，则真正树立了共产主义信念。姜泗长回头看看自己在新中国成立以后所走过的路，人生观、世界观、价值观在不断地发生变化，而这些变化正是得益于共产党的多年教育、共产党的正确领导。

1957年的反右运动中，姜泗长就受到过冲击。那时，有人说："姜泗长架子大，一进手术室，护士就害怕……这是资产阶级医疗作风。"严谨做事，这是科学工作者应有的态度，怎么能说成是资产阶级医疗作风？姜泗长在问自己，什么是资产阶级医疗作风？对这一点，他无法接受。

深夜的灯光下，他读书、背书、著书；明亮的白昼里，他马不停蹄地看门诊、做手术。他从没有跟病人发过脾气，甚至从没有对病人态度不好过。可以说，自参加工作的那一天起，他就在勤勤恳恳、没白天没黑夜地工作，不知为多少病人解除了痛苦。难道认真工作反倒是资产阶级医疗作风？他实在想不通。

当年，反右运动中的那次会议，只开了半个小时，也就是说，只批判了姜泗长半个小时，但是让姜泗长无法接受。

姜泗长连夜敲响四医大校长曾育生家的门说：“对工作，我是一贯兢兢业业、踏踏实实；对病人，我也向来一视同仁、认真负责；对同志，我忠诚坦率。自从患了肺病后，我不爱多说话，更谈不上对别人要态度、发脾气。我自己无房产，住的是公家的房子，每月靠工资维持生活，我怎么是资产阶级？我是典型的无产阶级。”

“这场运动并不是针对你个人。”曾育生耐心地解释。

那天晚上，这位被授予少将军衔的校长很动情地跟姜泗长说起自己的身世：参军，打仗，当军医训练班学员班长，当西北军区卫生部部长，今天做校长。后来，姜泗长才知道，曾育生是中国清末著名军事家、政治家曾国藩的第七代孙。并没有上过什么学的曾育生，却让你感到他是一个很有学问的人。他身上洋溢着一种魅力，这种魅力深深地吸引着你。

一位英国病人从香港到南京，又从南京到西安。他不远万里而来，就是为了来找中国的姜泗长教授。这一天，要给这位英国病人做手术了。姜泗长进了手术室，穿好了手术衣，一转身，发现曾育生也穿好了手术衣。曾育生笑笑说：“我来看看。”这一看就是近3个小时。曾育生一直站在那里，目不转睛地盯着姜泗长的手术视野。他看明白了吗？他是在看手术吗？他是在找一种感觉，一种医生的感觉、一种一站就是几个小时的感觉。

常常可以看到晚饭后，一个消瘦的身影走了西家到东家。南京来的教授们的家里，曾育生都走遍了，他知道谁家有几口人、谁家的祖籍是哪里……

因为曾育生知道，多少痛苦的生灵，要靠这些专家、教授来解救。

刺骨的寒风从窗户、从门缝，向四医大的学生宿舍里灌。清晨5点，学生们正在酣睡，突然，听到咣当一声，只见一个黑影在房间里晃动。一个学生跳起来大喊："有贼!"

电灯啪地一声亮了。学生们看呆了：是曾校长！他手里拿着木柴，正在为他们生火炉。

"对不起，把你们吵醒了。"曾育生抱歉地说，"从南方来的同学怕冷，别冻坏了，影响上课。"

凌晨给学生们生火添柴的曾育生，是一位荣获过一级解放勋章、二级八一勋章及二级独立自由勋章的将军。曾育生爱护已经是专家的老教授，更爱护青年学子这些"早上八九点钟的太阳"、这些新中国未来的教授。为了这些"新中国的太阳"，他肯弯下将军的身躯为年轻的后生们送温暖。这像是一个童话，却是真实的。姜泗长很留恋那段岁月，现在，上哪里找这样的将军！这样的校长！

曾育生的行为不知影响过多少新中国未来的医学家。他给予学生们的不仅是一股温暖的气流，更给一代人树立了坚定的共产主义信念。

从曾育生那里回来，姜泗长对共产党有了进一步的认识，心也平和下来，一切又恢复了：出门诊、讲课、做手术，还有行使副院长的职责。

多少年后，姜泗长回忆说："曾育生是一位真正的共产党员。"

姜泗长的思绪又回到了眼前的现实。一间8平方米的小屋里，除了他，还有一个在门外看守他的战士。

姜泗长对自己说：我一定要顽强地活下去，死也应该死个明白。

一天三顿菜窝头，外加几根咸菜条。唯有一点“仁慈”的是，还允许他抽烟。度日如年的“牛棚”生活过了8个月。1969年4月1日这天晚上，从窗外的大喇叭中，传来一阵阵《东方红》的乐曲声，隔着玻璃窗就能听到人们欢呼的声音。姜泗长从看管他的战士那里知道：人们在欢呼中国共产党第九次全国代表大会胜利召开。

就在人们欢庆的喜悦声还萦绕着屋前屋后时，姜泗长的房门被打开了。来人对他说：“再认真做两次检查，检查好了就回家。”

第二天，解放军总医院耳鼻咽喉科全体大会在病房的学习室召开。姜泗长一抬头就看见黑板上醒目的一排大字：“批判资产阶级学术权威，培养了400名资产阶级知识分子。”

姜泗长惊喜地发现，这“资产阶级学术权威”里没有了“反动”二字，气氛也不像以前，火药味那么浓。“多年来，我居然培养了这么多人才，这个数字连自己都没有统计过。”他有一点庆幸，还有一点喜悦。也许是因为可以回家了，也许是因为“帽子”上没有了“反动”二字。这一次，他没有说出什么过激的言辞来。再定神一看，他发现老伴吴幼霖也站在人群中。

专案组有交代：在会上只可以说“学习检查”，不准说“隔离审查”。专案组交给姜泗长一份别人替他写好的发言稿说：“就照这个念，检查好了就可以回家。”

想起回家，姜泗长有些激动。为了回家，他开始检查自己：“我一进手术室，护士就怕我。护士为什么会怕我呢？这是资产阶级思想在作怪……”一些他自己都感到莫名其妙的话，竟从嘴里说了出来。

检查顺利地通过了。姜泗长用了不到8分钟时间“汇报”了8

个月“学习检查”的生活、思想情况。

专案组负责人做了最后总结：“姜泗长同志通过学习检查，提高了思想认识，还是一个好同志。”

姜泗长终于听到一句：“你现在可以回家了。”从学习室走出来，他发现除了老伴吴幼霖，身后真的没有其他人跟着了。他想快走，甚至想跑，但双腿沉重得只能慢慢地向前移。

一路上，姜泗长和吴幼霖谁也没有说话，真怕后面蹿出来一个什么人来，又捏造出什么罪行。

到家了，吴幼霖为丈夫打开这扇既熟悉又感陌生的家门。姜泗长环视四壁，家已面目全非，楼下被“工人阶级”占住，一家人只能待在楼上，轻易不能下楼。两个大一点的儿子等不得爸爸回来，已被下放到外地。

憔悴不堪的吴幼霖呆呆地望着丈夫，瘦骨嶙峋的姜泗长也呆呆地望着妻子。没有急切的问候，没有思念的表达，千言万语，化作无声的相望。吴幼霖的眼眶湿润了，转过身去端来一盆盆水，为丈夫洗去8个月的尘埃，还有屈辱。

姜泗长回到家，才得知两个儿子一个到青海冷湖油田当了钻井工人，另一个到了内蒙古呼伦贝尔盟插队。全家每月每人只发基本生活费，两个儿子要出远门，没有钱。吴幼霖只好拿出一张已到期的600元定期存单，交给只有13岁的三儿子姜宪去取钱。到了银行，业务员问你爸爸叫什么名字、你妈妈叫什么名字，姜宪一一如实回答。业务员进去打电话，不一会儿出来后，在存款单上盖了一个“冻结”的大戳，递出窗口对姜宪说道：“回去吧。”

钱没能取到，姜泗长的大儿子姜胜利背着家人悄悄去献了300毫升血，将得来的30元钱全部留给家里。早年，吴幼霖的父母在北京有两处房产，一直由吴幼霖的母亲负责出租。母亲去世后，吴幼霖多次到房管所提出上交所有的房产，有关部门拒收，吴幼霖只好替母亲领取每月30元的房租。1957年，开始建设北京火车站，位于附近的那两处房产也就自然充公。1966年，“文化大革命”开始，吴幼霖又将多年间收取的房租全部交公。

从“牛棚”出来，回到家的第二天，姜泗长就有了一份新的工作：做卫生员。每天早上6点钟上班，到病房打扫厕所、拖走廊、擦窗户，保持病房各个角落的清洁，成了姜泗长的专职工作。

没几天，姜宪也要到黑龙江生产建设兵团去。姜宪出发的那天，姜泗长来到正在酣睡的小儿子床旁，抱了抱儿子说道：“爸爸送不了你。”说完就转身走出家门。姜宪说：“我长那么大，这是第一次看见爸爸流泪。因为造反派要求我爸爸每天早上6点钟必须到病房搞卫生，他不可能有机会送我。那时我太小，不懂得怕，也不懂得苦，更不懂得父子离别的伤痛。”但姜泗长抱着他流下心痛悲伤的泪水，深深地刻在了少年姜宪的心里。

从“牛棚”出来的那一天，姜泗长也没有搞清什么是资产阶级医疗作风、什么是无产阶级医疗作风。带着这样的困惑，他开始拿起扫帚和抹布，病房50米长的走廊被姜泗长擦得泛起亮光。他仿佛看见沈克非院长从走廊那头远远地走过来，也看见沈克非的学生们，都习惯性地整衣正帽，沈克非那双严厉的眼睛结出了多少果实！如今，姜泗长还担心那双眼睛吗？他已经被剥夺了行医看病的权利。胡懋廉老师在哪里呢？在姜泗长被关进“牛棚”的日子，专案组专门跑到上海找到也正在挨批挨斗的胡懋廉，拍着桌子，指着胡懋廉的鼻子喊：“你要如实交代你的‘黑弟子’姜泗长的罪行！”

胡懋廉身处险恶的逆境，也不乏他惯有的机智和幽默：“你们这么大声叫喊，如果把我吓死了，还怎么挖材料呢？”

听胡懋廉这么一说，专案组的人果然不敢凶狠地大喊大叫了，但最终，专案组得到的是师生两人相互褒奖的材料。胡懋廉从言行、技术再到做人，无不在姜泗长身上留下烙印。

曾任解放军总医院耳鼻咽喉科主任的杨伟炎教授说："我们年轻的一代几乎没有人见过胡懋廉老前辈，但在每个人的心目中都有他完美的形象，一个激励大家为医学事业发展而奋斗的形象，那是从姜泗长教授的言语中获得的。姜老敬重胡老的为人、学识，一生都在怀念他的知遇、引路之恩。"

三、沐浴灿烂阳光

姜泗长拿出做学问的劲头刷厕所，厕所自然换了新貌，凡属于他管辖的卫生区域都变得清洁、有序。

一天，科室教导员对姜泗长说："你的劳动态度不错，以后改做护士。"

从卫生员一跃成为护士，虽然不能当医生，但做的工作总算和医疗沾上了边儿。大、小护士直呼姜泗长其名，不然怎么称呼他呢？不能叫他医生，他现在不是医生，而是护士。他开始上大、小夜班，学习如何转抄医嘱。以前，姜泗长把医嘱开在医嘱本上，护士们一一去执行。今天，是护士们上手术台做扁桃体摘除术，担当起医生的角色；术后的医嘱开出来，要姜泗长去执行。

病人从手术台上下来后，姜泗长下意识地总想去观察病人术后的情况。可姜泗长现在是护士，护理术后病人是他的职责，守在病人床旁观察病情是理所当然的事情。但这件事，由别人做来是一心为病人服务，他做起来就有"不怀好意"之嫌。他装出不经意的样子来观察手术后的病人，深深的职业责任感，让姜泗长无法若无其事。病人不能成为"革命运动"的牺牲品。

1959年，姜泗长来到解放军总医院上班的第一天，就遇到一位需要紧急处理的扁桃体摘除术后大出血病人，病人差点死在手术台上。扁桃体摘除术虽是耳鼻咽喉科最小的手术，却常常是最容易出现危险的手术。

一天，姜泗长观察到一位扁桃体摘除术后的病人一个劲儿地在吐血。他走到病人床旁观察，但他又不能声张说病人术后在出血，需要处理。现在，他是一个没有权利说话的人。此时，他比病人还要痛苦。

胡懋廉曾对学生们说：看一个耳鼻咽喉科医生的手术，首先看他的扁桃体摘除手术做得如何。这一最简单的手术，却是检验一个医生手术技巧的“试金石”。

1949年年初，姜泗长刚从美国回来落脚在上海时，生活毫无着落。经同学介绍，他暂在一家私人诊所帮助工作。

一天，碰上一对富家姐妹要做扁桃体摘除术，不到20分钟，姜泗长就为姐妹俩做完了手术。

快速、准确、没有太多痛感的手术，并没有让两姐妹感激万分。姐姐恍然大悟似的说：“手术原来这么简单！”结果，两人的手术只付了一个人的费用。

殊不知，姜泗长这“功夫”是由多年的心血和汗水炼就的。一位名画家，两笔三笔就是一幅画。那两笔三笔，有他对事物的认识、对艺术的理解，还有风风雨雨的生活沉淀。你能说，不到两分钟画出来的画就不是艺术品，就不值钱吗？

姜泗长开始背护士必须掌握的“三查七对”：用药前查、用药中查、用药后查，对姓名、对床号、对药名、对剂量、对浓度、对时间、对用法。他知道自己不能有一点点差错，多摆出一片药，哪怕是一片维生素C，也将是天大的过错。

护士们都上手术台了，没有人带他。当医生的自然应该懂得如何做护士，事实上，做起来并不是那么简单。

病人们看到这个戴眼镜的人走进病房，就紧张起来。这个人端针盘的样子怎么看怎么别扭。他先摘下花镜再戴上近视镜，对病人的床头牌；摘下近视镜再戴上花镜，对病人的姓名。姜泗长来回换眼镜，他还没有做完注射前的核查工作，病人就已紧张得全身肌肉开始痉挛。病人有眼力，一眼就认出此人不是护士。没人愿意请教授、主任打针，他们扎下注射器的动作并不如护士小姐来得轻柔。

运动照常进行，全院的批判大会时不时地召开。姜泗长仍是没有资格带凳子的人。“立正，稍息，原地坐下。”指挥员发着命令。姜泗长没有选择的余地，身后就是有一个水坑，他也要原地坐下。但常常在他要坐下的一瞬间，有人在他的屁股底下塞过来一张报纸或一张纸片。他回头看看，给他塞东西的人很快留给他一个背影，他牢牢地记住了那个背影。这一片纸、一个安慰的眼神，像是灰暗世界里的一点亮光。

当姜泗长恢复了一切职务的时候，他总在找那个给他留下背影的人。锦上添花不足奇，雪中送炭是真情。

还有那个战士，看守他的战士，一看见来人了，就向他发出暗号。“听到我的咳嗽声，你就赶快站起来干活儿。”战士对他说，“我在外面看着。”在被关进“牛棚”的日子里，姜泗长有时也被派出去干诸如帮厨、搬运东西的差事。在三九天，往菜窖里运白菜，是身心交瘁的姜泗长不能胜任的工作。不知当时那位战士从哪里来的勇气和智慧。姜泗长知道他是一个高中生。没有人的时候，那位战士就在外面放哨，让他坐在里面休息。

1937年，医院的仓库着火，一位工人奋不顾身冲进房间，抢出姜泗长唯一的家当——一床被子，还有几本书。

“你只有一床被子，要是烧了，晚上你盖什么？”身上还带着烈火温度的工人气喘吁吁地对姜泗长说。这是姜泗长24岁时，朴实的医院工人给予他的弥足珍贵的友谊和善良。从此，一个医生和一个工人成了一对要好的朋友。

人生越无奈的时候，越是容易记住一束照亮你的光芒、一句温暖你的话语。人世百态从眼前掠过，人间百味在心底尝过。那黑暗中闪现的一点点善良和宽慰，是支持姜泗长奔向希望之路的精神支柱。

四、带教外籍进修生

这样的日子何时是头？姜泗长是名医生，治病救人是他的本职。长期如此，他的业务就会生疏，事业就会荒废。“回南京去！”姜泗长心里有了这一想法。那里是他事业起步的地方，也是他打开内耳禁区的地方。在那里，他感受严师沈克非；在那里，他遇到恩师胡懋廉。

还没等姜泗长向组织上说出自己的想法，阿尔巴尼亚军医院一位副博士的到来，彻底打消了他回南京的幻想，也给他带来了新生。

“姜泗长呢？”靳来川院长喊道。“在药疗室。”有护士答。靳院长进到药疗室，冲着姜泗长就说：“院党委决定从今天起，恢复你的医生资格。”

姜泗长感到很奇怪，怎么说剥夺就剥夺，说恢复就恢复？他看见靳来川到每个病房转了一圈。接着，他们又一起来到耳鼻咽喉科实验室。这个实验室最红火的时候，靳来川多次来过，对这里的一切很熟悉。耳鼻咽喉科是解放军总医院的龙头科室，它的发展必将带动全院各科室的发展，靳来川对此充满信心。

现在呈现在靳来川眼前的是一片凄惨的景象，那一排排、一个个精心制作的标本不见了，切片机上落着厚厚的一层尘土。

“谁叫你们把实验室搞成这样？”靳来川焦急地喊道。

周围一片寂静，没人能够回答这个问题。别说实验室，那些日子，就连靳来川本人也没有逃脱被批被斗的厄运。

“马上恢复原状，缺什么就买什么。”靳来川又说，“限你们半个月之内恢复原状，开始正常的实验工作。”

后来，姜泗长才知道，半个月之后，阿尔巴尼亚军医院政委兼耳鼻咽喉科主任阿米尔将在这里受训。有人悄悄告诉他：“放你出来就是为了培训这位副博士，否则，早把你下放到延安劳动改造了。”

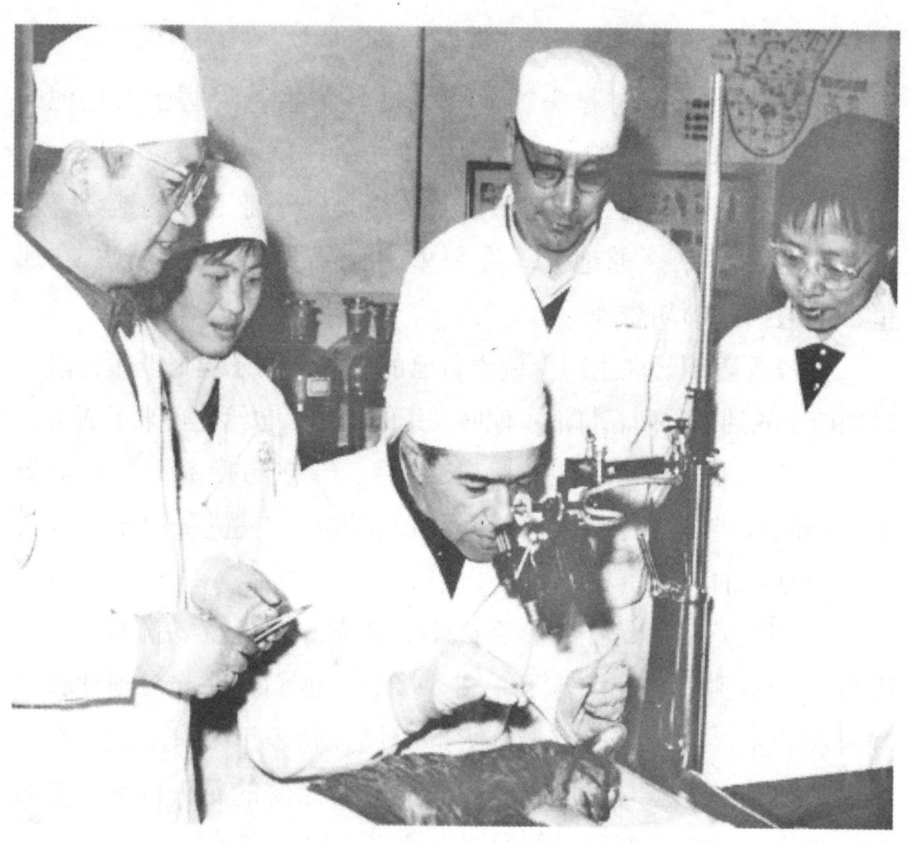

1969年，阿尔巴尼亚军医院政委兼耳鼻咽喉科主任阿米尔在解放军总医院耳鼻咽喉科学习。图为姜泗长（右二）、田钟瑞（左一）通过翻译修瑞娟（右一），指导阿米尔（居中）做实验

不管怎样，现在能从事自己喜爱的工作，这对姜泗长来说是一件好事。实验室经过一番整修，又增添了一些设备和器皿，从某种意义上讲，比以前更充实了。

阿米尔本人也想不到，他的到来改变了一位中国教授的命运，同时，还改变了这位教授的学生的命运。田钟瑞也因为老师姜泗长恢复医疗工作，而恢复了医生资格，不再去当卫生员、做护士了。

师生两人经过一场磨难后，又并肩战斗在一起。

为了培训阿米尔这位进修生，他们制定了完善、合理的训练计划：每周一、三、五带手术，二、四、六带看门诊、讲课、做解剖。

经过几天的带教，姜泗长发现他们是在教一个没有一点儿耳鼻咽喉科临床经验的人。连翻译修瑞娟都听明白了，副博士阿米尔还不知所以然。显而易见，教会阿米尔单独进行耳鼻咽喉科最基本的手术、最常规的检查，要很费一番功夫。

一天，北京友谊医院请姜泗长会诊，一位病人有异物嵌在气管里。姜泗长带着阿米尔去了，看到病人的情况很危险。姜泗长将长长的异物钳下到气管内紧紧地夹住异物。这时，他转过身来，把钳子交给了旁边的阿米尔说：“你轻轻地拿出来就行了。”

阿米尔顺势很容易地就将病人咽部的异物取出。病人激动得不知说什么是好，他以为是这位蓝眼睛、高鼻子的外国人为他取出了异物，就要跪下谢恩。阿米尔被这一情景搞得不知所措，修瑞娟告诉他：“这是在谢谢你！”

“不是我取出来的，是你们中国的姜教授取出来的，应该谢谢他。”阿米尔明白过来后急忙说道。

对这位高学历、低水平的副博士，姜泗长心里始终存有疑惑，不知道阿米尔的副博士学位是如何取得的。

"文化大革命"期间，大家每天做的第一件事是"天天读"——学习毛主席语录。阿米尔也不例外，他读的是一本俄文版的毛主席语录。阿米尔在学习专业技术的同时，跟着中国同志学习了大量的政治术语，他在学习结束时的总结中这样写道：

"9个月很快过去了，党和国防部派我来中国学习，不仅学习了业务技术，最重要的，是学习了如何以政治统率业务，学习了如何全心全意为人民服务。我参加了战士讲用会，看到战士怎样以毛泽东思想为指导来对待疾病，并很快地战胜了疾病，很快地回到工作岗位上去。我听了英雄事迹报告会，是非常非常生动的教育课。我听了公社老大娘忆苦思甜会，旧社会的苦及劳动人民的形象给我留下深刻的印象……当我来到科内与姜主任一见面，就感到自己的老师有一种真挚的、发自内心的想把自己的知识教给我的愿望。这种感受使我对自己的学习产生了信心……我在6个月里学会了需要一年半才能掌握的东西，这充分反映出你们是用科学的教学方法来教我，使我学得多而快。在这样短的时间内，能教会我这么多东西有很大的政治意义。这是崇高的国际主义精神……"

从阿米尔的总结中不难看出那个时代的色彩，今天读起来也许还有点可笑，但在当时，这是一份很合格的学习总结。姜泗长由于培训外籍进修生成绩突出，荣立三等功一次。

五、出诊毛家湾

阿米尔走后，姜泗长没有再去做卫生员和护士，但仍在监督下工作。

某日，中共中央政治局委员、中央军委办事组副组长、副总参谋长兼空军司令员吴法宪的咽部扎了鱼刺，一辆小车紧急驶来准备把姜泗长接去诊治。专案组得知后气势汹汹地出面干涉，靳来川闻讯急忙赶到："姜泗长今后给军委首长看病，用不着请假，你们也无权过问。"

从此以后，姜泗长似乎摆脱了专案组的盯梢，但他仍没有摆脱政治的泥沼。没过几天，姜泗长又被接到毛家湾。下了车，他才知道，病人是林彪。

姜泗长被领到一间光线很暗的屋子里，两分钟后，他才看清屋里的主人——林彪。

林彪的面容苍白而无光泽，瘦削的身躯蜷缩在大沙发里。听见响声，林彪抬起头来，定神仔细地上下打量着姜泗长，没说一句话。林彪该说的话，都让站在一旁的夫人叶群替他说了。

从林彪的保健医生和秘书那里，姜泗长了解到林彪咽部不适，检查后，并没有发现有什么问题。可他意外地发现，林彪严重营养不良。后来，姜泗长又得知，林彪的生活习惯很奇特：一天吃3顿荞麦面糊糊，9天排一次大便。这完全违背了常人的生理规律，可在林彪看来，8天大便一次就算腹泻。

林彪营养不良，好像让人难以相信。改善林彪的营养状况，这似乎不是姜泗长能够解决的问题。他更无法理解林彪关于"腹泻"的理论，他感到这个病人不是他能够治疗的。

第二天，林彪的儿子林立果神秘地对姜泗长说："我爸爸问你靠得住靠不住。"看到姜泗长的神情有些紧张，林立果又说道："我说绝对靠得住。"因为姜泗长曾多次为林立果治病，所以林立果对姜泗长并不陌生。

这是什么意思？靠得住靠不住，是不是指对林彪忠还是不忠？党的九大党章规定，林彪是毛主席的接班人。姜泗长是医生，全心全意为首长服务是他的职责。

整日里，姜泗长的心里七上八下。此时，林立果又说出不知其意的话来，让姜泗长更感到无所适从。姜泗长暗暗告诫自己：只管行医治病，除此之外，一问三不知。

一天，林彪终于发话："这里不需要医生了。"

姜泗长带着沉重的心情回到了医院。没几天，他接到去北戴河执行任务的命令，到了目的地后才得知是林彪在此疗养，需要检查身体，由林立果陪同在侧。林彪好像很忙，一直没有时间让姜泗长为他看病。姜泗长闲来无事，就一个人来到海边的沙滩上散步，看见林立果拿着照像机向他走过来，要给他照相。姜泗长知道林立果很喜欢摄影。林立果让姜泗长坐在藤椅上，眺望远方。这张照片无论角度、神态和背景都无可挑剔。几天以后，姜泗长回到北京。又过了大约两个月，他被通知去医院大礼堂听传达中央紧急文件。姜泗长听到"林彪抢班夺权未遂，逃跑坠机身亡"的消息，惊异的心情无以言表。

1971年7月，姜泗长摄于北戴河（林立果 摄）

在整天听传达中央文件的日子里，姜泗长仍然照常工作，没有人来审问他在林彪处的所见所闻，但这没能减轻他的疑惑与不安。

此后，姜泗长又被接去为康生看病。康生说咽痛，并始终阴沉着脸。姜泗长为他检查发现，康生的咽部红肿严重。经过询问，姜泗长得知康生一天至少要抽两盒烟。姜泗长为他上药后，以一个医生的责任感对康生说道："您要少抽烟。"

没想到，这句话惹怒了康生。他大声对姜泗长说："你看你的病，你管我抽烟干什么？"

姜泗长心里也很生气，但他没有表露出来。一天抽两三盒烟，咽部就像一个烟囱时时在那里熏，怎么会不痛呢？你不减少抽烟量，我如何能给你治好病？

好长一段时间里，姜泗长都为此事难过。医生要尊重病人，同样，病人也要尊重医生。可在那个年月，这个道理，他和谁去讲？

第五章

特殊任务

一、为毛泽东主席保健

北京中南海勤政殿，这是中国亿万万人瞩目的地方。在雕梁画栋、古朴典雅的正厅悬挂着一张巨幅油画，为新中国做出卓越贡献的21位中共中央政治局委员都在上面。姜泗长曾多次肃立在这幅油画下凝神，他有幸为画面上绝大多数风云人物诊治过。作为医生，他似乎很幸运，但也比别人承担着更大的责任和风险。

1974年12月，一个寒冷的晚上，凛冽的北风吹打着门窗，姜泗长正伏案写学习心得。突然，一阵电话铃声响起：“带上毛主席著作，第二天有政治任务。”电话那头，传来解放军总医院蒲荣钦副院长神秘而严肃的声音。

又会有什么事？这突如其来的让他出发的电话，姜泗长以前也经常接到。可这一次，他感到有些特别。这时，姜泗长虽说仍是被监管对象，但给各级领导会诊，从没有停止过。给首长们看病的特殊经历，使姜泗长有机会审视不同的领导人。他们给他的感受千差万别。

这一次是谁？姜泗长不愿多想，他索性很快就睡着了，以至于老伴吴幼霖一点儿也没有察觉出异常来。

第二天一早，一辆黑色小卧车停在了解放军总医院南楼高干病房的门口。姜泗长早已等候在那里，带着全套《毛泽东选集》，钻进小车。

透过车窗，姜泗长看见，站在车门口始终未开口的蒲荣钦，一直目送小车消失在视野中。是凶是吉，难以测卜。车一直驶向西郊方向，司机没有说一句话。到哪里去？姜泗长不敢问，也不能问。

也许，司机什么都不知道。

车终于停在了西郊机场。大厅门口，一个身穿军服的人已迎候在那里。不用姜泗长作自我介绍，他准确地走到姜泗长的面前。

姜泗长并不认识他。从那人浅浅的笑容、拘谨的神态，姜泗长看出这不是一般的任务，也不允许再多说什么。姜泗长跟在军人的后面，穿过一个又一个通道，来到了一架飞机旁。“姜医生，请上飞机吧。”

上了飞机，姜泗长发现了另外两个人。他们本不相识，三人你看看我，我看看你，六目相视而沉默不语。飞机上除了机组成员和他们三人外，没有其他人。宽敞的飞机载着特殊的三人，腾空而起，马达的轰鸣声开始在空中响起。

后来姜泗长才知道，同机的两位是北京医院外科专家周光裕和麻醉科专家高日新。周光裕和高日新同样不知道要去哪里、有什么任务。三人疑惑的目光只能透过舷窗眺望蓝天、白云。尽管地面天寒地冻，机舱里却温暖如春。

姜泗长开始寻思，这次行动可能是为中国一位非常重要的人物治病。3年多前，他也坐过这样的“三叉戟”飞机，那是为林彪看病。他想起了林彪那间怕水、怕风、怕光的屋子。那一次，接他和另一位医生的飞机出了“笑话”：驾驶员看见有个人上了飞机，就开动马达，腾空而起。姜泗长他们两人则一直“坚守”在候机楼的座位上等待。半个小时过去了，一个小时过去了……没有人来接他们。这时，有关负责人才发现，飞机驾驶员接走的是一位专为林彪买菜的服务员，而真正的医生还等在机场。地勤人员立即和飞行员取得了联系，飞机才飞回来，接走姜泗长他们。

这次，驾驶员一会儿报告飞机正在过黄河，一会儿报告飞机正在过长江。两个小时后，飞机稳稳地降落在机场上。飞机刚着陆，一辆“红旗”牌轿车已经停靠在旁边。姜泗长还没有看清周围的一切，就钻进了车里。

汽车奔驰在宽阔的马路上，人流熙熙攘攘，商店的招牌醒目可见。姜泗长觉得这地方似曾相识，抗战期间他躺在湘雅医院的病床上，以及和沈克非救治伤兵的情景又浮现在眼前。这里像长沙，但他不能肯定。满目的标语、迎风飘扬的红旗，让他难于辨清地理方位。

车径直开进一个院子里，庄严、神秘的气氛弥漫在周围。后来姜泗长知道了，这是位于长沙的中共湖南省委招待所。

“看见我，你们现在应该明白请你们到这里来的目的了。”汪东兴笑容满面地出现在大家面前。

汪东兴是中共中央办公厅主任兼总参警卫局局长。明白人都知道，汪东兴出现在哪儿，毛主席就一定在哪儿。

给毛主席看病！这个念头一闪，姜泗长自己都惊异不已，他感到奇怪极了。此时，他的3个儿子分别在内蒙古插队、在青海冷湖当钻井工人、在北大荒劳动……姜泗长连儿子都见不到，却能见到毛主席。

当年大家选姜泗长当院长，让他感到意外；今天来给伟大领袖做保健工作，更是他梦中都没有想过的事。

此时此刻，姜泗长没有常人要见到伟大领袖时应有的那种激动和幸福。他只有紧张，甚至说还有点害怕……

“姜泗长，你老实交代，你的高鼻子里是不是装着发报机？”

他的脑子里掠过造反派的声音。

“你们今天先好好休息。下午，张秘书给你们说说主席的情况。”汪东兴对大家说。

3位医生被服务人员领进各自的房间。这一夜，姜泗长失眠了。

昨天，还是造反派的监管对象；今天，又在伟大领袖的身边。这不是做梦吧？真比梦还离奇。变化之大，让他惊异，真有“坐地日行八万里，巡天遥看一千河”的感觉。

第二天，在游泳池，大家终于见到日日思念的伟大领袖。

毛主席正在游泳池里游泳。汪东兴对医生们说：“你们会游的都下水，主席高兴。”其他两位医生会水，都下去游泳。姜泗长不会游泳，只好待在岸上观看。

不一会儿，毛主席上了岸，穿着浴衣坐在藤椅上。

从那个时代走过来的人都会十分熟悉这么一句话：“毛主席神采奕奕、满面红光地向我们走来。”但今天，作为医生的姜泗长看到的毛主席却面色苍白、步履迟缓，但领袖特有的神采依然令他心动。

汪东兴走到毛主席身边，一一介绍3位医生的情况。毛主席慈祥地微笑着，一只温暖而柔软的大手握住了姜泗长的手。

“这是解放军总医院耳鼻咽喉科姜泗长主任。”汪东兴介绍说。

“噢，姜泗长，你和那个钱伟长一定是哥俩。”毛主席风趣地说道。在场的人都笑了。

“你具体做什么呢？”毛主席又问。

秘书张玉凤接过毛主席的话回答：姜主任主要负责您的耳、鼻、咽、喉，保证您的呼吸道通畅。

毛主席又继续问：“你是哪个姜（江）啊？”

“姜太公的姜。”姜泗长答道。

“‘姜’这个字拆开了，倒过来读很有意思。”毛主席说。

在场的人都听清楚了毛主席说的那3个拆开了倒过来读的有意思的字，可这3个字让姜泗长听起来就不那么自在。

毛主席很随便地开着玩笑，但也不能解除姜泗长异常紧张的心情。从现在起，要天天面对这位世纪伟人，要全力以赴地保证他的健康，这使姜泗长深感任务艰巨、责任重大。

来到毛主席身边的第一天，汪东兴就对医生们说："主席已经戒烟，所有的工作人员不允许抽烟。"

说也奇怪，从那一刻起，姜泗长几十年的烟瘾一下子就没了，他真的不想抽烟了。

北京医院的心内科专家吴杰，比姜泗长他们早来几日。一天，他对新到的姜泗长悄悄地提醒道："不要把行李打开，就放在箱子里。主席说走就走，常常在半夜，一般在出发的一两分钟前通知，就像紧急集合，拖泥带水要误事的。"

就像战士随时准备紧急集合一样，姜泗长时刻准备着出发。后来，毛主席真的要出发了。果然，在几分钟内，各路人员各就各位。

一辆辆小车很快进入火车站，站台两边站着高度警觉的卫士。白天的一切热闹景观不见踪影，世界顿时显得"平安无事"。

姜泗长无法和家里联系，他已经身不由己。一个星期以后，一个陌生人敲响了姜泗长家的房门，说是来取姜医生的洗漱用具、换洗衣服以及专业书籍，并送来姜泗长的家信。

"失踪了数日的丈夫还活着！"吴幼霖终于得到了丈夫的信息。她急忙把信拆开。在信中，姜泗长这样说道："我们每天吃腊肉……"看到这一句，吴幼霖心里就有了底。仅从吃腊肉这一点分析，丈夫一定是在南方；天天有腊肉吃，生活还不错，看来丈夫没有什么危险。吴幼霖又翻着信封，前看看、后看看，也没有找到地址。从来人和蔼可亲的神态看，丈夫似乎一切平安，她悬着的心总算放下来了。

时间很快就到了1975年的元旦。这一天晚上，毛主席的楼前流光溢彩，绚丽多姿的烟花一个个腾空而起。透过玻璃窗，毛主席凝神欣赏这美丽的景色。不知他老人家深邃的脑海里，此时此刻又想到了什么。

毛主席在6号楼，医生们在 2 号楼，许多工作人员站在院子里观赏五彩缤纷的烟花。姜泗长没有出去走动，他静静地待在房间里。耀眼的火花从玻璃窗上映射进来，他也站在窗前凝视。

1975年2月，毛主席从长沙经南昌到了杭州；4月，他由杭州回到北京中南海。

一天，汪东兴对姜泗长说："以后每两个星期，你可以回家看看。"

汪东兴又说："如果有人问你，是不是在毛主席那里工作，你不能说是，说是就泄露了国家机密，说不是又不诚实。只有不吭气，不回答。"

在一个星期六的晚上，汪东兴派车将姜泗长送回家。

失踪了近4个月的姜泗长突然又出现在解放军总医院里。说也奇怪，他已明显地感到人们疑惑的神情，却没有一个人问他在这段时间去了哪里。这几个月里虽说责任重大，但姜泗长的身心发生了很大的变化，内心的苦闷和压抑悄然离去，他像换了一个人似的。

中南海怡人的风景，并没能掩饰住绝对严肃的政治气氛。为毛泽东主席看病，这是国家机密。除与毛主席保健工作有关的人员之外，不能流露出半点儿，这是政治纪律。

有过这样一件事：一位教授的儿子骄傲地对别人说："我的父亲给毛主席看病。"他当即被当地公安机关抓了起来。

汪东兴将事情报告了毛主席。"抓起来干什么？放了。我是有病的。"毛主席说道。

毛主席认为，自己有病是很正常的，也是客观存在的。可毛主席他老人家一定不知道，他在人民心中是"神"，而"神"是不会生病的。

后来姜泗长才知道，那位教授因为向家人透露了为毛主席看病的国家机密，受到了有关部门的批评，也因此被取消了参与毛主席保健工作的资格。这样，姜泗长才从造反派的监督下解放出来，接替他的工作。

一段时间以来，姜泗长心里很不安："自己一度被说成是'美国特务'，怎么能让'特务'来为毛主席保健呢？！"

他越想心里越紧张，是不是组织上对他的情况没有搞清楚？在一个合适的时机，姜泗长不安地对汪东兴说："我曾受过审查。"

"你的事情，我们清楚，没有什么。"汪东兴微笑着对他说。

汪东兴的一句话，清楚地表明中共中央信任姜泗长，毛主席也信任姜泗长。

此时此刻，姜泗长身轻欲飞。他想立即告诉那些造反派，他还想立即告诉为他担惊受怕的妻子。

二、做个明白人

毛主席有一句名言："医生的话不能全信，但也不能不信。"准确地说，他对医生的话只信一半。所以一般情况下，他老人家并不需要医生天天跟在他后面为他诊治。大家整天处在既紧张又无事可做的状态中。无事可干的医生们只有看书，来时只允许带毛主席著作，没有其他的书。

在毛主席身边时间稍长些的医生告诉姜泗长，毛主席爱提问题，要有思想准备。

要看书，毛主席这里有得天独厚的条件。想看什么书，只要列一个书单，就有人到北京图书馆借来。姜泗长第一次写下了《鲁迅全集》的书名，因为有人对他说："毛主席最爱提有关鲁迅文章的问题。”后来听说毛主席也爱提关于《红楼梦》的问题，姜泗长又借来《红楼梦》看。

对政治不敏感、对社会不能完全理解的姜泗长开始读鲁迅的书，读《红楼梦》。

毛主席说，看懂《红楼梦》至少要读三遍。多少年前，姜泗长只大概翻过一遍，对里面的人物大多也没有搞清楚。要认清鲁迅笔下表现中华民族劣根性的阿Q，要读懂封建礼教下鲁四老爷杀人不见血的虚伪，要搞懂大观园在儿女情长、嬉笑怒骂中，最终走向衰败是必然的结局，要理解这一切，对于大脑只兴奋医学的姜泗长来说，似乎有一定困难。

毛主席对医学、对自然、对社会以及对人本身都以他独具慧眼的视角去审视，犹如巨人站在山巅上俯瞰大地。宇宙在他眼里是可以认知、可以改造的。科学乃至医学理论不是一成不变的，它们是发展、进化的。目前认识到的规律并非就是真理。所以，他认为：“医生的话只能信一半。”

一天，医生们为毛主席会诊，大家拘谨地站在一旁。毛主席用浓重的湖南口音说：“大家请坐。”

医生们没能听清毛主席说的是什么，站在那里没动。毛主席看大家依然站在那里，又说了一遍：“大家请坐。”医生们还是没有听清楚，依然站在那里。

突然，毛主席用英文说道：Sit down，please.（请坐）医生们这下都听懂了：毛主席请大家坐下。

毛主席又说：“我说中文，你们听不懂；说英文，你们倒听得懂。”说实话，毛主席说英文比说湖南口音的中文要让人好懂得多，因为毛主席的英文发音是比较准确的。

毛主席说着说着，说到了延安整风运动，他就用英文说“整风运动”这个词。“整风”这个英文单词，毛主席用得不够准确。一位医生小心翼翼地说道：应该用另一个词比较贴切。毛主席听了，很高兴。

医生们知道，毛主席在60多岁时，才开始学英文，后来竟能读懂马列英文版原著。

一天，毛主席又拿出一个笔画非常复杂的字让大家认。这个字，大家见都没有见过，没人认识它。

一个星期六放假回家时，姜泗长翻出家里的《康熙字典》认真仔细地查找，在《康熙字典》上也没有找到这个字。后来姜泗长得知，毛主席又请教大学问家冯友兰先生，对这个字的解释和读音终于得到很好的解决。毛主席感叹地说："还是教授行啊！"

毛主席不耻下问的学习劲头，让医生们十分敬佩。

1976年，姜泗长在学习

为了应对毛主席提出的各种各样的问题，空闲的时间里，这些研究人的自然属性的医生，开始研究人的社会属性。医生们常围坐在一起，讨论鲁迅和曹雪芹笔下的人物。

没几天，毛主席果然向姜泗长和几位医生提出了问题：

《红楼梦》里，麝月是谁的丫环？

刘姥姥最喜欢的大观园里的人是谁……

当时在场的，没有一个人能回答毛主席的问题。姜泗长还没有看完一遍《红楼梦》，他知道那里面至少有500个人物。要记住这么多人物，还要搞清谁和谁是什么关系，这哪里是看一遍就能记住的？

毛主席有点不满地说："你们怎么没有文化呢？"

医生们大都只关心自己的专业，对专业之外的事兴趣不大。一天，一位来为毛主席会诊的老中医看到大家在一起热烈地讨论各种各样的问题，也好奇地问道："小米加步枪是什么高级武器？"大家听到这样"无知"得令人喷饭的问题，无不为老中医只研究八纲辨证、寒热虚实的"专一性"所叹服。

来到毛主席的书房，姜泗长感觉就像进了图书馆。这里的书卷种类之多，让他吃惊。大多数书，他连书名都没听说过。姜泗长百思不解地想，毛主席每时每刻都在思考并处理中国和世界上的大事，哪里还能钻研这么多种类的学问？就是一个人文学科的学者，恐怕也难以涉足这么深远。

姜泗长意外地发现，毛主席的书架上摆放着许多"小人儿书"，也就是连环画。据毛主席身边的工作人员说："主席一晚上能看90本'小人儿书'。"

对深奥的《资治通鉴》，毛主席津津乐道；对浅显的"小人儿书"，他也乐于欣赏。毛主席过目不忘的本领、超人的记忆力，无不使每一位对此耳闻目睹的人惊叹不已。

姜泗长还发现，毛主席举手投足中无不显示出独特非凡的个性。他散步，只向前走，绝不走回头路，任何东西都不能成为他前进路上的绊脚石。

毛主席的生活很简朴，这是姜泗长没有想到的。除了接见外宾，毛主席很少穿正式的服装，里面常常穿着已经破了洞的睡衣、睡裤，外面再穿件半旧不新的浴衣，一是节约，二是毛主席认为穿这样的衣服舒服。

听工作人员讲，毛主席也不喜欢穿新鞋，因为新鞋夹脚。毛主席就把新鞋送给警卫人员穿，等穿旧了，毛主席再穿。毛主席喜欢睡硬板床，床上铺着并不厚实的褥子，褥子上面铺着一张凉席，凉席上铺一张床单，春夏秋冬都如此。毛主席的这些生活习惯都是他独特个性的反映。

毛主席不爱看病，尤其不喜欢看牙。毛主席年龄大了，牙一颗颗地掉下来，说话、吃饭都受到了影响。经身边的工作人员多次劝说，毛主席才同意看牙，但有一个条件：必须快，不能耽误他看书的时间。在毛主席张开嘴的几分钟时间里，姜泗长配合牙医观察坏牙的位置，要一一记清楚，有些时候只能靠记忆解决问题。经过努力，医生们很费劲地为毛主席做了一个牙模，后来根据牙模为毛主席做出了一副假牙。

一般情况下，毛主席不爱戴假牙，只有接见外宾时，他才戴上。常常是外宾的前脚刚迈出他的书房，毛主席自己已经把假牙取下来了。毛主席不愿意有任何东西束缚他的非凡个性，这给姜泗长留下了难以磨灭的印象。

第四届全国人大即将召开，姜泗长是这届的全国人大代表，有关单位通知他去开会。汪东兴就此事请示毛主席。

“把材料送来，不一定去了。”毛主席没有同意姜泗长去参加全国人大会议。

时间就这样一天一天地过去。毛主席的身体状况很快就到了确实需要医生的阶段，但他仍然坚持“医生的话只能信一半”，除非万不得已，是不吃药、不打针的，而且坚持医疗组的人不要多。“人多，谁也不负责任，医生、护士最多20人。”毛主席说。

毛主席的吞咽开始变得困难，吃一口东西很费劲，说不好哪一天，食物就会卡在咽喉中。姜泗长从国外文献上看到有关这方面的文章：建议大饭店为吞咽困难、容易出现意外的老人准备一把钳子。得到这样一个启示，姜泗长就精心设计了两张图纸：一张大钳的，一张小钳的。图纸画好后，交有关部门送到了工厂。按着图纸，钳子很快就做出来了，以备不测。

毛主席的白内障严重，视力下降，是不是做手术，专家的意见不统一。

一天，同仁医院眼科专家张小楼为毛主席会诊。毛主席问张小楼，他的白内障要不要做手术。张小楼异常谨慎地说：“做了也许会好，也许还不如现在。”

听到这样的回答，毛主席非常不满：“小楼啊！小楼，你真是个小楼。”

几天之后，北京医院的内科主任陶桓乐为阿尔巴尼亚领导人会诊后，来向毛主席汇报。毛主席又问陶桓乐，他的白内障要不要做手术。

“白内障，当然要做手术，否则，视力还会下降。”陶桓乐不假思索地说。

毛主席接着问，你是哪里人？

陶桓乐答，湖南人。

毛主席高兴地说，湖南人好，湖南人就是痛快。

看来，毛主席有做手术的意思了。中央很快组织了全科会诊。眼科、呼吸科、心内科、神经科，甚至皮肤科的医生也参加了会诊。这次会诊，眼科医生参加的有七八人。在讨论中，大家认为毛主席时而会咳嗽，不适宜做西医式的手术。西医的白内障手术是将人的黑眼球边缘切开，一般要缝5针。而中医的白内障手术则是在黑眼球与眼角中间处做一个不足2毫米的切口，并不需要缝针，伤口容易愈合。这种手术方法叫金针拨障术，是从唐朝流传下来的古老的中医手术方法。

一次特殊的中共中央政治局会议召开了，参加人员有八九位是医生。周恩来总理问西医，假如这个手术请你们西医做，你们有多大把握？张小楼站起来说："有85%。""假如中医做呢？"周总理又问唐由之。"我们也是85%。"唐由之答。

实际情况远不是这个数，但中、西医都留了余地。江青一边吃夜宵，一边质问唐由之："怎么你们也是85%？"周总理一摆手，叫唐由之坐下："我知道你在福建、广西做了许多这样的手术，效果还不错。"周总理一句话给唐由之解了围。后来，将唐由之和张小楼做的白内障手术的病例全部调出，共有6000多例，同时随诊了唐由之做的白内障手术病人。经过两个多月的论证，条件已经成熟，中央同意为毛主席做白内障手术。但中央同意了还不行，还要毛主席同意，才能真正实施手术方案。

医生一次又一次地给毛主席做工作，为他讲手术如何进行，中医怎么做、西医怎么做。唐诗中有一句"金针一拨日大空"，毛主席通过唐诗知道了这一手术在唐朝即有之。毛主席终于同意做手术了，因为要准备手术器械和手术间，时间定在10天以后。经过毛主席同意，医生们决定将毛主席的书房布置成手术室。那10天如一场战斗，医务人员极其用心地连边边角角的问题都处理得异常仔细，不让一个细菌和微生物存在于手术间。一切准备工作就绪。到了第10天，医生们没有听到毛主席准备做手术的消息，大家不得不耐心等待。一直等到晚上11点多钟，还是没有消息，有人提议由唐由之进入卧室求证毛主席的想法。

听到唐由之进来，毛主席问道：“你们都准备好了？”

“准备好了！”唐由之答。“在准备当中有什么问题吗？”毛主席又问。

“有问题。在我准备给您做冲洗泪道检查时，您的头动了一动，我没能麻醉好，使您感到疼了。”听到唐由之如此坦诚的回答，毛主席哈哈笑着说：“做。”

为给毛主席做手术，相关人员已经准备了半年之久。手术器械全部是医务人员自己设计，由苏州和上海的工厂生产的。毛主席曾说，他只用自己国家生产的手术器械，不用进口的。

1975年7月23日晚上11时30分左右，张玉凤和唐由之将毛主席扶进书房——临时布置的手术间。这时，周恩来与邓小平已在门口等候。毛主席又问：“你们准备音乐了吗？”在场的人都愣了，说没有准备。毛主席对张玉凤说：“你去把岳飞的《满江红》拿来。”不一会儿，从钢丝录音机中传来岳美缇演唱的高亢、激越的《满江红》昆曲。术者和医护人员在《满江红》的乐曲声中全神贯注地操作，手术四五分钟就顺利完成了。在手术过程中，毛主席的心律像往常一样平稳、迟缓，没有变化，一切顺利、平安。大家终于松了口气。

术后，毛主席睡了一个多小时，醒来就要铅笔和纸。旁边的工作人员将纸、笔送到毛主席跟前时，他起了起身子，闭着眼睛写下4句诗：“岂有豪情似旧时，花开花落两由之。何期泪洒江南雨，又为斯民哭健儿。”这是鲁迅悼念杨杏佛的诗，因这首诗中有“由之”两字，所以毛主席写下来送给唐由之，以示感谢。唐由之如获至宝，大家也都为他高兴。1978年，中国人民革命军事博物馆收藏了毛主席写给唐由之的诗作原稿。唐由之是中医里为数不多的、既懂中医又懂西医的眼科专家，16岁时成为我国著名中医陆南山的弟子，后来又在北京医学院学习了5年西医，是我国知名的眼科医生。

自从做了白内障手术后，毛主席能够看一些东西了。在毛主席身体日渐衰弱的晚年，他的医疗组成员们，无不时时刻刻提心吊胆地伴随左右，细致入微地观察毛主席的身体状况。

1975年2月，毛主席由湖南长沙去浙江杭州，途经江西南昌时，不慎患了感冒，开始发烧，数日不退；而且，一口痰呛在气管里，呼吸困难，情况危急。医疗组当机立断，给毛主席注射了一针8万单位的庆大霉素，药力很快发生了作用。痰咳出后，毛主席马上就有了些精神。

毛主席一向不喜欢用药，所以用一针就非常见效。但毛主席仍然不思饮食，医生们心急如焚。

每一项治疗只有得到毛主席同意方可进行，他若不同意，你就无法进行任何治疗。专家、教授围坐在一起，反复讨论治疗方案。方案定下来后，一部分医生飞到北京向周总理汇报，留下的医生更是紧张不安。

毛主席每天只喝几口西瓜水，这样下去，会出危险的！

只有给毛主席输液，才能够补充营养、降低体温。专家们的意见反映到汪东兴那里。

汪东兴沉着冷静地对医疗组的医生们说："现在，只有向主席打报告了。"

他又说："但你们的报告要简单，不要烦琐，不要写什么'此致敬礼'之类的客套话，把事情说清楚就行，最好用铅笔写。"

医生们从汪东兴那里得知，毛主席非常厌恶形式主义。满篇废话、形式主义的报告无益于问题的解决，他反而会不予理睬。

医疗组的同志们按照汪东兴的意思，起草了一个报告。

报告这样写道："主席，您几天高烧不退，未进食。只有输液才能降低体温、补充营养。所以，准备给您输液。妥否，请批示。"

真是简明扼要，一句废话、客套话都没有。下面，医疗组的几位负责人慎重地一一签上名字：姜泗长、周光裕、高日新、胡旭东。

“行，就这样。”汪东兴看后说。

报告呈送给毛主席。

一天过去了。

两天过去了。

第三天快过去了。大家的心情万分沉重，毛主席仍然没有要输液的意思。“这样下去，会出问题的。”大家个个忧心忡忡、坐卧不宁。

没想到半夜，突然传来毛主席的话：

“现在可以打针了。”

毛主席终于同意输液了。像是临战前准备冲锋的战士听到了冲锋号一样，大家顿时都来了精神。

几瓶液体输完，毛主席立刻有了精神，脸上也有了些神采，开始吃东西了。

毛主席高兴地问医疗组的同志们：“你们给我输的是什么东西？再给我来一点。”

毛主席捏着指头算天数，前后输了3天液。毛主席终于转危为安，大家紧张的心情也稍稍放松了些。

毛主席有了点精神，就和医护人员谈天说地：

“你们应该看看《东周列国志》、二十四史等历史书。除了你们的专业外，你们也应该懂得历史，做一个明白人。”

毛主席不仅自己热衷于读历史书，还要求他周围的医生们也要熟悉历史。那时，凡有一些文化的人都会十分熟悉毛主席那篇读史后的激扬文字——《贺新郎·读史》：“五帝三皇神圣事，骗了无涯过客”，“一篇读罢头飞雪，但记得斑斑点点”……一部二十四史所包含的“几千寒热”，令毛主席在“东方白”时却

“歌未竟”。毛主席读史时的心境、感叹，自非那时的姜泗长所能描摹、体会的。

而毛主席他老人家永远也不会知道姜泗长被关在“牛棚”时，认真反复通读《毛泽东选集》的情景。正是从他老人家的书中吸取到力量和智慧，才使姜泗长在最困难的时候没有选择极端的方式。靠着书中的道理，他硬是坚持下来了。

如今，姜泗长亲身感受毛主席深邃的思想和独特的个性，给他的教诲更是一言难尽。毛主席既有领袖人物超人的魅力，又有藐视巨大困难的意志力。在他病重期间，工作人员从没有听到毛主席因病痛哼一声。只要是他同意做的事，毛主席就会非常配合，还常对医护人员说：

“不要紧张，慢慢来。”

后来，因为毛主席的眼睛不能看书，医生们建议他可以看电影。毛主席把每天看书变成了每天看电影。国产的、国外的，现代内容的、古代内容的，毛主席都看。也许是影片的思想性差，也许是不合毛主席的口味，常常是电影开演一会儿，毛主席就有些不耐烦地一挥手：“换另一部片子。”但不管怎样，毛主席的大脑一直在不停地思考，不停地汲取知识、搜索信息。

那时，8个“样板戏”整天在大大小小的影院、在大街小巷的广播中不停地播放，毛主席好像并没有都看过，这让姜泗长很疑惑。毛主席似乎并不爱看那些“样板戏”，总是点着一些老戏的名，让身边的工作人员找来。

一天，毛主席突然要看《斩马谡》，派人去找演员。他老人家哪里知道，当时演员正被关在“牛棚”里。

一天，毛主席的心跳、呼吸突然停止了，医疗组的同志们奋力抢救。经过心脏按压等急救措施，毛主席终于苏醒过来。他睁开眼睛，环视着周围焦急而紧张的人们问道：

“怎么回事？”

1975年在中南海游泳池，毛泽东接见外宾后很高兴。一向不爱照相的毛泽东提出和医疗组的同志合影，并邀请姜泗长（前排左）坐在他的身旁

张玉凤说：“您刚才都过去了，是医生们把您抢救回来的。”

毛主席看了看大家，点头致谢。苏醒后的毛主席显得很虚弱，但眼神依旧深邃、敏锐。医护人员曾多次设法让他老人家多吃些高级营养品，但毛主席不相信这些东西。

一次接见完外宾，毛主席显得很高兴。平时不大喜欢照相的毛主席，特意提出和医疗组的同志们一起合影。大家拥围在毛主席身边。毛主席的视力下降，已经看不清周围每个人的面孔。他扭过头来问：“那个长似江（长泗姜）呢？”姜泗长听见毛主席喊他，急忙走到毛主席身边。毛主席拉着姜泗长的手，让他坐在自己旁边，历史的镜头记下了这个瞬间。

一天半夜，江青突然来到医疗组“慰问”大家。后来姜泗长才晓得，“四五运动”被江青一伙镇压下去了。为了庆祝他们的

"胜利"，江青给医疗组的同志们每人送来一小杯茅台酒和几粒花生米，而且一定要医疗组的同志们都喝了这杯酒。

毛主席病重期间，江青来来去去。到后来，毛主席根本就不愿见江青。一看见江青来，毛主席就把头扭过去，江青有时哭着就走了。

1976年7月，唐山大地震发生后，北京时有震感。经过大家劝说，毛主席才搬进临时搭起的抗震屋。毛主席非常关心灾区的人民，常常问身边的工作人员有关灾区的情况。当时，北京军区派出了大量部队奔赴灾区救灾，军区司令员陈锡联赶来向毛主席汇报。毛主席听到大地震死了很多人时，不禁老泪纵横，十分伤心。

毛主席的身体越来越虚弱，每一位医务人员的心理压力也越来越大。每一项治疗措施，都是经过中共中央政治局和医疗组共同商议决定的。为了保证毛主席的营养，最后决定给他下胃管。大家都尝试着胃管进入身体的滋味。作为操作者，姜泗长自然首当其冲地先做尝试。当时身为中共中央第一副主席、国务院总理的华国锋，是中共中央政治局里第一个为毛主席感受胃管进入身体滋味的人。

1976年6月的一天，姜泗长将一根很细的胃管下到毛主席的胃里。从此以后，进入毛主席身体的食物都由胃管推入。每周为毛主席更换一次胃管，对于姜泗长来说，都是一次"历险"。

一天，姜泗长刚刚下班休息，有人急匆匆地报告："不好了！主席呼吸困难，血压下降。"医疗组主要负责人都迅速赶到毛主席的床旁，发现他的呼吸短而急促，心电图显示，心脏功能极度衰弱。

医疗组的同志们迅速为毛主席做人工腹式呼吸。不久，江青也到了现场，她站在床头，注视着医疗组同志们的每一项治疗操作。

毛主席的肺部可以听到呼噜呼噜的声音，但他的血压太低，此时吸痰很危险。姜泗长建议心内科专家陶寿淇将毛主席的血压提高到90毫米汞柱。姜泗长异常谨慎地为毛主席吸出一口痰。呼吸道通畅了，毛主席睁开了眼睛。毛主席插着鼻咽管，已无法说话。他费力地向姜泗长点点头，以示感谢。

站在一旁的江青却厉声问："你怎么吸出血来了？"

"痰在气管深处，又黏稠，所以吸引力要大，才能将痰吸出，是会带一点儿血丝的。"姜泗长解释道。

对于江青，姜泗长深知这是一个很难"伺候"的人，回答她的问题，总是格外小心。

一天，江青说嗓子痛，让姜泗长为她诊治。另一位医生站在一旁看。他惊异地看到，姜泗长将一个12厘米长的东西伸进江青的鼻咽部检查。

后来，这位医生对姜泗长说："你胆子真大，这么个长玩意儿，你就伸进江青的嘴里，多危险啊！她要说你害她，是反革命，一点儿办法都没有。我就吃过她的亏。"

这位医生不懂耳鼻咽喉科，那个长长的东西是鼻咽镜，也就是镜子。因为鼻咽部在深处，肉眼无法直接看见，只能通过镜子反射出对应组织的情况，对人一点儿危险也没有。但听这位医生这么一说，姜泗长想想也后怕。江青是个反复无常的女人，她如果觉得哪里不舒服，闹起来了，说是因为你检查不慎所致，到时候真是说不清啊！

没过几天，姜泗长正在毛主席那里值班，江青过来对姜泗长说："跟我上大寨去。"

姜泗长不好说不去，也不能说去。过后，姜泗长请示汪东兴。汪东兴说："不去。你就说要为主席值班，去不了。"姜泗长照着汪东兴的意思答复了江青。

"你去不了，叫黄宛（解放军总医院心内科专家——作者

注）去。把我的病情向他交代清楚。”江青对姜泗长说。

后来，黄宛跟着江青去了山西大寨，常常被找去陪江青打扑克。黄宛很郁闷。

毛主席的病情急转直下，处于危急状态。他已说不出话来，费力地在空中比画着“叶”字。旁边的工作人员知道，毛主席想见叶剑英元帅。

叶帅匆匆赶到，但毛主席已无法和他交流。

江青在一旁多次向医疗组提议：“应该给主席翻身。”

这时给毛主席翻身是很危险的，医疗组的同志们都不同意，但江青反复坚持。谁也不好说什么，只好给毛主席翻身。这一翻身不要紧，毛主席的心跳没有了，大家奋力抢救。叶帅站在旁边，焦急地问医疗组：“还有没有办法？”

毛主席的全身脏器已处于衰竭状态，医务人员难有回天之力。一代伟人，永远地闭上了眼睛。那个时刻，上下一片哀恸。

伟人离世，举国悲哀。医疗组的成员，每一个人都竭尽了全力。抢救毛主席的日日夜夜里，医疗组同志们的感受不是用“紧张”和“辛苦”这几个词所能充分表达的。

毛泽东曾留下遗嘱：“死后不留遗体。”

就此问题，中共中央政治局反复讨论，最后做出保留毛主席遗体的决定。

顿时，上上下下投入紧张的保留毛主席遗体的巨大工程中。遗体保留领导小组成立，遗体被存放在12摄氏度，温度、湿度合适的房间。中共中央政治局委员还有毛主席身边的工作人员，轮流站在毛主席遗体边守灵。

毛主席逝世后不久，一天半夜，江青突然来到医疗组，她大声喊着：“都起来，起来！我们要化悲痛为力量，跟我上景山摘苹果去。”

这种时候，谁还有心思摘什么苹果？大家又不得不跟着江

1976年9月12日，毛泽东主席医疗组全体人员为毛泽东守灵，右三为姜泗长

青去。大家一边摘苹果，一边又扔掉，谁也没有心思。后来，江青又要请医疗组的工作人员吃饭。吴杰悄悄告诉姜泗长："江青请人吃饭，从不让人吃饱。咱们先吃点东西再去。"果不出吴杰所料，桌上没什么菜。一条不大的鱼被一分为二，一张桌上是鱼头，另一张桌上是鱼尾，二十来个人吃一条鱼，谁也没吃几口。

吃完江青的宴请，大家都还饿着。江青又要照相，并对医疗组的工作人员说："我保你们的医疗没有问题。"

"每次讨论，我都参加，有什么问题！"汪东兴当场顶了江青一句。

1974年12月至1976年9月9日，这段时间是姜泗长生命历程中最重要的时期。他陪伴中国的世纪伟人毛泽东度过了生命的最后岁月，耳闻目睹了这位伟大领袖的生活及工作方式。可以说，活生生的毛泽东思想影响了姜泗长此后的思想和行为，为他日后承担重任奠定了思想基础。在毛主席身边工作的时间里，姜泗长时时能够感受到毛主席的博学和深邃。毛主席常常将一些哲学、社会科学以及文学方面的问题，非常巧妙地引入到医学领域，他的话总给人以出乎意料的启示。这对于整日埋头于专业的姜泗长无疑是难得的收获。

姜泗长后来说：“那段时间的经历和各种遭遇，给我留下了深刻印象与难忘回忆。”

第六章

科学春天

一、痛失良将

毛泽东主席逝世以后，姜泗长又回到了解放军总医院耳鼻咽喉科当主任。他因阿尔巴尼亚进修生阿米尔的到来而解放，耳鼻咽喉科实验室也因培训阿米尔而获得新生。后来，姜泗长更因做过毛泽东主席的保健医生而陡增许多神秘和光彩。这段经历已成为历史，对姜泗长的人生却发生着重要影响。他也由此从“美国特务”一跃变为政治上最可靠的人。

1976年至1978年，姜泗长和全国人民一样，在忧虑和茫然中度日。对专业的热爱，使他无法一天天消磨过去。尽管当时到处仍在大讲特讲一切要突出政治，但解放军总医院耳鼻咽喉科的工作人员，总是能看到姜泗长和他的学生田钟瑞忙碌的身影。

1978年，姜泗长与田钟瑞在一起研究工作

邓小平（第二排左七）与姜泗长（第二排左五）等人合影

对于学科如何发展，当时，姜泗长也没有一个清晰的思路。除了病房的临床工作，他最多的时间是在实验室里做标本、看颞骨切片。

1978年的春天，预示一个新时代到来的全国科学大会在北京召开，各路专家学者荟萃一堂。姜泗长荣幸地坐在主席台上，亲耳聆听邓小平关于“科学技术是第一生产力”的伟大论断。

不仅中国迎来了新纪元，这一年，姜泗长也被总后勤部党委任命为解放军总医院副院长兼耳鼻咽喉科主任、解放军军医进修学院学位委员会主任委员，并被教育部批准为硕士生导师。

正当姜泗长以久违的热情迎接新时期到来之时，他最得力的助手田钟瑞因心脏病发作卧病在床。

学生病重的日子，也是姜泗长心情异常沉重的日子。在南京、在西安，后来在北京，他们俩一起为内耳开窗，一起磨钳做钩，真是你中有我、我中有你。用他们夫人的话说，两人更像兄弟俩。

从20世纪50年代初，姜泗长和田钟瑞就并肩工作在一起。姜泗长喜欢田钟瑞的聪慧和朴实，田钟瑞敬慕老师的胆识和胸怀。

从南京到西安，师生俩始终配合默契。姜泗长的想法通过田钟瑞的手，总能很好地得以实现。他们之间的感情不是用师生情谊就能概括得了的。

1959年，姜泗长从西安四医大调到解放军总医院后，仍在四医大的田钟瑞心里总好像少了一点什么，姜泗长也同样有种不舒畅的感觉。这时，姜泗长决定将田钟瑞调来。一个好汉三个帮，在姜泗长的事业中，田钟瑞的力量是不可缺少的。

姜泗长来自四医大，从四医大再将田钟瑞调到解放军总医院来，这无形中就增加了难度。

“人才不能都调到北京去，四医大也要发展，同样需要人才。”四医大的领导很有想法，也有些生气。

想调的人一定要调来，想做的事一定要做成。姜泗长一不做二不休，干脆直接找当时的总后勤部部长洪学智。洪学智支持解放军总医院，也尊重姜泗长。总后勤部给四医大下了死命令，调田钟瑞进京的问题终于解决了。

有了田钟瑞，一切都变得有条不紊起来。在有了雏形的实验室里，他们开始充实每一个细节。听说地下室有一个废品仓库，田钟瑞就钻进布满蜘蛛网的废物堆中寻找可用的东西。一台单管显微镜，虽然没有光源，但也成了他们最珍贵的仪器。总后卫生部饶正锡部长送来的5000元人民币并不能解决所有的问题，仪器从国外进不来，需要的东西在市场上又没有，只有自己动手造。

为了进行镫骨底板切除术，在决定测量人的听小骨时，姜泗长和田钟瑞认为最好先取得鸟类听小骨的数据。

上哪儿去找这么多鸟？田钟瑞有办法。寒风凛冽，他穿着棉大衣、戴着棉帽，行进在路上；烈日酷暑，他背着背包、提着水壶，挤进拥挤的公共汽车里，一路三倒车才到了北京动物园。

一来二去，田钟瑞成了北京动物园师傅们熟悉和信赖的朋友。师傅们想尽办法为他提供各种鸟类，还亲切地称他为“老田”。花费近一年的时间，田钟瑞取得了各种鸟类听骨的数据。

那段时间里，姜泗长、田钟瑞回家后就是两件事：吃饭、睡觉。其他时间都泡在实验室。

自从新中国有了可以影印国外文献的地方，田钟瑞就开始自费订阅国外的耳鼻咽喉科杂志，在众多的国外文献中收集每一个有用的信息。他硬是翻着字典看文献，竟把当时看来非常高深的电测听、声阻抗的原理搞清楚了。把电测听、声阻抗从国外引进来后，田钟瑞成了解放军总医院耳鼻咽喉科第一个会正确使用听力测试仪器的人。国内较早的关于电测听、声阻抗的论文，就出自田钟瑞之手。

在《姜泗长从医45周年论文集》中，有一张姜泗长和田钟瑞在一起商谈工作的照片。这不是为照相做出的架势，而是生活中常常有的情形。

数不清有多少个星期天，师生俩在一起研究下一步的工作，共同解决同一个难题。老师姜泗长的设想，就这样一一记在了田钟瑞的本子上，然后，田钟瑞又积极想办法一一落实。

田钟瑞对音乐的爱好，可以与他对医学的热情相较。田钟瑞的妻子至今仍保存着丈夫生前反复欣赏的一套套古今中外著名乐曲的唱片，摞起来足有两尺多高。可以想象，贝多芬的《命运交响曲》、施特劳斯的《蓝色多瑙河》是怎样赋予田钟瑞力量，给了他安详恬静的心情。要问田钟瑞的音乐造诣有多深？他的小提琴已达到可以登台演出的水平。

音乐和医学融合在一起，能创造什么样的奇迹？据说有人做过这样的实验：给正在接受手术的病人听音乐，术中出血明显减少，术后恢复明显加快。

音乐的力量真是神奇。田钟瑞将这神奇的力量投射到神奇的听小骨的世界里。300多块形态各异的听小骨在田钟瑞的手里变得玲珑剔透。

做好听小骨标本，这只是第一步。关键是要在这方寸大的空间里，从不同角度取得听小骨的数据。经过千辛万苦之后，姜泗长和田钟瑞取得了几十个数据，开了世界先河。从此，国内外学者都以他们的数据为依据。这项成果获得1978年的全国科学大会奖。

在姜泗长被关进“牛棚”的日子里，田钟瑞也因为是“反动学术权威的黑干将”被免职，只能做护士、卫生员，上午在门诊叫号、送病历，下午赶到病房上大、小夜班。造反派时不时来找田钟瑞问话，每一次得到的回答都是：

“我不相信姜泗长是坏人。”

风里、雨里，手术台上、手术台下，过度的劳累、压抑的心情，终于使不到60岁的田钟瑞因心肌梗塞躺在了病床上。他人躺在病床上，心还惦记着未完成的实验课题。今后的科学是大协作的科学，这是姜泗长早已看清的趋势；今后的科学是相互交叉的科学，田钟瑞也清醒地认识到这一点。

解放军耳鼻咽喉研究所李兴启教授回忆起田钟瑞来，更是感慨万分。李兴启永远不会忘记田钟瑞躺在病床上对他的叮嘱：“老李，你要准备各种各样的字典，机械的、电学的、物理的、生物的等等，这些知识以后都用得着。医学是综合化地齐头并进，也必将向综合性的大协作方向发展。”

田钟瑞的话意味深长。学医出身的田钟瑞还精通电学、机械学，这让学生物出身的李兴启十分敬佩。

姜泗长和田钟瑞在研制内耳手术器械的过程中，曾和天津医疗器械厂有过密切协作。当田钟瑞患病的消息传到天津医疗器械厂时，厂领导马不停蹄地赶到北京看望田钟瑞，因为田钟瑞的严谨、博学、谦逊给厂领导及工人师傅们留下的印象太深刻了。常常是图纸一张一张地送到工厂，制成成品后拿回去试用；再一张一张地修改后，又送回工厂。病变不同，使用的器械也就不同。一个钩、一个板，就是这样经过一次次的实践、一次次的修改诞生了，后来成批生产，造福于更多的病人。在如今不断革新的年代，当年姜泗长和田钟瑞创制的一些中、内耳手术器械还在使用。

年轻一代的医生站在手术台上很轻松地拿起一件器械，享受着前人创造的一切方便的时候，一定不要忘记老一辈人为此付出的汗水和心血。前脚断脚器、后脚断脚器等就是在那些自力更生的岁月里，由姜泗长、田钟瑞他们一点一点地摸索着制作出来的。

姜泗长主任严厉，这是每一位年轻医生的共同感受。他们无事不敢和姜泗长说话。在他们看来，田钟瑞容易接近。那情形犹如姜泗长"运筹帷幄，决胜于千里之外"，田钟瑞则将他的决策付诸实现。田钟瑞总能客观、及时、准确地向老师姜泗长汇报科室成员的业务和思想情况。在某种意义上讲，田钟瑞是姜泗长与科室其他成员互通信息的一座桥梁。

凡是和田钟瑞打过交道的人，无不为他为人谦和、彬彬有礼的作风所吸引。20世纪60年代初，修理室的刘师傅帮助实验室维修、制作物件。田钟瑞得知他家里人口多，粮食不够吃，就将自己节衣缩食省出的粮票、钱物塞在刘师傅的手里。后来，实验室的年轻人也学着田主任的做法，把省下来的粮票送给刘师傅。实验室至今，还有田钟瑞设计、刘师傅制作的一个虽然简陋但仍在使用的插销板。

当姜泗长荣幸地为毛主席做保健工作时，田钟瑞成了姜泗长看不见的助手。姜泗长碰到问题就和田钟瑞商量，一起想办法解决；一时解决不了，田钟瑞就去查资料，并把世界上最先进的耳鼻咽喉科技术、器械输送给姜泗长。

田钟瑞去世时，职称还是副教授，姜泗长为此自责。"他早已够了教授的水平，我没有抓紧办这件事，很对不起他。"多少年后，姜泗长还十分愧疚地说。

在抢救田钟瑞的日子里，姜泗长常常守候在学生的病床旁，心急如焚地目睹着抢救时的一分一秒。

田钟瑞这样一个好助手、好搭档，撒手离他而去后，姜泗长情不自禁地失声痛哭。他一生中失去了许多亲人，但这一次，他最痛心疾首，不能自已。

一沓厚厚的、来自全国各地的唁电足以说明，田钟瑞的为人、品性烙印在多少人心里。田钟瑞和哪个部门打交道，哪个部门的有关同志就和田钟瑞成了朋友。

田钟瑞的追悼大会在解放军总医院门诊楼一层的大厅里隆重举行，解放军总后勤部先后三任卫生部部长均参加了追悼大会。

催人肠断的哀乐声在大厅中低沉地回响。老师为学生主持追悼会，这是不多见的情景。

不妨把悼词抄录如下，以纪念田钟瑞这个为新中国耳鼻咽喉事业发展默默奉献了一生的人。

我们怀着极其沉痛的心情，悼念中共党员、解放军总医院耳鼻咽喉科副主任、副教授、《中华耳鼻咽喉科杂志》编审组组员田钟瑞同志。

田钟瑞同志因患心肌梗塞、胃癌，经医治无效，于1981年12月18日21时1分逝世，终年60岁。

田钟瑞同志是甘肃武威县人。1921年4月生，1949年4月参加革命工作，1979年3月光荣加入中国共产党。

田钟瑞同志于1948年9月毕业于南京中央大学医学院，历任南京中央大学医学院耳鼻咽喉科住院医生、讲师、主治医生，第四军医大学耳鼻咽喉科讲师、主治医生，解放军总医院耳鼻咽喉科主治军医、副主任等职。

田钟瑞同志从事耳鼻咽喉科教学、临床专业33年之久，工作一贯兢兢业业，刻苦钻研，成绩显著，曾多次立功受奖，1962年、1963年连续两年被评为先进工作者。他一心扑在专业上，重视手术技巧的提高，在国内首先开展治疗传导性耳聋等先进技术方面起了重要作用，并有其独特的创见。田钟瑞同志为提高医疗质量，开展了大量的科学实验研究，研制了各种类型的解剖标本，同时进行了听小骨测量，取得了可靠数据，开了世界先河；在国内，他首先开展了声阻抗测听，受到国内同道的较高评价，为填补我国耳科基础理论及临床技术等方面的空白作出了贡献。他坚持理论联系实际，善于总结经验，对技术精益求精，不断有创新设想，发表了多篇专科论文和专著，并在培养专科技术骨干中起了重要的作用，在国内有一定的学术地位和影响，曾多次荣获全军、全国科技大会奖。

他对工作极端负责，作风正派，平易近人，对同志、对病员满腔热忱，全心全意地为伤病员服务。

田钟瑞同志因积劳成疾，1978年两次心肌梗塞后，才勉强停止临床及实验室工作，后不幸又患胃癌。

在养病及住院治疗期间，他忍着病痛，仍念念不忘科室工作和实验室的建设，对自己的生死置之度外，查阅并翻译了大量资料和文章，直到生命最后一息，体现了一个共产党员鞠躬尽瘁、死而后已的高贵品德和坚强的革命意志……

田钟瑞同志永垂不朽！

田钟瑞永远活在姜泗长心中，也永远活在大家的心中。多少年过去了，碰到熟悉田钟瑞的老同志，姜泗长总是不由得热泪盈眶：

“田钟瑞走得太早了！”

姜泗长还有什么遗憾吗？如果田钟瑞在世，解放军耳鼻咽喉研究所的成立一定不是在1987年，而会比这更早，面积也一定会比现在更大。

一个人一生中，碰上一个好领导不易。单位领导能有配合默契的好助手、好搭档，更属不易。一个好领导，再加上好助手，这个单位一定是一个上下团结、齐心协力、蓬勃向上、前景灿烂的集体。

二、招兵买马，壮大队伍

已载入光辉史册的党的十一届三中全会，实现的重大战略转变如春风吹遍了中华大地的每一个角落。党制定的尊重知识、尊重人才的政策，使当时年近70岁的姜泗长再一次焕发了热情和干劲。

当时，姜泗长既做副院长又当科主任，忙得不亦乐乎。1979年，他被晋升为国家高教一级教授。

他决心大干一番事业。他的脚步变得轻捷，思维变得开阔。

总部首长带着党对知识分子的关怀来看望他："'文化大革命'期间，您老受罪了！"

"母亲也有打错自己孩子的时候。党只要给知识分子足够的信任，我们就能把全部精力投入到医疗、科研工作中，也就知足了。"

姜泗长平和的言语，宽容了从前的一切不公正的待遇。人们很少听到姜泗长对那段磨难有什么抱怨、对当事人有什么怨恨。

"不能怪他们，那些年轻人也是受害者。"姜泗长总是这样说。

一位领导同志曾说过："中国的知识分子是世界上最好的知识分子，他们埋头苦干，任劳任怨，不计报酬。有这样好的知识分子，我们的国家如果再不强盛，还能说得过去吗？”

还是原来的办公桌，桌上除了马列著作和毛泽东著作外，又多了新的内容。姜泗长是解放军军医进修学院学位委员会主任委员，有关学位评定的大量申请报告一瞬间在他的办公桌上摞起，一个个教学改革的方案也待他“画圈儿”后出台。

姜泗长的事业正在壮大和发展，不幸的是，田钟瑞病卧在床，不久病逝。少了田钟瑞这个助手，姜泗长如断了臂膀，他急于招兵买马。

1978年的一天，一位年轻人敲响了姜泗长办公室的门。此人头戴皮帽，脚穿大头鞋，活脱脱一个边防兵的形象。当年34岁的李兴启带着“初生牛犊不怕虎”的闯劲儿，径直撞进姜泗长的办公室。

姜泗长一口气看完李兴启带来的关于军事噪声对听器损伤标准的项目材料，非常兴奋地说：“你们的工作做得很好！”

“我们两家是否能够搞课题协作？”李兴启急切地问。

“目前解放军总医院的人力、物力还不够，但我会支持你们。”

李兴启说：“有这句话就够了。我们做的工作能得到姜泗长教授的热情肯定，这就给我们增添了继续做下去的信心。”

姜泗长的平易近人、博学敏思，给这位来自东北白城的年轻人留下很深的印象。那一刻，李兴启产生了到解放军总医院工作的想法。“尽管我是学生物的，但相信这里有我的用武之地。”李兴启对自己说。

又过了4年，带着军事噪声对听器损伤标准的科研成果，李兴启再一次找到姜泗长。

这一次，他向姜泗长提出想来解放军总医院工作的想法。姜泗长了解到，李兴启在1968年毕业于北京大学生物系。

不久，李兴启如愿来到姜泗长的手下，从事听生理的研究工作。他也由此成为“文化大革命”后，姜泗长调到解放军总医院耳鼻咽喉科的第一个非医学专业毕业的人。

李兴启说：“姜老很有远见，他早就看出，今后的科学是相关学科相互交叉、协作的科学。”调李兴启来京，就是最好的证明。

在姜泗长的支持下，李兴启于解放军总医院动物实验中心，建起了听觉生理实验室。

实验室初具实验条件，已到了20世纪80年代的第5个春天。那年，姜泗长招收了第一个博士研究生韩东一。就是在这间刚刚建起的听觉生理实验室里，韩东一完成了后来获得大奖的“AP调谐曲线在客观估价人和动物频率选择性的意义”的课题，这是他的成名作。这一研究成果为早期诊断听神经瘤提供了客观依据。

1987年10月27日，姜泗长（左二）陪同外宾参观解放军耳鼻咽喉研究所工地

时间进入20世纪80年代，原有的设备和人员越来越不能满足科研向深层次发展的需要。科研设计要系统起来，人员要专业化，还要建立相应的实验室。这时，姜泗长产生了新的想法：科研要由专门人来搞。不久，解放军军事医学科学院的孙建和被姜泗长调来专门从事耳病理学研究。

姜泗长曾多次去地处天津的军事医学科学院四所军事噪声研究组，为有关技术人员讲内耳病理、解剖知识，所以，他认识这个组的每一个成员。编写《耳蜗显微与超微结构图谱》一书时，孙建和做了大量工作，姜泗长对这个年轻人有印象。

这样，1982年的夏季，原先准备去总后勤部机关当助理员的孙建和来到了解放军总医院，来到了姜泗长主持下的耳鼻咽喉科。

20世纪80年代，对组织形态的研究和观察已经从光镜进入电镜水平。每个星期，姜泗长都要带着学生们步行来到解放军军事医学科学院看电镜。后来，在姜泗长的多方努力下，解放军总医院也购置了一套电镜设备。但它并不属于耳鼻咽喉科，而是全院共有之，每个星期有固定的时间归某个科室专用。这样，可以充分地发挥仪器的作用。许多年间已经形成了这样一个定式：每星期四，解放军总医院的电镜室里就会出现姜泗长、方耀云、孙建和的身影，这一天是耳鼻咽喉科看电镜的时间。光镜和电镜不同，从使用方法到镜下的结构都不同。这不同之处，就要重新学习。

那时，姜泗长已是70多岁的老人，但他不懂就问，不会就学，很快掌握了电镜这个全新的东西。

20世纪90年代初，研究生一批一批进入，科研课题一步一步深入，建起解放军耳鼻咽喉研究所自己的电镜室迫在眉睫。

想到的事就办，刻不容缓，就是到了耄耋之年，姜泗长这一脾性也未见减弱。

1985年，姜泗长陪同外宾到位于解放军总医院外科楼的耳鼻咽喉科35平方米的实验室参观

姜泗长一个电话打到了总后首长那里：

“我需要一笔经费，购买一套设备……”

“要多少？”电话那头，首长在问。

“100万元。”

“这可不是一个小数！”

“但确实需要这么多。”

……

不久，解放军总医院财务处的账本上就有了一笔为数可观的“姜泗长专款”。

价值10多万美元的仪器设备终于安置在解放军耳鼻咽喉研究所的小楼里，一个名叫电镜室的样品制备室，就此开张了。

后来的硕士、博士研究生的研究课题，一部分内容均在这里完成，从形态学上加强了作者的论点，成为论文中不可缺少的一部分。

随着科研课题的不断深入，孙建和成为不可缺少的技术骨干。

在耳形态学研究领域，从光镜到电镜水平、从细胞的形态观察到超微结构形态定量分析，解放军总医院始终处于国内领先地位。

生理、形态有了专门研究人员，但这对于姜泗长要发展的专科事业来说，还远远不够。计算机技术已广泛应用于医学，面对许多工程技术方面的问题，医生们却无力解决。

这时，解放军军事医学科学院的陈洪文工程师被推荐到姜泗长这里。这样，陈洪文就成为姜泗长调到解放军总医院耳鼻咽喉科的第二位非医学专业的研究人员。

人们会问，调来的这个工程研究人员究竟做了些什么事情呢?

1985年，国家颁布计量法。时任国务院副总理李鹏在有关会议上说：

“军队计量工作由军队来管。”

根据这一讲话精神，在总后勤部有关部门的组织下，总后系统先后建起9个不同专业的计量站。解放军总医院耳鼻咽喉科以自己的优势、实力及特有的敏锐，积极努力，争取到了军队声学计量站的工作。

几年过去后，该站已得到国家质量技术监督局和国防计量委员会的考核认可，成为唯一的军队二级声学计量鉴定部门。从此，解放军耳鼻咽喉研究所的大门口就多了一块“全军医用声学计量总站”的牌子。

另一项更艰巨的任务摆在这个医用声学计量总站的面前：为新型现代化武器检测生物性能。

战争自始至终地贯穿着人类的发展史，有战争就有战争引起的噪声性聋。噪声不仅可以使人的听力遭到损伤，还可以影响到人的中枢神经系统、心血管系统和消化系统。它对对环境的污染，仅次于大气和水源。

第一次世界大战期间，英、法、德、意等国军队有数十万爆震性耳聋者；第二次世界大战中，仅美军中的噪声性听力损失者就达25万人。而我们对部队听力损失的抽样调查资料显示：射击运动员的听力损失达75%，警卫战士的听力损失达43.4%，炮兵的听力损失达37.5%，装甲兵的听力损失达44%。这是一串惊人的数字，包含着一个又一个不那么幸运的故事。

陈洪文一行人出行的目的，是测试军事噪声对生物听力的影响。测试地点在大海边。海风徐徐，涛声阵阵。陈洪文他们要对某新型导弹发射车做生物学实验。

狗、豚鼠“坐”在了驾驶员的位置上。警觉的狗东闻西嗅，南望望、北瞧瞧；不安的豚鼠吱吱地叫个不停。如果实验结果理想，从动物身上得到的数据将决定该型导弹发射车的使用前景。

各就各位，所有人员都紧张地守在监视屏前，那情景犹如我们在电视上看到的火箭即将发射升空时一样扣人心弦。

指挥员紧张地喊着：“5、4、3、2、1——发射。”

转瞬间，导弹消失在视野外。

实验人员迅速将受了惊吓的动物从发射车内拿出来，测试动物的听觉系统，解剖动物的听觉器官。结果出来了：动物的听觉器官完好无损，一切正常。

可以假设，如果人坐在发射车里，完全可以不受影响。研究人员取得的实验数据证明，这套新型装备具备合格的生物学指标，它的使用前景很鼓舞人心。

荒郊野外。坦克上的“座上宾”仍是警觉的狗和吱吱叫个不停的小豚鼠。一发炮弹飞过来，打在坦克上，又一发炮弹飞过来，打在坦克上，几发炮弹在坦克的不同部位留下了痕迹。这次测试坦克性能的最重要的指标，不是坦克能够承受多大的外来打击，而是动物遭受炮弹爆炸冲击后的生物学变化，特别是听觉器官的变化。

另一个实验地点，景象更加壮观。陈洪文、郭维维和200多名全副武装的战士从北京出发，一同登上开往大兴安岭的专列。火车风驰电掣般地向目的地驶去，途经河北、辽宁、吉林、黑龙江，气温越来越低。火车上除了装着必要的实验用品外，还有每人一箱方便面。这将成为大部队此行的主要热量来源。

四天四夜，到达目的地后。人们发现冰雪覆盖在每一寸土地上。实验还没有开始，已经有人手脚冻伤。看看温度计，指针指在零下45摄氏度。

陈洪文、郭维维他们这次的任务是测试低温严寒条件下，坦克车内噪声和坦克炮射击时脉冲声对车内人员听力的影响。

测试开始，战士坐在坦克驾驶员的位置上，陈洪文和郭维维坐在后舱里。炮弹一发发地从坦克车里发射出去，他们和战士一同感受。一颗炮弹打出去，在坦克环境中会产生170分贝声级的噪声。

测试结束，一个个现实问题暴露出来，一个个亟待解决的难题也提了出来。一位坦克老驾驶员工作了近10年，听力损失程度已达到评残的标准，但他不愿意评残，因为这样复员回家后找不到工作。

解放军总医院耳鼻咽喉科老一辈的人，都听说过这样一个故事：20世纪50年代初期，一个身穿军服的人敲响了姜泗长的家门。一进门，这位军人就大声说："我耳朵聋了，是个病人。不过，不能把我当成一般的病人看，因为我还要上前线打仗的，耳朵就是半条生命。"

接着，这位军人给姜泗长讲了自己的一段历险经历：

一次战斗下来，他发现自己的耳朵听不见声音了。但为了不误时机、追歼残敌，他没有对任何人讲，只是凭着眼睛和感觉坚持在前线指挥部队。枪林弹雨中，他瞪大两眼，学着战友的样子奔跑、卧倒。一次，他随部队攻上一个小山坡，突然遇到隐蔽敌人的机枪从侧方猛扫过来，嗖嗖几个连发刚好打在他的脚跟后面。他瞬间发现身后掀起簇簇尘烟，可他什么也听不见。战士们迅速卧倒了，他独自暴露在敌人的火力下面。幸亏通信员跑过来，将他按倒，才使他免于牺牲。

后来，姜泗长给这位军人做了检查，并为他做了手术。这位军人，患有耳硬化症聋并伴有爆震性聋听力损伤。手术后，他的听力虽然提高了，但爆震性聋引起的听力损伤，并没有解决。

从历史上讲，我国几代耳鼻咽喉科工作者从没有放松对爆震性聋的研究工作。最早从20世纪40年代开始，老前辈胡懋廉教授就对解决这一问题有了想法；50年代，姜泗长将胡懋廉的这一想法付诸实际，从病理变化上对爆震性聋进行了研究；进80和90年代，陆续考入解放军总医院耳鼻咽喉科的硕士、博士研究生开始从生理、生化、微循环、基因等方面，对爆震性聋进行全面、系统的研究。

后来，爆震性聋的机制和防治研究、冲击波—脉冲噪声对人耳致伤的机理和防护标准的研究，分别获得国家科技进步二等奖及军队科技进步一等奖。

解放军总医院耳鼻咽喉科的整体水平在不断地提高，队伍也在不断地壮大。从建科初始，只能做鼻息肉摘除之类的小手术到如今的耳显微神经外科、头颈涉颅术等高难度手术、经过了几代人的不懈努力。

姜泗长在思考，虽然从理论上有了初步的结论，但要从根本上解决爆震性聋与冲击波对人耳的损伤问题，还需要继续努力，做大量深入细致的工作。

三、人才进出

事业能否顺利向前发展，关键在人才。有了人才，才有一切。人才从哪里来？参加学术会议是发现人才的最佳途径之一。每参加完一次学术报告会，姜泗长都要由衷地感叹一次：“医学真是发展得太快了！”

多年来，解放军总医院耳鼻咽喉科除了正常的院校毕业生分配和研究生留任，断断续续有不同专业的人调来。在姜泗长看来，不怕人多，就怕做不出成果。

召开全军专业会议、全国学术讨论会时，解放军总医院耳鼻咽喉科的年轻人投稿，命中率几乎是100%。一开会，他们呼呼啦啦、浩浩荡荡地能来十几个人。

有人说，解放军总医院耳鼻咽喉科的学子们宣读学术论文时透着一股气势，如果姜泗长坐在主席台上，这股气势就越发不可阻挡。

我们还需要人才——各种各样的人才。紧迫感、使命感，使已年迈的姜泗长越发感到人才的重要。他像猎鹰一样，在全国范围内“嗅捕”各种人才。只要发现有真才实学的人，他都会想方设法把对方的长处和优势吸收过来，为己所用。如果能调，他就想办法调来；如果条件不允许，他也总能找到用人之长的最佳途径。

中国科学院上海生理研究所的梁之安、邵殿华夫妇，曾是姜泗长长期聘用的听生理方面的专家。从他们身上，你可以看到老一辈科学家严谨的治学态度和忘我的敬业精神。他们深厚的理论

梁之安教授（左）与邵殿华教授

功底，在指导研究生选择课题、做实验和撰写论文等方面起到了关键性的作用。

姜泗长和梁之安是在上海召开的一次耳鼻咽喉科会议上相识的。梁之安在会议上的报告，引起了姜泗长的注意，10分钟的发言，已充分地展示了梁之安在听生理方面的深厚功力。

散会后，姜泗长走到梁教授旁边："有机会，欢迎到解放军总医院来，我们在听生理方面需要您的指导和帮助。"

"有机会，我一定去。"梁教授答应得很痛快。

这样，从1992年开始，梁之安、邵殿华夫妇在每年冬天如期来到北京，来到解放军总医院。姜泗长为他们营造了一个较好的住宿和工作环境。在医院6楼招待所放有一张床、一张桌子的房间里，这对70多岁高龄的夫妇开始为解放军总医院耳鼻咽喉科工作。

在老两口住的房间里，还有一台现在年轻人早已不用的"兄弟"牌机械打字机。就在这台打字机上，他们打出了国外前沿课题百余篇文章的摘要。两位老人的眼睛高度近视，但他们硬是坚持一个字母一个字母地打出几十万个英文单词，装订起来有厚厚一沓，又一页一页地复印成几套，然后，送到耳鼻咽喉科资料室，让更多的学生享用。

在几十页的文章索引中，你几乎找不出打错的字符和修改的痕迹。这虽不是做科研题目，但训练有素的科学家形象跃然纸上。

梁之安、邵殿华夫妇在上海生理研究所培养出一个个高水平的研究生，学生毕业后又一个个奔向大洋彼岸。美国人看到他们夫妇签名的推荐信后，就会毫不怀疑地接受他们的学生，因为他们的名字和高水平、训练有素联系在一起。他们所在的研究所，因经费问题，致使一些课题研究无法开展。无奈之下，他们培养的学生一个个飞向别国他乡。

梁之安、邵殿华毫无保留地把自己的余热，全部奉献给了姜泗长领导下的解放军总医院耳鼻咽喉科。

对姜泗长的学生们的问题，不管是理论学术问题，还是工作作风问题，两位老人真是看在眼里、急在心中。他们无形中把解放军总医院当作了自己的家，把姜泗长的学生当作了自己的学生。对实验过程中的每一个细枝末节乃至用过的一把螺丝刀、一把钳子的摆放位置不够规范，两位老人都不会轻易放过。

可以向任何一个学有专长的人请教问题，在任何时候，都不以权威自居，这是姜泗长对自己的要求。

中日友好医院的主任医师王忠植操着一口流利的英文，他成为解放军总医院在20世纪80年代中期以前，对外进行学术交流时的翻译，解放军总医院随请随到，不讲任何价钱。王忠植为此付出了辛苦，但他心存感激，感谢姜泗长对他的器重，能为解放军总医院做一些工作。

70年代末，山东医学院的樊忠，被姜泗长请来做听神经瘤手术。到80年代末，解放军总医院的听神经瘤手术已做了50余例，无一例并发症，成功率为100%。

80年代中期，中国医学科学院肿瘤医院的屠规益教授被姜泗长请来做头颈部手术。至90年代初期，解放军总医院头颈部手术的水平，已在国内数一数二。

90年代初期，中国医学科学院整形外科医院的陈宗基主任被姜泗长请来做小耳整形手术。现在，解放军总医院耳鼻咽喉科的整形手术，已全面展开。

就是曾在解放军总医院耳鼻咽喉科进修过的罗尚功，在80年代中期，也被他的老师姜泗长请回来，做他擅长的咽喉部手术。

还有法国著名耳鼻咽喉科专家波特曼教授，被姜泗长请来做鼓室成形手术；法国著名的听生理学家阿兰教授，也被姜泗长请来进行听生理的实验研究。

只要学有专长，能为我所用，不论是谁，姜泗长都会请他站在解放军总医院耳鼻咽喉科的手术台上、解放军耳鼻咽喉研究所的讲台上。他们当中有60来岁的学者，还有30岁出头的教授。手术时，你就会看到姜泗长神情专注地站在主刀者的旁边；听学术报告时，你还会看到姜泗长总是坐在第一排，听得那样专注。

姜泗长到处请人、到处调人，那么，他所在科室的人员个个都是精兵强将？如果不是，他又会怎样做？

请来一个人并不算太难，要请走一个人就不那么容易了。

“光学问好不行，还要德行好。”这也是由解放军总医院耳鼻咽喉科特有的氛围决定的。

曾有一届研究生之间常常发生不愉快的事情，各想各的，各干各的。如此这般，三个人就是有再大的本事，如果整天内耗，也将一事无成。

事情反映到导师姜泗长这里，全科大会召开了。几十双眼睛看到姜泗长的表情在不断地变化。大家听着听着，突然听到一句：

“三个人都不是好东西！”

姜泗长的声音落下，全体人员的耳朵都惊诧得竖起来了。

平日里说话很讲艺术的姜泗长，竟当众说出不加修饰的话。可以想象，老人对于不团结的现象，已不满到了极点。

三个研究生就坐在那里，不敢再抬头看导师生气的眼睛。

对发展不全面的研究生可以很顺理成章地分配出去，难度并不是太大。但随着整体水平的提高，对那些各方面素质跟不上的人处理起来就不是那么容易。

如果你不适宜在耳鼻咽喉科发展，就请你到适宜你发展的地方去。“请”人走，姜泗长有拍桌子的时候，也有巧妙应用策略的时候。

姜泗长说：“给他们一定程度的工作，如果不能胜任，自己就会找出路。”有时，姜泗长也会想出一些下策来。

“让他擦三个月的玻璃片，你不说让他走，他自己也会提出来的。”看得出来，姜泗长并不是一味拍桌子。

如果想让你走，姜泗长想尽办法，也要让你走。把该“请”走的人“请”走，让你在心服口服，或心服口不服，或口服心不服中到你应该去的地方。姜泗长为人处世的智慧以及领导艺术，可见一斑。

陈雷、武文明到基层锻炼，临行前，导师姜泗长对他们说：你们是解放军总医院的人，把总医院好作风、好思想带下去，这是锻炼你们独立工作的好机会。陈雷、武文明果然不辱使命，在解放军总医院如何工作，在下面也同样要求下级医生如何工作。基层医院的医生从陈雷、武文明他们身上，看到了姜泗长的风范。

当时已80多岁高龄的姜泗长对身边大大小小几十位学生在哪里，在做什么，总是记得清清楚楚。外出工作和学习的学生们，总是能收到导师的问候信。关心学生，归根结底是关心事业，事业是人做的，不关心做事业的人，你的事业如何壮大、发展？姜泗长十分清醒地认识到这一点。

四、来自异国的刺激

改革开放后，姜泗长得以到世界各地参观、访问。“走出去看看，我们确实落后了。”这是姜泗长出访回来后反反复复说的一句话。

1981年，应美国国防部的邀请，姜泗长等一行10人，作为新中国第一个军医代表团访问美国，历时15天。此时，中美刚刚建交不久。

代表团事实上肩负着学术考察和政治交往的双重任务。中央军委和总后首长对此次出访做出了指示：“客随主便，不卑不亢。”

1981年，解放军军医代表团访问美国。前排右五为姜泗长

飞机降落在美国首都华盛顿安德鲁斯空军基地，美国国防部助理贝利博士以及美军卫生工作最高负责人到机场迎接中国军医代表团。

一下飞机，代表团成员就看见身穿质地考究、做工精细军服的美国军人在向中国军人微笑。他们刚走下舷梯，美国军人就伸出热情的双手。中国代表团成员发现美军除了热情的微笑之外，还有一双警惕的眼睛始终盯着他们。

美国国防部组织了一个5人小组，自始至终陪同在中国军医参观的队伍里。代表团已发现，美军的5人陪同小组里掺杂着“特别任务工作者”。他们高度警惕的眼睛像一架摄像机，将中国军人的一举一动都记录下来。

美军方面对我军代表团成员多数能讲流利的英语，表示惊叹，深感事先估计不足。

美方为中国军医代表团提供了大量的资料和数据，但仔细看来都是单纯的医疗体系问题，而一旦涉及军事医学防护问题，他们就避而不谈。

“对原子武器、化学武器、激光武器的医学防护，一点儿也不让我方接触。”这是代表团回国后向中央军委、总后首长汇报的一个重要问题。美军的医学研究工作以解决部队实际问题为着眼点。在作战、训练中发现的实际问题，通过军方首脑提出来，由军医署布置给有关科研机构研究解决。例如，对士兵什么时候睡眠最有效，以及远距离调动时怎样克服时差等，他们都有比较深入的研究。

更让我军代表团成员颇感新奇的是：美军空降兵的医务人员都要经过跳伞训练，一般的航空医生要定期驾驶飞机体验生活。

美军灵活多样的科研方式，给姜泗长留下了深刻的印象：其一，军内专设研究机构承担主要研究任务（相当于中国军队的指令性课题）。其二，军队医院和学校根据上级下达的任务并结合自己的需要选择研究课题。其三，军队出钱，由地方大学或科研单位根据合同进行课题研究，成果归军方。对这第三点，姜泗长感触尤深。

就是美国这样军费充足、设备精良的国家，也要因地制宜地将一些特殊专业、特殊项目交给地方去承担，因为军中无论怎样努力，也难以将各种人才集中在军内，为军队服务。

1947年，姜泗长只是一个普通的中国医生，他来到美国学习他们先进的技术。30多年后，他作为中国人民解放军军医代表团副团长，再次来到这个国度。

几天后，在一个富丽堂皇的会议大厅里举行了中美两军座谈会。几个回合下来，美方没有发现中方有任何搜集美国军事情报的疑点；而且经过密切跟踪，证实中方队伍里都是货真价实的纯业务人员。美方紧张、警惕的眼睛才变得温和起来。

从美国回来不久，姜泗长又作为中华医学会代表团副团长对日本、法国进行了访问。从一个国家到另一个国家，从一所

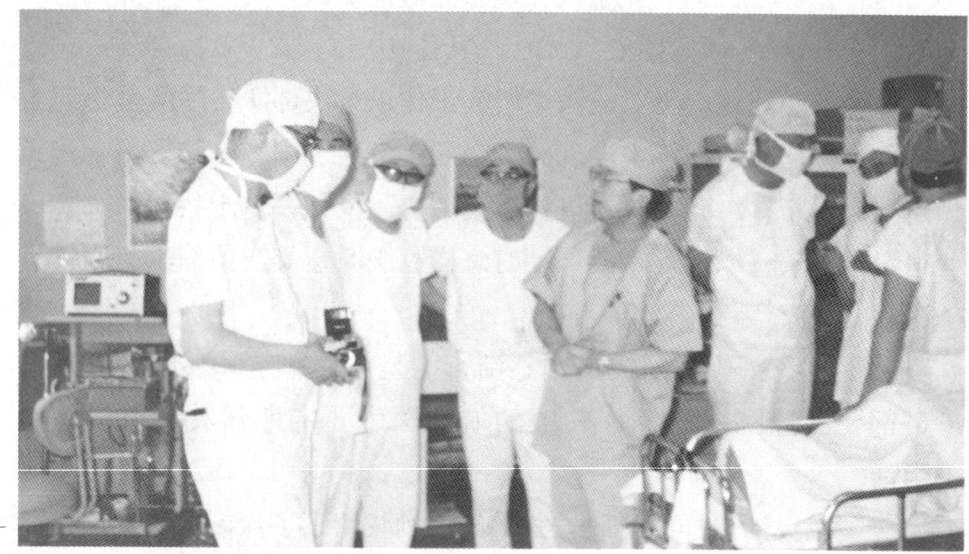

1982年，姜泗长（左一）在日本医院参观手术室

1986年，姜泗长（左三）在法国Bordeaux市市政厅与副市长及Porturam教授（右二）在一起

医院到一家研究所，看的东西越多，姜泗长的心里就越难受：知彼才能知己。真是不看不知道，一看吓一跳。我们确实落后了。

站在日本的土地上，姜泗长被眼前一片繁荣景象惊呆了。1948年，他回国时途经日本，那时的日本到处还是一片片废墟！

此时，姜泗长的感受已不仅仅是震惊，更多的则是痛心。我们耽误的时间太久太久了，作为炎黄子孙惭愧呀！“一万年太久，只争朝夕”，毛主席这句激情澎湃的词句，在姜泗长心中引起了共鸣。

美国、日本、法国之行，给姜泗长的刺激是强烈的。带着对西方文明深刻的思考，姜泗长开始设计他心中的蓝图。

五、建一座科学殿堂

姜泗长几次出访回来后，妻子吴幼霖突然发现丈夫的话变得多起来了。但谈论的内容不是某项手术，就是先进的诊疗仪器，再不就是某某学生。总之，三句话不离本行。

“到法国，去卢浮宫看了没有？”对艺术作品颇有鉴赏力的吴幼霖忍不住问道。

“正经要看的东西都看不完，谁还有心思去看什么卢浮宫！”

听到丈夫的回答，吴幼霖感到很遗憾。吴幼霖想，如果她有机会到法国，去的第一站就是卢浮宫。世界顶级大师的匠斧神工就陈列在那里。

姜泗长对专业的痴迷，在吴幼霖眼里，早已见怪不怪了。姜泗长出去开会，经常是到了吃饭时间，全家人还没有等到他的音讯。“就几分钟时间，总可以给家里打个电话吧。”吴幼霖忍不住常为此事唠叨几句。可姜泗长认为开会就是开会，哪怕是只占用几分钟的时间，也不能让无关的事分心。姜泗长对工作的认真和执着，没有人比吴幼霖感受更深了。

姜泗长是旧中国培养出来的知识分子，但新中国成立后，共产党对他的教育、给他的影响更大。姜泗长懂得，作为一名医务工作者，个人的事业和一切，都与国家的兴衰紧密相连；国家的重视、国家的稳定，才是个人潜心钻研业务的前提。

吴幼霖静静地听着丈夫对美好蓝图的描绘，时不时插上几句。从丈夫滔滔不绝的话语中，她仿佛看到一幅美丽的图画上，田钟瑞等一个个栩栩如生的人物和一张张熟悉的面孔。

对张素珍，吴幼霖可以说太熟悉了。张素珍的蜜月就是在她家里度过的。张素珍26岁结婚时没有房子，新婚的丈夫马上就要去苏联留学，一走就是两年。在新婚的喜日，解放军总医院一时无法给她解决住房。

让张素珍没有想到的是，在她眼里一向严厉的姜泗长，会把她的这个忧虑挂在心上。

"小张，新房就设在我家怎么样？"姜泗长问正在写病历的张素珍。

张素珍有些吃惊，也有点犹豫。

"我和老伴儿商量过了，把客厅布置一下，就权当你们的新房！"

真是喜从天降！张素珍惊异的眼睛都变得美丽起来。

新娘、新郎原想如果实在找不到房子，举行完简单的仪式后到外面吃一顿饭就算结婚了。没有想到，细心的姜老师把他们的忧虑记在了心里。

姜泗长家宽敞的客厅经过一番装饰，立刻充满喜庆的气氛。姜泗长和吴幼霖在20世纪50年代从南京旧货市场买来的折叠沙发成了这对新郎、新娘的婚床。两个大红喜字格外耀眼地贴在客厅最醒目的地方，五彩缤纷的花带纵横交错在天花板上。

新婚的日子、在老师家借宿的日子，在张素珍心底留下了一生中甜美的回忆，她把学生对老师的感激之情也留在了这间客厅里。

老师长者似的关怀、亲人似的体贴，犹如一粒种子播在了张素珍年轻的心里。

1998年，姜泗长要从住了近40年的老屋乔迁新居时，没有忘记对张素珍说："那个沙发，你可以留作纪念——新婚的纪念。"

张素珍笑了，老师也笑了。

你领导的队伍如何团结？你如何增强这支队伍凝聚力？这就是最好的答案。

夜幕沉沉，姜泗长辗转反侧，难以入眠。看看表，已经12点了。他爬起来吃了两片“安定”，才昏昏睡去。睡梦中，他又来到了美国，那个遥远的声音又响了起来：

“你们中国还有电灯？”落后就要挨打，一个穷国弱族，时时都有被列强吞噬的可能……

使命感、紧迫感，让这位70多岁高龄的老人夜不能寐。姜泗长没有想到，当他正以极大的热情投入事业的发展时，病魔悄悄地袭来。

病情的性质已确定，自己的生命到底还有多久？许多事想做还没来得及做，一种强烈的危机感、紧迫感拥压在他的心头。

40多年前，姜泗长患肺结核，虚弱得连翻身的力气都没有，他想自己的生命快要走到头了。那时，他倒觉得活着没奔头，死也不遗憾。今天已是古稀之年，他却有着强烈的求生愿望。

在法国全国耳鼻咽喉科会议上，世界著名耳鼻咽喉科专家波特曼教授，向与会的全体人员，这样介绍来自中国的姜泗长：“这是12亿人民的耳鼻咽喉科主席。”

这样的称谓不是说说而已，它在姜泗长看来，是一副沉甸甸的担子、一份不可推卸的责任。

数十年来，在精神世界里，姜泗长一直执着地营造着一座壮观绚丽的殿堂。他要让耳鼻咽喉科从单纯的临床治疗，变成一个医疗、教学、科研三位一体的综合性专科，这个夙愿的产生已有几十年。

那些天，躺在病床上的姜泗长翻来覆去地对周围的人、对他的学生们说着自己一生想做的三件事：一是治聋，已经做了一些工作；二是多培养一些人才；三就是成立耳鼻咽喉科研究所。姜泗长此时最强烈的愿望，就是成立全军的耳鼻咽喉科研究所。

几十年前，姜泗长在美国芝加哥大学医学院学习，看到每个专科都有不同类别的实验室、研究所时，被深深地触动了。那时，他就产生了中国要发展耳鼻咽喉科，就必须成立一个专门研究机构的想法。进行基础研究，是为临床应用提供理论基础。没有一定的基础研究，临床工作必定走进死胡同。

在8年抗战的岁月里，在那个简陋的实验室，在摇摇晃晃的桌子上制作标本、描画教学图谱，这一切艰苦求知的经历，都促使姜泗长决心建一个自己的研究所。

20世纪50年代，全国上下掀起建设新中国的热潮。在姜泗长心里孕育多年的想法，再一次强烈地从胸中涌出。

在一次全国耳鼻咽喉科会议上，姜泗长将成立一个耳鼻咽喉科研究所的想法，向上海第二军医大学的李宝实、钱士良两位教授和盘托出。三人很快取得共识，商议了成立研究所的具体细节，地址暂定在上海第二军医大学校内。

姜泗长将成立耳鼻咽喉科研究所的报告递到总后勤部卫生部，报告还没有批下来，反右运动就开始了。三人想成立研究所的意向，变成了鼓吹个人英雄主义、想成名成家的“罪行”。

姜泗长又一次陷入苦闷之中，灾难似乎又要降临。

一天，姜泗长收到钱士良的一封信。信中这样写道：“你什么也不要承认，所有的事情我一人承担。反正就这么一桩事，批你批我都一样。”

钱士良的举动让姜泗长感动万分：“真是够朋友啊！”

主意是姜泗长出的，报告也是他打的，但最后，钱士良一人承担了“个人英雄主义”的莫须有罪名。

当时，姜泗长已经有了和四医大校党委分庭抗礼、不一条心的“罪状”。除此，找不出他做了什么太出格的事情。最后给他下了个“中右”的结论，还够不上右派。如果有人揭发，或者他个人坦白了此事，再加上一条“鼓吹个人英雄主义、想成名成家”的“恶行”，绝不会批几天就没事了，给他定一个右派不是没有可能的事。想起来，姜泗长就后怕，如果真成了右派，他的历史就将改写。

如今，他躺在病床上，成立研究所的愿望更加强烈。每当有人来探望，姜泗长三句话不离自己的这个愿望。如果不把研究所成立起来，将是他一生的憾事。

解放军总医院的领导闻讯赶来：“姜老，您的想法很好，我们一定向总后党委汇报，力争早日解决。”

手术后不久，姜泗长硬是撑起虚弱的身体，亲自起草了关于成立全军耳鼻咽喉科研究所的报告。由于体力不支，他往日颇见功底的行书，这时显得涩滞呆板。学生们都守在床旁，听着老师的想法，听着耳鼻咽喉科的未来。

姜泗长并不是第一次接受手术。大大小小的手术，他已做过5次。1985年冬，姜泗长因病躺到手术台上。术后，伤口不幸感染，持续高烧几天不退。护士的交班报告上，已用红笔写下了“病危”两字。

姜泗长的病情惊动了解放军总医院领导，也惊动了医院的其他专家、教授。抢救治疗小组成立起来，著名内科专家牟善初担任组长。各种仪器摆满了床旁。床旁拥着姜泗长焦急的孩子、心情沉重的学生和同事们，还有夜不能寐、时时监测心电图变化的抢救治疗小组的医生和护士们。素有“大将风度，临危不乱”之称的牟善初教授，在姜泗长病危的那些日子里熬红了眼睛，三天三夜守在他的床旁观察病情。

一天半夜，著名泌尿外科专家吴阶平被紧急请到解放军总医院姜泗长的病榻旁会诊。吴阶平发现姜泗长已经到了弥留之际，神志不清。但吴阶平仍以老朋友的口吻安慰姜泗长：“没事，小意思，你放心吧。”

后来，姜泗长病愈，两位老朋友再次相见，姜泗长说："我感到自己不行了，你却轻松地说'没事，小意思'。你那几句话，对我是极大的鼓励。"

吴阶平非常惊讶，处在半昏迷状态之中的姜泗长竟然将他的话听得清清楚楚，病愈后依然记得这么牢。

后来，吴阶平在他自己的传记中还提到此事，说明医生鼓励病人增强信心和病魔作斗争是多么重要，强调了医生的服务艺术和语言艺术。

吴阶平会诊几天之后，躺在冰毯上的姜泗长，终于睁开了眼睛，死神再一次和他擦肩而过。

这次胃癌手术后，姜泗长恢复得很顺利。他出院的日子，也是总后勤部批复同意成立解放军耳鼻咽喉研究所的日子。大病初愈、古稀之年，他又登上人生更高的一个台阶。

解放军总医院耳鼻咽喉科一年一度的春节聚餐，在1987年，晚了近一个月。时间已到了3月中旬。

对耳鼻咽喉科人来说，这一天是数喜临门的日子。大家欢聚在医院的食堂里，理由有三：第一，姜泗长手术后康复；第二，总后勤部批复了关于成立解放军耳鼻咽喉研究所的报告；第三，科主任杨伟炎回国。

全科老老少少的目光聚焦在刚刚动完大手术、精神很好的姜泗长身上，大家都很激动。一种一家之主远行归来后家人有所依附的踏实感，萦绕在耳鼻咽喉科人的心中。胃已切除4／5的姜泗长几乎没有动几下筷子，他高兴地看着身边的年轻人，耳鼻咽喉科的事业要靠他们。他自己今后所能做的，就是为人才铺路搭桥。

老老少少端起酒杯，来到他们尊敬爱戴的带头人面前，送上一声声祝愿、一句句祝福。酒杯的碰撞声和欢快的笑声响成一片。

有动力，有凝聚力，有干劲，有目标。姜泗长相信，中国耳鼻咽喉科学的未来和奇迹不久将会在他们中间产生。

六、彼岸的回声

让学生都出去看看外面的世界，这是姜泗长出访之后最强烈的想法之一。

1987年，姜泗长的第一个硕士研究生苏振伦如愿考取了日本世川奖学金，来到日本关西医科大学。苏振伦缄默无语的性格，使他融入日本这个社会十分困难。

一个月后，姜泗长接到苏振伦的来信。他从信中看出，苏振伦在异国的学习和生活遇到了困难，字里行间流露出不愉快、不适应的情绪。

姜泗长很快给苏振伦回信："第一次远离故土，总有一段适应的过程，要坚持住……"

老师的鼓励，还有学习技术的强烈愿望，使倔强的苏振伦硬是坚持了下来。1年后，苏振伦如期完成了他的课题研究。学习结束后，日方发现有水平、能吃苦的中国学生是他们很好的廉价劳动力，希望中方继续派人。

为了学技术，对廉价与否不再计较。韩东一、陈雷、杨仕明、杨卫平……姜泗长将他的学生，一个个派往那里。

第五个留学日本的学生杨卫平的学习期限也到了。日方像以往那样，很自然地又提出延期或欢迎继续派人来的意向。

这次，姜泗长没有派出第六位赴日的学生。我们是否已经变得聪明起来？我们是否已经强大了？

杨卫平恐怕永远不会忘记，日本教授与她的三次道歉式的谈话。日本教授这样对她说：

“你做的这个课题是美国密歇根大学与日本关西医科大学联合搞的项目，你的任务是建立起整个实验的方法学基础。所以，只能工作，不能写文章。”

杨卫平发着39摄氏度的高烧，又是节假日，但实验室主任对已过不惑之年的杨卫平说：“你是单身，没有节假日。”

1年的艰苦实验结束了，杨卫平较好地完成了自己的任务，她没有给中国人丢脸。

“只干活，不能写文章。学习在外，没有文章，无法向院里、向科里以及向自己交代。”杨卫平决定按期回国，不多留一天。

杨仕明在刚到日本的那一天，就听到实验室主任和秘书的一段对话，这段对话深深地伤害了这个中国青年的民族自尊心。

主任说：“你去为中国杨买一点生活用品。”

秘书问：“买什么档次的？”

主任答道：“中国人嘛，买最便宜的。”

他们的日文说得很快，想让刚到日本的杨仕明听不明白。但他们没有想到，“中国杨”不仅听清楚了，而且听明白了！

祖国啊您还不够强大，您的儿女现在需要咬紧牙关。杨仕明想到身后的祖国和老师在看着自己，有屈辱、有泪水，也只能咽下去。他暗自下决心，要把该学的东西学会、该记的东西记住。

姜泗长鼓励学生走出国门，看看我们不曾了解的世界。

杨伟炎、张素珍、方耀云陆续到了美国。当时，他们已近50岁，或50岁有余。他们都是姜泗长在解放军总医院带出的第一代学生。

1978年，解放军总医院耳鼻咽喉科工作人员合影，前排左起依次为：陈贵芬、杨丽泰、张素珍、杨伟炎、姜泗长、田钟瑞、方耀云、王嘉陵、王沛英

姜泗长努力争取能让更多的学生有出去开眼界的机会。解放军总医院和意大利有关医院建立合作关系后，他积极为学生争取到一个名额。这样，黄德亮来到了意大利。

意大利教授问黄德亮："别人都去打工、挣钱，你为什么不去？"

"我来贵国的主要任务是学习，而不是挣钱。"

意大利教授很满意中国学生的回答，拍着黄德亮的肩膀说："好样的！"

从此，意大利教授开始注意这位有志气的中国留学生。不久，他发现黄德亮的手术做得很漂亮，一招一式都显示出受过很好的训练，有着深厚的基本功。

一天，黄德亮为意大利教授做助手。在手术过程中，黄德亮注意到病人有出血的倾向，他向教授提醒。

教授摇摇头："不可能。"

手术继续进行。就在教授还没来得及对自己的"作品"得意时，病人开始出血不止，血压急骤下降，教授有些慌乱。黄德亮果断、麻利地压住了病人的颈总动脉，血立刻被止住了。

从那以后，这位来自东方古国的年轻人得到了特殊的待遇，黄德亮成了意大利教授在手术台上的第一助手，以至意大利的住院医生都对黄德亮生出嫉妒和羡慕来：

"你多好，整天手术，而我们整天闲逛。"

"如果有机会，我能否到你们中国去学习？"一位意大利年轻医生很认真地问黄德亮。

学习结束后，黄德亮按期回到了祖国。他很快在头颈外科领域做出了成绩。杨伟炎夸赞："黄德亮是不可多得的外科大夫。"

王嘉陵来到了法国，来到了塞纳河畔。王嘉陵自小到大都生活在一个十分优越的环境里。到了法国，她才发现："人原来可以生活得更美好。"

巴黎，这座千姿百态、风情万种的大都市，无处没有美丽的身影。

上了法国的手术台，王嘉陵看到美是可以创造的，人可以将上帝无意之间留下的遗憾，通过手术加以弥补。在手术刀下，80岁的老太太转瞬之间就可以变成18岁的少女，神奇的美容术让王嘉陵惊喜。

美丽不再是外国人的特权，中国人一样有对美的需求。法国之行结束后，王嘉陵带回来一个"美丽的梦想"。

李兴启也来到了法国。电生理是中国刚起步的研究项目，他在法国最著名的生理学专家阿兰教授那里进行客座研究。

翟所强来到了芬兰，进行组织化学的研究。

再后来，李卫东、石勇兵、胡博华、郑杰夫、孙伟、黄德亮、袁慧君、戴朴、吴涛……博士、博士后一个个来到了美国。他们感受外面的世界，学习他们要学习的东西。

1998年，笔者也有幸来到美国。

站在美国的土地上，我没有新奇的感觉。美国的优越被我们夸大，而我们的真实面貌却难以让世界认识。

在密苏里哥伦比亚大学医学院耳鼻咽喉科，一位美国教授问我：

“你们能做什么手术？”

“耳鼻咽喉科范围内的手术，我们科都能做。”

“耳科手术做过多少例？”

“5000余耳次。”

1995年，姜泗长与本书作者张晶平在第31届国际军事医学大会上

教授的眼睛睁大了。他推开一个房间，指着一个炮弹样的东西对我说："这是高压氧舱，可以缩短伤口愈合的时间。"

"比正常状况下，缩短多少时间？"我问。

"三分之二。"教授答。

这是一个让我感兴趣的话题。果真如此，就可以大大缩短病人住院的时间，加快床位周转率。不一会儿，教授抱来一本他自己撰写的、价格近200美元、像砖头一样厚的书，签上名字后，郑重地送给我。

一个年轻的美国医生忙活了半天，把鼻内窥镜的电插头插好，调好光源后让我看。

"这玩意儿，我们在临床上已经使用过多年了。"

年轻医生耸耸肩，显出一副很遗憾的样子，因为他为了给我展示他认为我们没有的东西，颇费了一番功夫。我还注意到，他们4个不大的房间里，摆着和我们一模一样的电测听仪器，却不见一位病人。

我们与发达国家的差距在逐渐缩短。我们踏上异国的土地后，不再是惊喜万分。

能"走出去"，就是一种提高，但并非每个人都能学到什么了不起的尖端技术、什么高难度的手术技巧。我想，莘莘学子学到的最有用的东西，一定不只是在实验室里、手术台上。

七、创办一流专科杂志

作为中华耳鼻咽喉科学会的主任委员，姜泗长的目光不仅盯着解放军总医院耳鼻咽喉科的发展，他还要带动全国耳鼻咽喉科的发展。

要使一个科室有凝聚力并不是一件容易的事，而要组织好一个成员来自四面八方的学会，难度就更大。

1986年，73岁的姜泗长出任《中华耳鼻咽喉科杂志》总编辑。中华耳鼻咽喉科学会在姜泗长的领导下呈现出一片可喜的景象。

1990年，第一届全国耳鼻咽喉科基础会议于北戴河召开。在姜泗长的倡议下，大会开幕式于饭厅前的空地上举行。主任委员姜泗长站着，全体到会人员也站着，前后不到10分钟。以往每一次开会，都要请一些领导坐在主席台上。这次，姜泗长想改一改。

在“我们不要烦琐哲学”的指导思想下，首届北戴河基础会议开出了特色，开出了水平。

1993年，《中华耳鼻咽喉科杂志》被中华医学会评为优秀期刊。在一片赞扬声中，编辑部接到一封来自基层医生的意见书：

“杂志每期发表的基础研究论文，解放军总医院就占去了1/3，《中华耳鼻咽喉科杂志》就像是为解放军总医院开办的。我们在基层，没有条件从事科研工作。希望从杂志上看到更多的解决临床问题的文章。”

编辑部的同志拿着这封言辞激烈的信来征求姜泗长的意见，姜泗长说：“这个问题，开编委会时，大家讨论一下。”

意见看起来很尖锐，但也说明一个问题，解放军总医院的耳鼻咽喉科基础研究硕果累累。

基层医生要学习解决临床实际问题的方法，这个意见很正确。但作为“中华”牌的国家专科杂志，没有一定的基础研究文章是不行的，它是代表我们国家专科水平的一面镜子。当然，不能忽略广大基层临床工作者的需要，他们更希望在杂志上看到解决实际问题的新方法、新技术。

编委会上，大家各抒己见。最后，制定了以下规定：每期杂志上发表的基础研究论文不得超过15%，侧重点放在临床。

大家发现并不只是专科医生关心每期杂志的内容，有些病人竟聪明地从杂志上搜索有关信息，更有病人自费订了杂志。

一位患神经性耳聋的病人，在杂志上看到某篇文章后，来到作者的单位——解放军总医院耳鼻咽喉科门诊，指着论文对接诊医生说：

"我要找这位医生。他正在研究神经性耳聋的问题，这本杂志上说这一研究结果对神经性耳聋具有较大的临床意义。"

"有临床意义，并非就能够彻底解决临床问题。这只是一条深入研究的线索，还不是最终结果。"医生解释说。

"是不是快研究出来了？"病人着急地问。

病人真是很聪明，找到了在杂志上寻觅最新医疗学术动态的最佳捷径。这也说明，《中华耳鼻咽喉科杂志》不仅面向专业人员，读者中还有广大的患者。

要把杂志办出水平，成为专科发展的龙头，只有让真正有能力、有水平的人来担任编委。这不仅关系到杂志质量，也是让人才发挥聪明才智的一种方式。姜泗长的眼睛开始在全国范围内搜索。

只要你是人才，就很容易得到姜泗长的支持。中华耳鼻咽喉科学会的许多委员，都在不同程度上得到过姜泗长的举荐。

对人、对事，姜泗长有自己的一套理论：有资本的人才骄傲，有学问的人才自信。这并不是在赞美，只是说明一种现象。金无足赤，人无完人。正是基于这一点，姜泗长麾下集聚了一群人才。

每一届学会选举，就是一个选拔人才的过程。曾有一位同志主动提出要在学会担任一定职务，姜泗长认为主动要求做事情这种精神可嘉。但从整体上看，他的水平还比较有限，要主持好全国的专科学会，工作能力和水平还有待提高。

“大家投票吧，还是要尊重大家的意见。”姜泗长说。

投票结果出来了，该同志连当选学会常委的票数都不够。最后，决定聘任他担任杂志编委。杂志编辑部把聘书寄给了这位同仁。没几天，此人又将聘书寄回姜泗长，还写了一封信，信中充满十足的火药味，言辞很不客气。看到这封信后，姜泗长写了一封长信，连同聘书又寄回给这位同志。故事好像并没有完，但是，聘书没有再被寄回来。

有发现的人才，有举荐的人才，也有自荐的人才，一个学会的学术力量就这样产生了。

联合国教科文组织提出科学研究的三分法，即：基础研究，应用研究，发展研究。基础研究的任务是认识自然。应用研究的任务是把基础研究的成果付之于实际应用。发展研究的任务是解决技术市场的适用性问题，使技术更好地转化为生产力。学会、杂志就是利用学术阵地，联系各界，将基础研究、应用研究、发展研究协同起来共同攻关。

1996年，姜泗长任中华耳鼻咽喉科学会主任委员已经整整10年。83岁的姜老准备要将这副担子卸下来，交给年轻人。谁来接替他的位置？谁能担起这份责任？经反复权衡，姜泗长认为北京协和医院耳鼻咽喉科主任王直中教授是最佳人选。投票选举结果显示，当选学会新一届主任委员的，正是姜泗长极力举荐的王直中。

初上任的那段日子里，王直中心里没底，他多次找到姜泗长倾吐心声。

“你大胆干，我支持你。”老主任委员对新主任委员说。

几年过去了，王直中成为出色的杂志总编辑。有人说，王直中把姜泗长那种团结、务实的作风进一步发扬光大了。中华医学会有关负责人评价道，中华耳鼻咽喉科学会，是中华医学会里最

1998年，中华耳鼻咽喉科学会三任主任委员合影，左起依次为：杨伟炎、姜泗长、王直中

团结的单位之一；《中华耳鼻咽喉科杂志》，也是办得最好的专科杂志之一。

团结的集体不是与生俱来的，它是其领衔人及全体成员努力维护的结果。50多年前，姜泗长深受不团结之苦，他的遭遇让他深知一个集体不团结的危害。

1981年，第三届中华耳鼻咽喉科学会在哈尔滨召开。这次会议选举了第三届学会委员会委员。按有关规定，谁的票数最多，谁当选学会主任委员。姜泗长近乎满票，按常理，这个主任委员的职位应该是他的。能得到这个职务，是一个专业人员最高的荣誉，也代表着这个学科当代最高的学术水平。

得到大家一致拥戴，姜泗长既欣慰又忧虑。按理说，他当选主任委员是顺理成章的，但这个主任委员不能当。如果他接受这个职务，势必影响两位老主任的工作热情。

姜泗长对主管学会工作的负责人说："还是由张庆松主任做主任委员，徐荫祥主任做第一副主任委员。"

"为什么？"负责人不解。

"如果我当了主任委员，那么，已当了几届主任委员的张庆松就成了副主任委员，徐荫祥排名第一的副主任委员也将错后一位，这会使学会本来就存在的矛盾更加突出和尖锐。我不当主任委员，有利于学会的团结，但工作我可以多做一些。”

“我怎么向大家解释？”学会负责人有些为难。

“你可以这样说”，姜泗长说，“张庆松是北京协和医院有史以来第一任中国籍耳鼻咽喉科主任。因为特殊的历史原因，协和医院始终和国外保持着密切联系，这对提高我国医学的专业技术水平、扩大对外交流是极其重要的。徐荫祥是北京同仁医院耳鼻咽喉科的创始人。同仁医院的耳鼻咽喉科一直是国内专科龙头。学会始建时，徐荫祥就负责学会的事情，为学会做了许多的工作……”

学会负责人照着姜泗长的意思向大家作了说明。过后，他感叹：“姜教授处理问题的水平真高！”

后来，姜泗长担任了学会的副主任委员，但工作量并不比主任委员少。他早已有言在先：不当正职，但工作可以多做点儿。

在一本《中国耳鼻咽喉科学史》上有这样的描述：“杂志（指《中华耳鼻咽喉科杂志》——作者注）的第一阶段以个案报道及常见病诊治为主，耳科文章偏少。”

1949年以前，我国医学专科杂志及临床基础研究还是一片空白，有限的耳鼻咽喉科论文皆在《中华医学杂志》上发表。20世纪50年代中期，《中华耳鼻咽喉科杂志》创刊号出版，刊名由当时任中华医学会会长的傅连暲题签。

50年代初期，能够进行耳科手术的人在中国医学界屈指可数。在一般的专科医生看来，耳、鼻、咽、喉中耳科的难度最大，因为对听力机制尚不清楚，周围的解剖结构也不十分明确，手术视野的可见度又小。在那时，显微镜也是稀罕的东西，国内仅有一两台简单的测听仪。

1964年，姜泗长被选为中华耳鼻咽喉科学会的副主任委员。

在《中国耳鼻咽喉科学史》上，你又能看到这样的描述："第二阶段耳科文稿明显增加，基础与临床研究不仅有了，而且颇有质量。"这些有数量、有质量的论文，大都出自姜泗长和他的弟子田钟瑞之手。从此，中国的耳科学开始跨进飞跃阶段。

1978年，停刊12年之久的《中华耳鼻咽喉科杂志》复刊了。如今，这份杂志办出了特色，办出了水平。

杂志编辑部同志们的感悟是：每届学会主任委员都各有特点。姜泗长的特点是雷厉风行，喜欢新生事物。遇到难题时，杂志编辑部的同志就会想到：听听姜老的意见。有了姜泗长的意见，他们感到问题处理起来就有把握了。

第七章

人才大厦

一、人才是根本

许多著名的科学家都多少有一种与世隔绝的孤寂感，这是因为他们都埋头于自己的事业中，无暇顾及外面的世界。当他们将科研工作进行到一定阶段的时候，生命的航船也快到了对岸。这时，会有一些科学家发现他们的事业无人继续，无形中就有了失落和无奈等遗憾。姜泗长没有这种失落和无奈，他的事业有一批又一批的后来者继承。

1992年，姜泗长在回忆他遍布国外各地的学生

姜泗长自打从医之初，就一直在教学医院工作，“教书育人”的思想也一直很牢固地贯穿在他的行医、做学问过程中。

早在20世纪50年代初，姜泗长在南京第五军医大学就举办了三届耳鼻咽喉科重点班，培养专科人才；到60、70、80年代，他又先后培养了讲师、主治医师以上的进修生百余人。他的这些学生分布在军内外，多数已是主任、教授，或已成为研究生导师，并开始培养自己的学生。

1953年，姜泗长（前排右三）与南京第五军医大学最后一届耳鼻咽喉科重点班学员合影，第二排左三为方耀云

这样说是不过分的：截止到1993年，全国各大医院70岁以下的耳鼻咽喉科主任，大都多多少少得到过姜泗长的教诲和支持。对于这一点，你可以从翻阅解放军总医院耳鼻咽喉科进修人员登记表及聆听老一代耳鼻咽喉科人的回忆中得到证实。

在偌大的中国，耳鼻咽喉科专家姜泗长影响力的覆盖面竟如此之大，应当探究何处是其源头。

基础理论、临床、实验、经验总结及理论修正完善与创新提高，可以说，这几大循环是贯穿在姜泗长传道、授业工作中的一条主线。

要在小小的听骨上做文章，不仅需要细心，更需要技巧。

“象牙厂的掌握绝技的师傅们，可以在一粒米上刻满一篇文章。他们的技法，我们何不借鉴一下？”在田钟瑞的提议下，姜泗长带队，一次、两次……这样一支“门不当、户不对”的特殊队伍，来到了北京象牙雕刻厂取经学习。一件件精巧绝伦的艺术品就摆在他们面前，他们将从这里获得灵感、获得启示。

面对展现在眼前的一个个玲珑剔透的听小骨标本，完全可以想象得出制作者为此倾注的智慧、心血以及时间。这是医生的精细和雕刻师的稳健融合在一起的艺术品。

1978年，姜泗长和解放军总医院耳鼻咽喉科同事在研究听小骨标本

今天，解放军总医院的耳鼻咽喉头颈外科是硕士、博士成堆的地方。这样，周其友、王嘉陵反倒显出几分特殊来，历史造成他们的短学制。短学制能说明一些问题，但绝不是全部。在临床上、在手术台上，“真刀真枪”地干，对他们的技术水平，你不得不佩服，硕士、博士也会经常请教他们。

周其友设计的气管套管获得了解放军总医院医疗成果三等奖，虽说只是三等奖，却解决了临床上的难题。周其友长期负责保健工作，做出了突出成绩，得到了各级领导的赞赏。外科大夫多为男性，而王嘉陵以女性的身姿多次荣膺解放军总医院主刀数最高的医生，近60岁时，仍战斗在临床第一线。在国内，她率先开展了一系列的外科治疗方法，如晚期头颈肿瘤切除后的修复手术、低温等离子射频冷切刀在早期喉癌中的微创治疗，以及用NBCA胶注射栓塞法治疗咽部海绵状血管瘤等，大大减轻了病人的痛苦，也减少了治疗费用及住院时间。王嘉陵的外科手术技巧得到同行的广泛赞誉，她被众多内行人称为难得的、优秀的外科大夫。2006年，由她主持完成的“自体游离空肠移植重建下咽食管的临床应用”，获得解放军总医院医疗成果一等奖。周其友、王嘉陵扎实的基本功，就是在实验室的尸头上训练出来的。那时，人们常常会看见姜泗长、田钟瑞就站在他们身边指导。

解放军总医院耳鼻咽喉科实验室不仅培养着自己的人才，还更多地为国家培养了人才。“国家”这个词用在这里，乍一看很大，事实却的确如此。

20世纪50年代，对如何治疗空勤人员的耳鼻咽喉科疾病，长春空军医院的罗尚功一筹莫展。后来，他听了姜泗长讲的课，学到了书本上学不到的知识，解决了许多实际问题。那时，他就被姜泗长的学识深深地吸引。60年代初，罗尚功打起背包从长春来到姜泗长门下。他决心攻克使众多飞行员停飞、使国家财产受到重大损失的航空性中耳炎。

这一课题对资历不深、没有科研经验的罗尚功来说，有相当的难度。姜泗长为此投入了大量的心血，从选择分题、科研设计、具体操作、联系协作、审改总结，他无不躬身亲问……后来，这个课题获得国家发明二等奖，使许多患有航空性中耳炎的飞行员重上蓝天。

在研究过程中，罗尚功发现，美国人对航空性中耳炎病因的论述解释不了临床表现。为此，他做了大量的病理切片进行观察并发现了问题。他把这些片子拿给姜泗长看，姜泗长反复看后对罗尚功说：

“看来外国人错了，我们学的外国人的观点也错了。你对了。”姜泗长对罗尚功潜心钻研不盲从的精神很是赞赏。

做学问不生疑，哪有创新和发现？我们若不疑，这世界还只能停留在“牛顿三定律”的时代。

20世纪60年代初，兰州军区总医院耳鼻咽喉科主任王保华派学生李智到北京姜泗长处学习。这是一件好事，但李智的顾虑不少。那时，姜泗长已是全国有名望的耳鼻咽喉科教授，李智担心被冷落。

李智的担心是多余的，他不仅跟着姜泗长走上解放军总医院的手术台，而且跟着姜泗长走遍了北京所有的大医院，站在不同的手术台上学习做内耳手术。李智目不转睛地盯着姜泗长在手术台上的一招一式，他明白这不是一朝一夕的功夫，而是无数次在尸头上练习的结果。

无影灯投下炽亮而顽强的光芒，常常被人们作为医学战胜死亡的象征加以颂扬。那种让人看不见身影的感觉，正是手术外科的理想环境——找不到自我，只有病人。

李智不仅学到了技术，还学到了失败的教训。他听到姜泗长不止一次地讲过这样一个教训：

一次，姜泗长给一位患耳硬化症聋的病人做镫骨底板切除术。手术即将结束，在向耳道填纱条时，突然，病人一声猝不及防的咳嗽牵扯头部轻微地一晃动，特有的惯性将镊子上的纱条推向中耳腔，人工镫骨进入内耳……手术前功尽弃。

从此以后，医生们常常可以看到这样的情形：每当手术进行到关键步骤，姜泗长都会停下来仔细观察病人，然后，再一次嘱咐病人安静不动。进行完这一切，他就会静一下神，再深吸一口气，进行手术最关键的一步。

病人的一声咳嗽，导致手术失败。这种事件的发生概率很小，这也是姜泗长成千例镫骨底板摘除手术中唯一的一次失败。失败的原因是难以预料的一声咳嗽，但他不能原谅自己，常常讲给学生们听，让后来人引以为戒，尽量减少失误。

跟随姜泗长到外院参加会诊、手术时，细心的李智发现姜泗长在指导别人做手术的同时，还善于发现别人操作中的技巧和优点，加以总结后为己所用。这样，李智学到了课本之外的知识。

还有沈阳空军医院的郭志祥、北京同仁医院的冷同嘉、福建医科大学附属医院的易自翔、重庆第三军医大学的何凌汉等人，都曾在解放军总医院的耳鼻咽喉科进修过，也都曾在姜泗长麾下学习过。他们同样受益良多。

在北京白堆子，海军总医院大门口两边，挂着两块同样大小的、白底黑字的牌子。一块上面写着：中国人民解放军海军总医院；另一块上面写着：中国人民解放军耳鼻咽喉科中心。

姜泗长的上百位学生，都到解放军总医院学习过一段时间。唯有来自海军总医院的汪磊这个学生没有专门到解放军总医院学习过，而是姜泗长登门向她传授技术。

一次，姜泗长到空军总医院做手术，汪磊正好在一旁观看。汪磊那时30岁出头，她被姜泗长的技术所折服，当即提出能否请他到海军总医院做手术示教。姜泗长爽快地答应了。从此之后，汪磊遇到问题就会打电话向姜泗长求教；如果通过电话解决不了问题，姜泗长会很快来到海军总医院。

一年国庆节的夜晚，一个患气管癌的患者突然呼吸困难，必须马上施行气管切开术。这一手术对于耳鼻咽喉科医生来说并不复杂，此时却变得异常困难：原来，那气管由空心变成了实心，像一块土豆似的，怎么也找不到下刀的地方。病人处在危急之中，汪磊首先想到姜泗长。这时，已是晚上10点多钟，人们正欢度国庆之夜。接到汪磊的电话，姜泗长很快来到了海军总医院手术室。不一会儿，姜泗长就在那个实心的气管中找到了一个空当，将气管套管插了进去，病人得救了。

常常是说不准什么时候，汪磊就会带着患者的片子来请姜泗长给予指导。姜泗长总会提出诊断和治疗意见，或者是请汪磊去查阅某一本参考书。

这么说是准确的：姜泗长在解放军总医院开展了什么新手术、有什么新技术、取得了什么新成果，汪磊那里马上就会学到手。海军总医院耳鼻咽喉科简直成了解放军总医院耳鼻咽喉科的一个分科。

凡是姜泗长认为汪磊能够做的手术，都让汪磊做，他在一旁指导。

一次，汪磊手下的年轻医生给一位农村老太太做耳科手术，刚打开手术切口，就发现切口处出血不止。年轻医生很紧张，随即请来主任汪磊。她看到，这种情况分明不是初诊的慢性乳突炎，可能是中耳颈静脉球体瘤。可是要确诊和施行手术，她感到经验不够。此项手术的并发症一是出血，二是面瘫。又一次遇到难题，汪磊第一个想到的还是姜泗长。姜泗长急忙赶到海军总医院手术室，肯定了汪磊的诊断。但姜泗长说，手术现在不能做，最好先进行一个月的放射治疗后再进行手术。

一个月后，姜泗长带着两位助手再次来到海军总医院。但这次手术不是由姜泗长做，也不是他的学生做，他要汪磊做这个手术。在手术台上，姜泗长详细地为汪磊比画着从哪儿切口等操作步骤，以及术中出血时应采取的处理办法。汪磊站在手术台上，按着姜泗长的指导一步步做着，姜泗长则站在旁边一直目不转睛地盯着。虽是汪磊第一次做这种大手术，但因为有姜泗长在一旁"督战"，她一点儿都不紧张，手术获得了成功。

姜泗长不仅在临床上帮助汪磊提高外科手术技术，在科研上，他也经常会提一些建议。

"文化大革命"前，汪磊发现海军官兵的晕船问题非常严

1990年，汪磊（左三）接受姜泗长（右一）指导

重，她就对姜泗长提出自己想调查这个问题。姜泗长听后很高兴，说这个问题很重要，表示支持，并和汪磊就调查中的一些细节问题一一交换了意见。于是，汪磊在姜泗长的指导下，在一艘舰艇上开始进行一项实验：给每位经过检查、耳膜正常的舰员耳朵里灌水，然后，从眼球震颤幅度和时间上，测量前庭功能，进而研究晕船与前庭功能的关系。

从这项实验中，他们发现：凡前庭功能过敏者，晕船的发病率就高。根据这项实验结果，海军的一个研究所研制出防止晕船的药品。当时，每位参加实验人员的耳膜并没有受到损害，但在“文化大革命”中，却有人提出这是十恶不赦的“拿活人做实验”的行为。于是，有人来找姜泗长调查。

“这个主意是我出的。”姜泗长说。这样，汪磊就免去了麻烦。

今已退休的汪磊回想起自己成长的经历，对老师姜泗长的感激之情，不是一两句话就能够表达完全的。从20世纪60年代第一次见到姜泗长，已经过去了几十年。这几十年间，究竟得到过姜泗长多少帮助，她已无法计算。汪磊后来成为海军总医院的副院长，耳鼻咽喉科主任、教授，成为一位事业成功的女性，这一切和姜泗长所付出的心血是分不开的。

二、打造“立体交叉桥”

一个新的目标被列入姜泗长的计划中。

1962年，当记者采访姜泗长时，他说过这样的话：“学生们做出的成绩也就是我的计划。”他不断地将这个计划付诸实践。

那是1978年全国科学大会后的国庆节，解放军总医院耳鼻咽喉科实验室内，只听见磨刀机均匀有节奏的声音。这声音预示着在不久的将来，一个个因耳疾而痛苦的面孔，将变成一张张灿烂的笑脸。

窗明几净的实验室内，杨伟炎、张素珍、方耀云各自正抱着一个尸头进行解剖训练。这是姜泗长实施人才培训计划的第一步。

打好基本功，成功从这里萌芽。

实验室的物件还是10年前的，只有设想和干劲儿是新的。由乒乓球台改造的实验台仍安放在那里，电钻的长臂从角落里伸出来，到处可以看出修整、拼凑的痕迹。

按说，杨伟炎他们都已经是高年资的主治医生了，天天都在

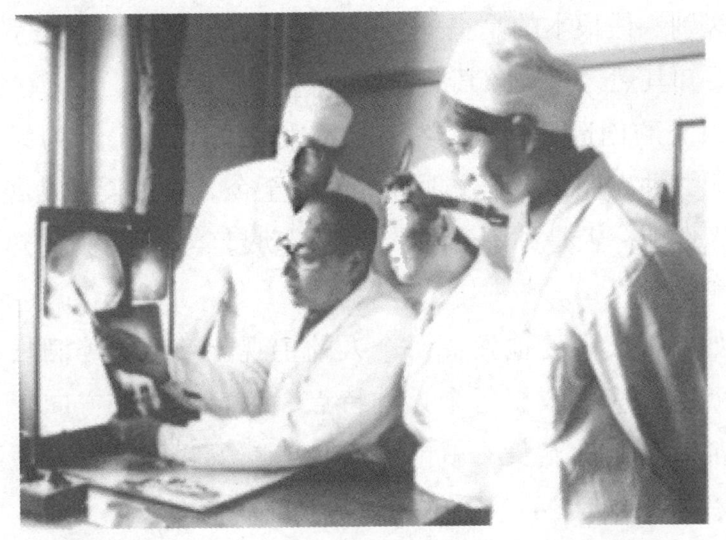

1978年，姜泗长与杨伟炎（左一）、方耀云（右二）、王嘉陵（右一）一起阅片

做手术，对血管、神经、组织早已烂熟于心。但姜泗长认为单纯学习手术技术不行，不会有大的长进。扎实的基本功和深厚的基础理论知识，才是进步与跨越的前提。

做手术和复习整个头部解剖并不完全一样。

当年，姜泗长还是实习医生时，沈克非就是用这样的话来教育他们。姜泗长记得查房时，沈克非曾问学生："你们如果患了阑尾炎，是希望'大'大夫做手术呢，还是'小'大夫做手术？'大'大夫手快，一刀直达腹膜，不到10分钟就可以结束手术；而'小'大夫做手术是一层层地切开，解剖清楚。"回答者都说愿意找"小"大夫做手术。

现在早已是主任、教授的他们，对当年沈克非的苦口婆心心领神会。就是刚迈进耳鼻咽喉科的青年医生们，对沈克非关于"做解剖式外科医生，不要做外科式手术医生"的名言，也都烂熟于心。

解剖式的外科医生和外科式的手术医生，这两者之间到底有什么区别？最根本的是：外科医生是一位医学家，不是手术匠；不仅要知其然，还要知其所以然。

人类的创造不断地延续，这才称之为事业。因为无数的人从事无数种事业，人类文明才能发展至今。姜泗长要发展他的事业，光凭他一人是办不到的，他要调动起全科所有人的热情和聪明才智。

如何最大限度地发挥每个人的主观能动性？姜泗长在思考这个问题：应该根据每个人的特点，确定其主攻方向。如果每个人都有自己的专长，就能够避免或减少互相拆台、互不服气的现象。

当时，解放军总医院耳鼻咽喉科共有4位具有高级职称的技术人员。姜泗长逐一与他们商量，给每个人定位。顾瑞在听力学方面已有较深的造诣，完全能够带动整个科室的听力学研究，他就主攻听力学。

姜泗长认识顾瑞是在20世纪60年代中期。在上海召开的第一届全军耳鼻咽喉科专业会议上，一位作者宣读完论文后，一个个头中等、面容清癯的年轻人站了起来。他声调不高，用短短的几句话，对那位作者论文中的某些观点，提出了疑问，阐述了自己的见解。

这个年轻人简短的几句话，已使坐在主席台上的姜泗长感知此人在听力学方面拥有深厚的学养。要发展耳科学，需要建立各种听功能检查手段，而听力学正是它的基础。他向身边的人打听后得知，年轻人是重庆第三军医大学讲师顾瑞。

会议休息时，姜泗长找到顾瑞：

“你的发言很有见解，你是否愿意到解放军总医院看一看？”

不久，解放军总医院耳鼻咽喉科的进修卡片上，就有了顾瑞的记录。这是1967年。

姜泗长渐渐地对这位年轻人有了进一步认识：博学肯钻，不

1992年，在解放军耳鼻咽喉研究所会议上，右起依次为：李金珍（田钟瑞夫人）、姜泗长、顾瑞、陈新、李兴启等人

夸夸其谈。

田钟瑞病重后，姜泗长失去了一位得力的助手，犹如折了翅膀，尤其在听力学方面缺少一位有造诣的人才，他又想到了顾瑞。以顾瑞在听力学方面的造诣、才华，加上解放军总医院的设备、条件，顾瑞会发挥出更大的作用。

单纯提高外科手术技巧，并不能解决所有问题。只有搞清人的感受声音机制发生故障的原因，才是耳科学进一步发展的根本所在。这使姜泗长感到调顾瑞来京更加紧迫。

就在姜泗长准备调顾瑞的时候，第五届全国人民代表大会第四次全体会议在北京召开，姜泗长和第三军医大学的钟有煌校长凑巧被安排住在同一个房间。让顾瑞来解放军总医院工作就成为姜泗长和钟校长交谈的话题。

1981年，顾瑞再一次来到解放军总医院耳鼻咽喉科，与姜泗长借调来帮助工作的福建医科大学附属医院的易自翔教授同住一屋。两人对解放军总医院耳鼻咽喉科的前景，对姜泗长的为人、学识、胆识，产生了共鸣。

当时，钟校长只是同意顾瑞暂时借调到解放军总医院帮助工作，并不同意他调往北京。双方反复协商，没有结果。

想办的事一定要办到，想调的人一定要调来。姜泗长直接找到了总后勤部部长兼政委洪学智。最后，洪学智亲自下了指示，顾瑞如期调到解放军总医院。

“这下，我把三医大的校长可算得罪了。”姜泗长说，“但为了事业的发展，顾不了那么多了。”

姜泗长终于把顾瑞这棵“大树”移过来了。那年，顾瑞已经56岁，职称是主任医师、教授。

顾瑞家属的工作安排又成为姜泗长分内的事情，他找到北京市领导游说，解放军总医院耳鼻咽喉科的发展需要顾瑞这样的人才。顺理成章地，顾瑞的家属找到了一份与原单位职务相应的工作。

顾瑞说：“过去是看着一些仪器设备放在那里，没有人会用；我那里要用的，却没有。现在，这个问题解决了。姜院长不是为我，而是为了事业的需要。他知道我能做，就调我来，让我做，给我创造了条件。”

外国发明家们精心设计的测听仪器，在一般人看来神秘莫测，但在顾瑞手里，它们变得十分听话。一个个科研设想在他的手中诞生，一篇篇听力学论文在他的指导下完成。

在顾瑞的努力下，一套套听力学测试系统，在解放军总医院耳鼻咽喉科建起。脑干诱发电位已逐步在全国普及。仇春燕、许箭、于黎明在顾瑞的指导下，熟练地掌握了各项听力学测试技术，于黎明还独立撰写了《诱发电位技术操作》的小册子。在他们的带教下，来自全国各地的进修生掌握了听力学测试技术，回到原单位后都使用了测试听力的新方法。

解放军总医院耳科的水平，代表着国内耳科的最高水平。事实上，顾瑞已成为国内听力学方面造诣最深的专家之一。

杨伟炎心灵手巧、胆大心细，是搞临床的好料子。他在手术外科方面的天赋于手上尽显，具备一般人不可比拟的优势。姜泗长这一看法，在后来杨伟炎开创的一系列新技术、新方法中足以证实。

方耀云搞耳病理研究。她跟随姜泗长做了多年的耳病理研究，已有较深厚的理论基础。一本《耳解剖学与颞骨组织病理学》汇集了姜泗长几十年的心血，也包含了方耀云和许多人的才智与辛劳。

这4个高级职称人员中，3个有了各自的发展方向。

“前庭研究在国内还是空白，你搞前庭研究怎么样？”姜泗长问张素珍。

20世纪80年代，姜泗长（左二）、杨伟炎（左一）陪同外宾到解放军总医院耳鼻咽喉科实验室参观

张素珍似乎已没有选择的余地，只有欣然“遵命”。

说起来，张素珍是解放军总医院耳鼻咽喉科第一个从正牌大学毕业的医生。1956年，她毕业于哈尔滨医科大学，来解放军总医院时，连那13张病床都没有，耳鼻咽喉科和妇产科共用一个病区。直到姜泗长调到解放军总医院，张素珍才看到自己事业的曙光。

20多年后，张素珍没有想到，年近50岁的她又要进行某种意义上的再度创业：研究前庭。这是耳神经外科不可缺少的内容，国外在此领域的研究进展得很快，但在国内还是薄弱环节。面对一片荒芜，张素珍感到迷惘，她需要对自己的能力重新估价。

很快，病房的一间治疗室腾了出来。姜泗长对张素珍说：“地方给你腾出来了，你就扑下身子干吧！”

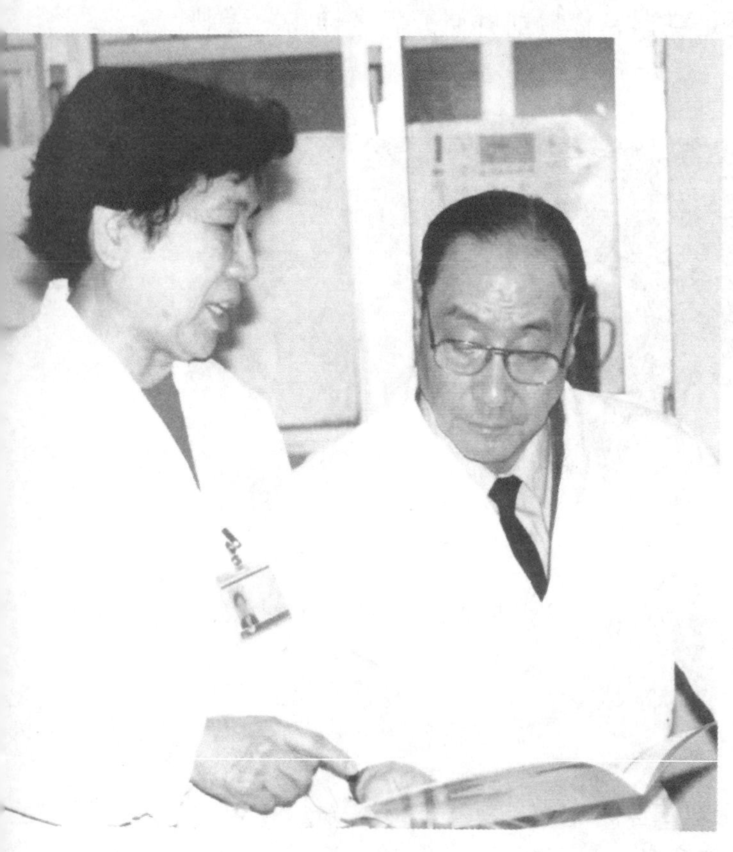

1996年，张素珍向姜泗长汇报工作

不久，张素珍发现自己中学时代的数学优势在这里派上了用场，而在大学读书时曾学过的神经科知识需要复习和拓宽。

“十年辛苦磨一剑”，经过3000多个日日夜夜的辛勤耕耘，张素珍的前庭研究终于结出了果实。1989年，张素珍利用计算机设计出眼震电图软件，该成果获得军队科技进步二等奖。她还是国内第一个发表关于人体姿势图论文的人。在国内，她还首先进行梅尼埃病的动物造模研究，获得国家自然科学基金资助。此项成果使临床诊断眩晕症的符合率达到95%，也获得军队科技进步二等奖。

一位优秀的将军，并不是冲锋战斗在最前沿，他应该做的是调动士兵们的斗志和士气，充分发挥士兵的勇敢与智慧去打胜每一仗；一个科学工作领导人，除了应该具有的广博知识之外，还应有纵观全局、容纳百川的胸怀和调动每个人聪明才智的艺术。姜泗长就具备这种胸怀与艺术。他让科里每个人有饭吃、有活干。大家都忙自己的工作，没有时间扯皮、闹不团结。

张素珍说："在临床知识的广博和处理问题的艺术上，要超过老师不太容易，但我们在各自主攻的领域里，都已超过了老师。"

老师被学生超过了，岂不是脸上无光吗？非也。我国著名的数学家苏步青教授在一次会见自己的学生时说："人家都说'名师出高徒'，我看还是'高徒捧名师'。我自己并没有什么了不起的地方，倒是你们出名了，把我捧出了名。"

姜泗长也同样这样认为：学生超过老师，只会给老师增光。谁在一生中培养出许多超过自己的学生，那只能说明他的本事是很大的。如果学生超不过老师，那么科学如何发展，人类如何进步？

这是20世纪80年代的景象。

90年代呢？那时，解放军总医院耳鼻咽喉科具备高级技术职称的人员已达十几位。这样一支庞大的队伍，怎样带？姜泗长依然成竹在胸，耳鼻咽喉科的高级职称技术人员均已有各自的主攻方向。在临床上，有头颈组、耳外科组、耳神经外科组、鼻内窥镜组、整形组；在研究所，下设8个实验室即8个组：病理、生理、免疫组化、组织培养、分子生物、工程技术、电镜样品、前庭功能，还有全军医用声学计量总站。

因为执着地追求事业，所以，姜泗长关注与事业息息相关的人。人的生命是有限的，事业却是永存和无限的，需要几代人甚至几十代人去追求、去发展。他似乎比别人更深刻地懂得这个再普通不过的道理。像当初胡懋廉对他给予厚爱一样，姜泗长对年轻人更是关爱有加。

姜泗长喜欢和各色优秀人才接触，讨论学术问题。他在讨论问题的同时，就能发现你的闪光点。在某一个时刻，他就会把你推荐上去。和姜泗长有过接触的人，常常能感受到他独特的魅力和坚韧不拔的个性。

“南有苏步青精神，北有姜泗长风格”，这是时任全国政协副主席、老将军洪学智的话，也是一个很有气势、又很形象的比喻。由于姜泗长的存在，几十年来，从解放军总医院走出了几代耳鼻咽喉科人才。

姜泗长悉心培养人才的故事，向海内外传播，无数杰出青年的目光投向这位爱才、用才的长者。全国各地的有为青年纷纷投考姜泗长门下，先后有50余名硕士、博士、博士后毕业。

学生一个个做出了成绩。他们获得国家、军队的奖励，被国家评为杰出人才，一个个在学术界有了名气。从某种意义上讲，姜泗长已不仅是解放军总医院知识分子群体的一面旗帜，同时也是全军的一面旗帜。姜泗长的威望和知名度，也随着他的学生们不断地做出成绩而享誉海内外。

爱因斯坦在晚年时非常遗憾地对物理学大师索来菲说：“我特别羡慕你的是，你一定有一种把你的听众的精神激发起来加以培养、磨炼的才能。你培养了一批科学的后备军，而我只喜欢独来独往。”

姜泗长就有这种让爱因斯坦羡慕的才能。他的周围聚集着各种人才，形成了一个群星璀璨的人才光环。

三、学问从哪里来

学问，学问，一是“学”，二是“问”。

解放军总医院耳鼻咽喉科的高年资医生大都有过这样的经历，“姜教授明天来查房吗？”每到星期一，年轻的医生们就情不自禁地要问这个问题。

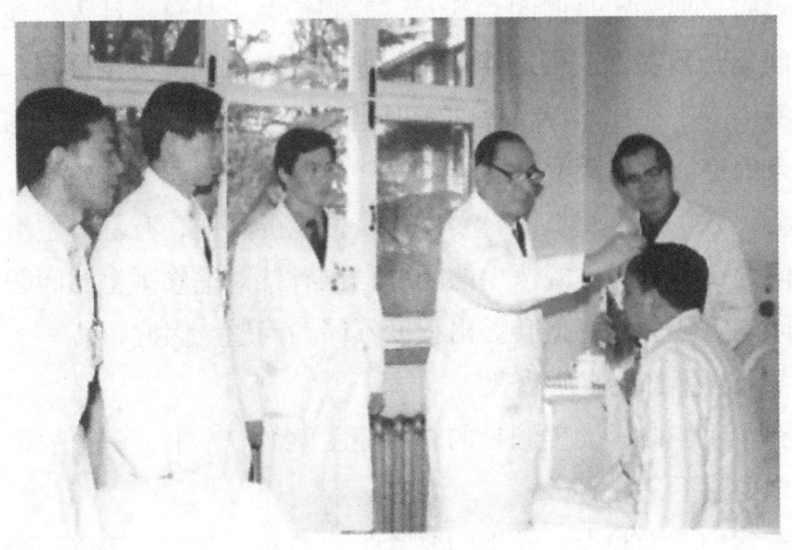

1983年，姜泗长（右三）在查房，杨伟炎（右二）、陈雷（左三）、李卫东（左二）、刘达根（左一）陪同

“来！”住院总医生说。

年轻医生们顿时兴奋起来，开始针对自己主管病人的情况，翻阅有关文献，复习学过的知识，假设着姜泗长可能提出的各种问题。

如果那天，姜泗长因外出会诊或开会不能来查房，年轻医生们的心情就从紧张转为遗憾：又错过了一次难得的学习机会。特别是进修生，这样的机会错过一次，就失去了一次实地学习的机会，他们自然倍感可惜。

盼姜泗长来查房，因为总能学到书本上学不到的东西；怕姜泗长来查房，则是因为担心他不留情面的提问和批评。有位刚毕业不久的青年医生知道姜泗长第二天要来查房，头天晚上竟紧张得睡不着觉。这和当年姜泗长既怕沈克非又喜欢沈克非的矛盾心情，如出一辙。

在20世纪50至80年代，姜泗长每星期一次的大查房，像是一道固定不变的风景。当姜泗长高大的身影往病房走廊里一站，你说不紧张，那一定是假的。其实，姜泗长并不是总批评人。他有问题问你，回答不上来，就“命”你回去查书；下次再提问，如果再答不上来，他才会批评你。但是，学生们一看到姜泗长那异常严肃的神情，就情不自禁地紧张至极。

姜泗长的提问里，有针对高年资医生的问题，有针对主治医生的问题，有针对住院医生的问题，也有针对进修医生的问题。对不同职级的医生，他会提出程度不同的问题。因此，每一次查房使各级医生都能有所收获。

在学生们眼里，姜泗长的临床经验就像一本书，一本易记易懂、总也读不完的书。

查房的头天晚上，学生们要紧张地准备。他们不知道，当老师的姜泗长也在针对病房现有病人的病情认真地备课，查阅相关文献。给学生一滴水，老师自己要有一碗水。姜泗长备课是从不马虎的。

当年，沈克非要求医生们熟背每一份自己分管的病历，而姜泗长并没有这样要求他的学生们。因为，科学在发展，信息在爆炸，需要学习的东西很多，可以选择更有效的学习和工作方法。但是姜泗长认为，这种紧张、害怕的心理是需要的，这种心理会变成压力、动力，会督促你去努力学习。

一位医生正在报告病人的病情：叶某，男性，22岁，煤矿工人，被崩落的巨大煤块击中左眼眶及鼻根部，眼、鼻出血。急诊入院后止血及进行面部伤口清创、缝合，伤口一期愈合，但左眼从此失明。一天夜里，病人的左鼻孔大量出血，血压下降，再次急诊收入我院抢救，进行了抗休克、局部充填止血治疗。入院后，病人又多次反复发作喷射状鼻出血，未见出血点。昨夜，病人又喷射状鼻出血一次，曾采用纱条填塞、电烧、冷冻，均不奏效，已累计输血4000毫升……

医生报告完病情，学生们的眼睛一齐刷地望向他们的老师，然后就听到姜泗长这样的分析：

如果是鼻咽血管丛出血，应该有出血点。出血一般自下鼻道咽后部涌出。而此病例在鼻道填塞后取出填塞物时，发现积血在鼻腔上部。从X光片可见，鼻、上颌窦及蝶骨区有骨折线。这样多次的大出血，又有外伤史，应考虑到假性动脉瘤的可能性，尽快做一个血管造影。

造影的结果出来了。从片子上看，颈内动脉海绵段前方有一瘤形膨大，突向蝶窦腔，证实了姜泗长的判断——外伤性蝶窦假性动脉瘤。

找到了出血的症结，经过手术治疗，病人的血很快止住了。

学生们为之叹服。

20世纪60年代初，刚做住院总医生不久的张素珍，遇到一位患会厌脓肿的老太太，呼吸极度困难，需要马上做气管切开手术来保障呼吸道通畅。在这紧急的情况下，做气管切开手术，对于张素珍来说还是第一次。况且，旁边没有上级医生。她看了不少专业书，可在这危急关头，她更牢牢记着的是姜泗长在查房时简明扼要的两句话：

“遇到紧急气管切开的病人，如果病情危重，手术视野不清时，要边做边摸，摸到硬的地方就分开，用空针抽气，抽出空气就是气管。”

她一步一步按着姜泗长的话做了，手术很顺利，病人得救了。现在，早已成为主任教授的张素珍，又把从姜泗长那里学来的知识、经验传授给一批又一批年轻的医生们。

一位女病人，主诉嗓子痛、牙痛剧烈，住进口腔科的病房后，反复检查并没有发现什么异常。口腔科又请耳鼻咽喉科会诊，也没查出什么问题。可病人的症状明显地摆在那里。姜泗长知道了情况，来看病人。他检查了病人后发现：该病人的牙龈轻微突起，舌根淋巴结肿大……他怀疑是癌肿，建议取活检。结果出来后，证实了姜泗长的判断。那几位先期看过病人的医生，心里很难过：自己怎么没有看出病人牙龈细微的变化！

一位由山东转来的病人，原来患有鼻中隔偏曲。做鼻中隔矫正手术时，施术者不慎将3毫米的刀片尖卡在病人的鼻骨里，在当地医院经两次手术均未取出，已造成鼻中隔穿孔，病人的鼻腔反复出血。病人异常痛苦，抱着最后一线希望到解放军总医院求医。

姜泗长和学生们正讨论手术进路问题。有人认为：异物在梨骨前缘，位置较深，可以按原进路进入；有人认为：从原进路已两次都未能取出异物，应采用鼻侧切开的方法。大家各抒己见，设想得很周到、很复杂。学生们的意见发表完后，姜泗长说话了：“以上进路都可以将异物取出，但我认为病人的鼻中隔已经穿孔，完全可以从穿孔的后缘进。这样比原进路要缩短术程，进路短，病人的痛苦也小。”

第二天手术时，果然像姜泗长设想的那样，不到半小时就将异物取出。

这个问题，本身并不是一个知识性问题，而是一个思维能力问题。难怪有人说，学医应该先学哲学，哲学家的辩证思维对医生是极其重要的。

类似的姜泗长给人留下深刻印象的教学方法和经验的事情，在解放军总医院耳鼻咽喉科工作的医生们，每个人都可以讲出几件。所以，在姜泗长查房进行病例讨论时，一般情况下，医生都不接电话，怕错过了难得的学习机会。

当年，沈克非要求他的学生们不仅学问要好，仪表也要整洁。因为，病人看到为他诊治的医生有一个整洁的外表，最起码可以产生安全感和信赖感，而这恰是医治疾病的良好前提。

姜泗长从没有像他的老师那样要求过他的学生，不是他不想要求，而是他不敢要求。

在“战鼓隆隆、红旗飘飘”的岁月，姜泗长大查房时，和年轻医生面对面站着，环视着他的学生们：不太平整的衣服，未经整理的头发；再低头向下看看，如同战士出操练队列，进入他眼帘的不是一双双军用球鞋，就是部队发的“老头鞋”，也有穿黑皮鞋的，但皮鞋已不是黑色。那年月，皮鞋不能擦得太亮，否则就是有“资产阶级思想”。

细心的学生发现，在一些场合，姜泗长的衣服、鞋子总是清洁整齐的，头发梳理得一丝不乱，虽然看不出刻意的修饰，却透着学者儒雅的气度。其实，整洁的外表就是服务艺术的一种表现形式。

著名泌尿外科专家吴阶平说，做一个好医生，要具备以下三点：第一，高尚的医德；第二，精湛的医术；第三，服务病人的艺术。

对前两点容易取得共识，而对后一点，一般人并不认为其中有什么学问。

姜泗长认为：真正有经验、有水平的医生往往就在这一点上很突出。

医生观察患者，分析病情；患者也在观察医生，分析医生的言谈举止，这举止的内容里就包括医生的外表。从医生的言谈举止中，病人要判断出这位医生是否值得信任、他的病能否治愈。而得到良好诊治效果的前提，正是取得病人的信任和信心。

耳鼻咽喉科病人的分泌物是很刺鼻的，但解放军总医院耳鼻咽喉科的医生们发现，除了上手术台，姜泗长看门诊很少戴口罩。对此，姜泗长并没有做出什么具体的要求。医生每天和脓血打交道，戴口罩一是为了病人，二是为了保护自己，从哪一方面讲都不过分。

追根寻源，姜泗长这一习惯是因当年沈克非严格要求而养成的。沈克非说："病人来看病，看着戴着口罩、只留下眉眼的医生为他检查，心里会有好的感觉吗？"要一心为病人着想，就是在传染病猖獗的年月，医生也不能将保护自己放在第一位。

1938年，25岁的姜泗长不幸染上肺结核病。仔细想来，他是在为一位患有肺结核合并骨结核的伤兵换药时，未注意隔离而被传染上的。"就是以生命为代价，也要遵守医生的职业道德。"这是沈克非对医生们的要求。

这一天是姜泗长出门诊，候诊大厅坐满了候诊的病人。一位主诉听力下降的病人坐在了诊断椅上。学生们看见姜泗长检查了病人的耳部，又看咽部、看鼻部。他拿起耳镜再次检查耳部时发现：病人的耳道内有许多分泌物。学生看到姜泗长用卷棉指擦出病人耳道里的分泌物，凑近鼻子闻了闻。"是胆脂瘤型中耳炎，它的分泌物有一种典型的奇特臭味。有了这种臭味，基本可以下诊断。"姜泗长对旁边的年轻医生说。

突然，听到一阵抽泣声，年轻医生们一转身，发现病人正在抹眼泪。病人说："家里人都因为我的耳朵臭，不愿意和我同桌吃饭、同床睡觉。姜教授这样有名望的专家却不嫌弃我。"病人因哽咽说不下去了。

身教重于言教，高于言教。"用鼻子闻一闻这奇特的臭味，就可以下诊断。"当然，闻一闻并不是唯一的诊断方法，采用别的方法，也同样能够诊断胆脂瘤型中耳炎，但年轻医生们看到姜

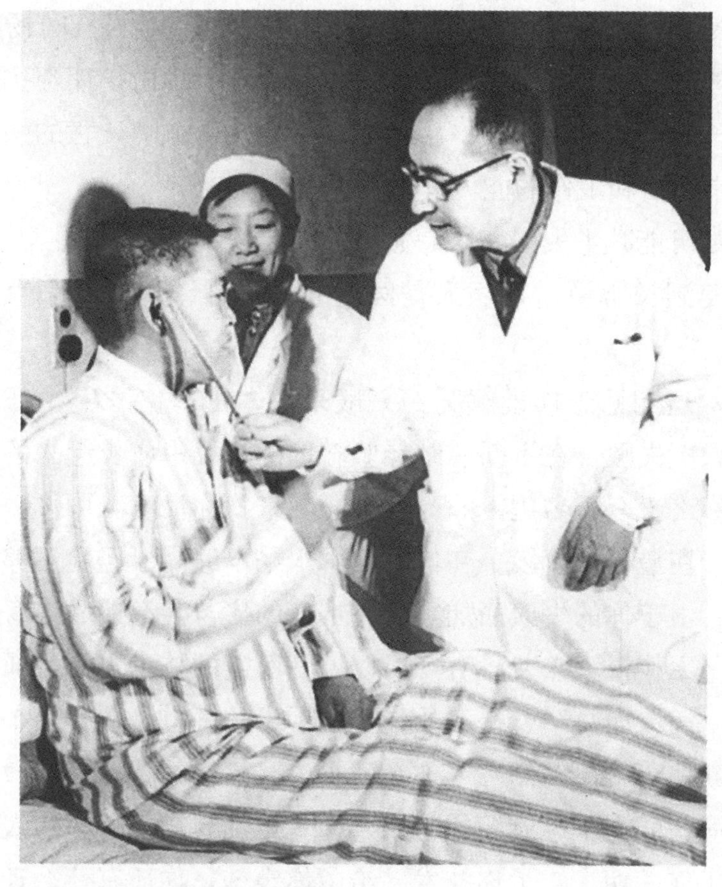

姜泗长为病人做检查

泗长选择了对病人充满感情和同情的方式。

70多岁后，姜泗长就很少上手术台亲自做手术了，但这并不妨碍他想方设法解除病人的病痛。

一天，姜泗长刚走进病房就听到一阵撕心裂肺的叫喊声。“这个病人是什么病？”姜泗长问。主管医生向他介绍了病人的详细情况：患者34岁，垂体瘤摘除术后放疗，右侧鼻孔间断脑脊液鼻漏12年，曾并发化脓性脑膜炎，脑室扩大，经抗感染控制后，做了右鼻外筛窦进路手术修补术，术后三个月复发，由外院转入我科。病人疼痛难忍，颅内压几乎为零，不能低头，大、小便失禁，只能整天平卧在床上。

“能不能用自体骨将那块缺损补上？”姜泗长问杨伟炎。“从理论上讲是可行的。”杨伟炎答道。手术由杨伟炎主刀，把姜泗长的设想付诸实践，手术成功了！一位濒临死亡的病人恢复了正常生活和工作的能力。

尽可能减少失误，这是做医生的准则。

姜泗长常说：“病人是医生的教科书，病人为医生做出了贡献。”

对这句话怎样理解呢？一般来说，每一位医生，都是经历了无数次失败，在不断总结经验教训的过程中成长起来的。有一天，你终于有了名望，病人就会慕名来找你治病。可你一定不要忘记，在最初的阶段，在你的技术水平不够高、经验不够丰富的阶段，由于你的失误而加重病人本有的痛苦甚至造成终身遗憾的事情，不能说一点儿没有。所以说，医生的技术水平是通过治疗一个个病人而总结、提高的，你的手术技巧也是在一个个病人身上不断地练就出来的。当你练就了一身高超的技术，挽救了病人的生命，病人千恩万谢的时候，你一定不要忘记感谢病人，是病人给了你一切，给了你技术，给了你声誉。你还有什么理由不努力为病人服务呢？

因此，在姜泗长看来，不管因为什么原因，医生向病人要态度、发脾气，百分之百的是医生没理。

四、医德是基石

在姜泗长办公室的桌子上摆放着两个头骨，是他在20世纪60年代，从荒野的坟堆里捡来的。经过精心加工，在各个特定的部位涂上不同的颜色，一个个阴森吓人的骷髅头供医疗、研究用，变成了精美的艺术品。

姜泗长执意把头骨放在办公室醒目的位置上，他天天注视着它们，像要从中获得什么灵感和启示。

据说有这样一个古老的传说：古时候有13个水晶头骨，和人类的头骨一般大，下巴还可以活动，能说话，能唱歌。这些头骨可以为人们提供有关人类起源和死亡的资料，帮助人类解开宇宙生命之谜。这些信息、资料不仅对研究地球的发展趋势十分重要，而且对研究人类的繁衍也至关重要。有人说，总有一天，人们会集齐所有的水晶头骨，集人类大智慧于一体，发挥它们应有的作用。但前提是人类的道德和精神必须达到一定水准，否则，即使将它们聚集到一起，也是对人类文明的一种亵渎。

20世纪70年代末，是中国历史上一个特殊的时期，它是中国从政治时代迈向经济时代的分水岭。特别是1985年进行城市经济体制改革以后，经商、赚钱成为寻常百姓关注的焦点。

在街头巷尾小贩叫卖的摊位前、在拥挤不堪的火车上，凡是有人的地方，你总会听到“怎样赚钱”的话题。中国的伦理学家以及社会学家们，开始焦虑不安，开始担忧，提出“商品经济是不是拜金主义的诱因，拜金主义是不是历史的倒退”的疑问来。

当时，《中国青年报》刊登了一篇文章，标题是《中国人啊，你的眼睛注视着什么?》。文章的开篇用黑体字写了这样一段序：5000年来，耻于谈钱的民族终于开始谈钱了。中国人的金钱观仿佛一夜之间发生了巨大的变化，钱不再肮脏龌龊了，不再邪恶丑陋了。钱不再是洪水猛兽，不再是妖魔鬼怪，贫穷了很多年的中国人谈起它来兴奋、激动、向往。

商品经济的浪潮也冲击到医院这个救死扶伤的宁静地方，医院上下也开始变得躁动不安起来，寻找自己的平衡点。“造导弹的不如卖茶叶蛋的，拿手术刀的不如拿剃头刀的。”这不是调侃，而是事实。一台大手术至少有4人站在手术台上，还不算台下供血、备器械的。从早上8点一直干到晚上10点，甚至更长时间的都有。4人同时干十几个小时，那是紧张、饥饿、疲惫的十几个小时。

外科医生好像都有十几个小时不吃不喝的本领，不是不饿，而是因为紧张不知道饥饿。多年来，对外科医生的身体状况进行普查，多半患有职业病——胃病。他们经常是吃了上顿，没法吃下顿或顾不上吃。下了手术台误了吃饭时间，医院只能发给你两包方便面，或一张几元钱的手术加餐券。

多少人的辛劳、多少人的汗水、多少人的智慧，凝集在这十几个小时之中。当时做一种难度很大的手术，病人支付的费用最多也就上千元，当然，这钱不可能进医生的腰包。不管医生有多么辛苦，付出了多少，救了多少人的生命，你每月的收入就是你那个级别的几百元工资。

救死扶伤是医生的天职，履行天职就意味着奉献。但一天、两天、一年、两年、十年、二十年……奉献的时间长了，人就很容易权衡付出与得到的是否平衡；不平衡，就很容易做出把握不住自己的事。

这是1989年一个星期六的下午，大家不约而同地比往常提前几分钟到达会议室，不大的会议室里挤坐着满满的人。这天是解放军总医院耳鼻咽喉科全体会议，各路人员静悄悄地坐在那里。

两点整，姜泗长准时来到会议室。他环视着周围，一张张熟悉和不太熟悉的面孔也在注视着他。有本院医护人员，还有进修生，科室领导班子所有成员都在场。

今天，老先生要对我们说什么？人们猜测着，会场气氛显出几分凝重。

“我今天来，就是讲事业心和赚钱的问题。”姜泗长开始讲话。拥挤的会议室鸦雀无声。“我听说，有些人为了赚钱，昧着良心要病人的钱、收病人的红包。住院要钱，安排手术要钱，做手术还给手术医生钱，不给钱就不给安排手术，这一现象发展下去，医生的形象将会是什么样！”

姜泗长又说起自己的老师：“我的老师胡懋廉教授，凭他的技术，凭他的知名度，完全可以生活得很好。但他一生清贫，从没赚有损于人道主义事业的一分钱。”

紧接着，大家又听到姜泗长在讲“三反”、“五反”运动：“那时，我在南京大学医学院附属医院当院长。对当权者，多多少少都查了一个遍，公是公、私是私，清清楚楚。公到什么程度？写私人信件，没有用过公家的一张纸。查来查去，倒查出我是一个廉洁的院长。”

说起这一切，姜泗长对胡懋廉的感激之情溢于言表：“我跟在胡老后面学了8年，不仅学技术，更多的是学做人的道理和对金钱的态度。”

他继续说：“在我们今天这样经济高速发展的社会里，我并不是反对大家赚钱，但这个钱一定要看怎么个赚法。如果把我们的科研成果转化到临床，造福于病人，我看这个钱就可以赚。赚钱要走正道，千万不能昧着良心要黑心钱，拿了病人的钱等于把自己的灵魂都出卖了。病人有病，本来精神上就很痛苦。有些病人，为了看病借了一屁股的债。作为医生，怎么能忍心要病人的钱呢？病人是把生命交给了我们，我们怎么能麻木不仁？当医生的如果一门心思地想着赚钱、发财，我认定这个医生一定也做不好医生……当医生的不是不要名、不要利，我提倡你们人人争当名医、争当名家。有一句话说：不想当将军的士兵不是好士兵。那么换句话说，不想当名医的医生就不是好医生。”

姜泗长越说越激动：“没有钱的人羡慕有钱的人，有钱的人羡慕有权的人，有权的人会尊重有学问、有涵养的人，那么，有学问、有涵养的人更尊重遭遇激流险滩而面不改色的人！人生什么是最重要的，什么是有意义的？有形的财富能够换取有形的物质生活，而无形的财富可以创造无形的快乐，这一切快乐的源泉难道不是你热爱的事业吗？”

姜泗长就这样讲了近两个小时，大家也静静地听了近两个小时。

这是姜泗长在20多年前讲的话，10年后呢？

解放军总医院耳鼻咽喉科依然是“不富”的地方，同时也是最“富”的地方。它“富”在科研经费上：它是国家重点学科点，由国家拨款；它是军队重点实验室，由总后勤部卫生部拨款；它承担着多项军队指令性课题以及全军医用声学计量总站的工作，由总参谋部拨款；它承担多项国家自然科学基金课题，由国家拨款；还有总后勤部的首长多次给姜泗长拨专款，解放军耳鼻咽喉研究所的大楼、十几万元一台的设备都是由这样的专款支付的。各款项加起来当然是一笔不小的经费。解放军总医院耳鼻咽喉科的科研经费就像滚雪球，你的成果多，你得到的课题就多，你的科研经费自然也就越多。

耳鼻咽喉科虽不富有，但至今为止，还没有听说有人嫌这里清贫而不愿意在此工作。绝大多数的研究生毕业后都希望留下来，但名额有限，不可能人人都留下，能留下来的就成为幸运儿。有了“姜泗长的学生”这块响当当的牌子，到中国任何一家医院的耳鼻咽喉科，你都会受重视，这犹如拿到了美国哈佛大学、英国牛津大学的文凭一样。

尽管这里没有丰厚的收入，但它像一块磁铁紧紧地吸引着全国各地的优秀人才源源不断地投考姜泗长门下，考来了不愿走，走了的又要考回来。

郑杰夫，是姜泗长的硕士研究生，毕业以后被分配到广州，单位待遇很好，生活条件也不比北京差，可他说：“在那里感觉不对，无法适应。”郑杰夫还是想回到解放军总医院耳鼻咽喉科。1年以后，他真的又考了回来。

有人说，不能肯定解放军总医院耳鼻咽喉科每一个角落都是绝对的净土，但可以说这里是一片干事业的沃土。

全国各地的进修生来这里学习，学习结束后又回到各自的单位。1年的时间不算长也不算短，他们不仅在业务上有了长足的进步，而且在作风、观念上有了变化，这里浓浓的学术氛围与向上的集体力量深深地影响着他们的思想和行为。这些人将来都有可能成为本单位、本科室的学科带头人，他们带回去的绝不仅仅是技术。

1987年，解放军总医院8号楼前停下一辆“奔驰”牌小汽车，从汽车上走下一位70多岁的老人。他就是姜泗长在20世纪40年代的师弟、如今已在美国发财的姜东明。

那年，姜泗长应法国波尔多大学医学院和美国哈佛大学眼耳鼻咽喉科医院的邀请访问讲学，顺便拜会了师弟姜东明。

姜泗长看到师弟豪华的别墅，还有一年四季保持恒温的游泳池，也忍不住由衷地赞叹了几句。

床单、被罩、枕套……凡用过一次的东西，第二天被统统扔进洗衣机，天天如此。崭新的毛巾用一次就扔了。“太浪费了，令人惊心。”姜泗长不能适应师弟奢侈的生活。

师兄弟两人约好，来年北京再见。于是，就出现了上面的那一幕。

姜泗长、姜东明还有刘乾初，在20世纪40年代同是胡懋廉的学生，3人追随胡懋廉，一起度过了8年抗战的烽火岁月。那时，他们风华正茂。1949年年底，姜东明踏上了大洋彼岸，这一去就再也没有回来。在美国，他除了搞专业外，还兼做房地产生意，后来大发其财。

姜泗长记得，在抗战的艰苦岁月，姜东明就能奇迹般地将不怎么值钱的东西卖出去，大家终于不用饿肚子了。他的师弟最后做生意发财，恐怕也不能算“意外事件”。

姜东明环视着师兄的居室，靠墙的地方摆放着似曾相识的老式书架，因年久，油漆已斑驳，看起来摇摇欲坠，好像随时都有倒下来的可能。

姜东明从楼上到楼下，从这个房间溜达到那个房间。应该说，这一切都在他的意料之中，又在他的想象之外。

师兄弟两人坐在沙发上，说着彼此截然不同的生活，回顾一起度过的岁月，感慨万分。

“你有事业，还有学生。可我已像行尸走肉，虽然生活富有，但已毫无意义，年老了，时感空虚。”姜东明真有些羡慕师兄姜泗长了。

姜东明到了美国后，拥有一生都享用不尽的钱财。姜泗长回到了国内，拥有一生为之自豪的学生和事业。两人都富有，但内涵相去甚远。

1988年6月9日，总后勤部卫生部专家组成立。姜泗长（前排右六）与中央军委副秘书长洪学智（前排右五）及专家、教授合影

解放军总医院全院都在盯着耳鼻咽喉科，都在学习耳鼻咽喉科。这样一支队伍怎样保持一颗旺盛的事业心？

姜泗长每天都在思考。

五、批评你才是爱护你

在常人的认识中，凡在学术上有造诣的人，因为太关注自己的专业，似乎很容易闹一些生活上的小笑话。数学家陈景润思考哥德巴赫猜想时，走路时经常碰在电线杆或什么地方上；牛顿由于专注于科研，将手表当鸡蛋扔在锅里煮；爱因斯坦思考相对论时，经常找不到自己的家门。科学家被看作在某一方面有惊人的天才，掌握了与大自然进行对话的神秘钥匙，但在日常生活中完全是低能儿，而且表现得离奇古怪。科学家这些有趣的故事也许是真的，但绝不可以把这当作科学家的本质特征。

这里有个认识上的误区，因为我们陷入这类“科学家的神话”太深了。

事实上，真正的科学家不仅能增长人类的自然知识，而且还在传播一种独立思考、大胆怀疑的科学精神，传播一种在人类生活中相当宝贵的协作、友爱和宽容精神。作为科学工作的领导者，不仅要将自己的才能挖掘出来，还要设法调动一切可以调动的积极因素，让更多的人为实现共同的目标而努力。

1998年接任解放军总医院耳鼻咽喉头颈外科主任的韩东一对此深有体会：

“老先生要是糊涂点儿就好了。”学生希望老师糊涂，这令人有些不解。

1992年，姜泗长在解放军耳鼻咽喉研究所会议上讲话

在解放军总医院耳鼻咽喉科工作的人都了解姜泗长的脾气，那就是：今天能做的事，绝不拖到明天；能提前做的事，绝不拖到以后。在什么场合、什么地点、什么时间交代给你的什么事情，要求什么时间完成，在他的记忆中不会出现一点儿差错。规定的时间一到，他不是当面问，就是拨通你的电话。如果没有按时完成，你就别想睡个安稳觉。

大家在背后议论："老先生像逼命一样，逼你发奋，逼你成才。"身在解放军总医院耳鼻咽喉科的每个人，似乎都能感受到一双"虎视眈眈"的眼睛在盯着自己。

别无选择，只有努力。

"青年人少睡点儿觉没关系。年轻时，我就经常干到夜里12点钟。"姜泗长常常这样说。

要把别人“喝咖啡”的时间用在自己的论文上、书稿中，按时交了卷，直到姜泗长满意为止。

名不虚传，严师出高徒。首届全国中青年医师论文报告会在北京举行，来自全国的中青年医师荟萃一堂。在全国汇集的500篇学术论文中，解放军总医院耳鼻咽喉科参赛的6位中青年医生的论文全部获奖。在10个一等奖中，姜泗长的学生们就夺走了5个。

主持人的话音刚落，会场上就爆发出如雷的掌声。

当时的北京医科大学一位老教授握住姜泗长的手，激动地说：“后生可畏，空前绝后啊！”

几个月后，同样激动人心的场面在全军首届青年医学优秀论文的评选会上再现，解放军总医院耳鼻咽喉科选送的8篇论文全部获奖，再一次显示了姜泗长学生们的才华和实力。

人们探寻姜泗长的学生频频获奖背后，有着怎样可歌可泣的故事、这众多的优秀人才是如何培养出来的。

吴涛是这次获奖的学生之一。同是这个吴涛，科里的人也许都记得，他在刚毕业不久，一次为病人进行输血准备时，没有认真查对，把病人的血型写错了。写错之后，他还给自己找了个托词：“反正还要做交叉实验。”

“拿病人的生命当儿戏！”这种不负责任的态度，使姜泗长无论如何不能容忍。他立刻召开全科大会，所有的耳朵聆听着，所有的眼睛注视着，气氛异常紧张。静静的会议室里只有姜泗长发怒的声音：“如果做交叉实验的人也像你一样不认真，那么后果是什么！”

姜泗长的拳头突然重重地落在桌子上，在场的人无不为之震撼。

吴涛被深深地触动了，他就是在那次被震醒的。为了教育学生，姜泗长曾不止一次地向学生们讲述自己当年的失败教训：那个正在花季的16岁男孩，因为姜泗长的疏忽，把年轻的生命永远结束在手术台上。

姜泗长一次又一次在全科大会上拿出自己失败的教训讲给学生们听，说到病人的死，几乎哽咽得说不下去。拿自己的失败来教育学生，为的是对患者高度负责，这是一个医生神圣的天职。所以，在姜泗长看来，你要是缺乏这种负责的精神，根本就不配当医生。

姜泗长对硕士生镡旭民的批评，同样让大家惊心动魄。

一天上午，姜泗长来到病房，从病历柜中抽出一份病历仔细地看着，当时在场的人都屏声静气地站在一边。按常规，姜泗长除了参加每周的大查房，平时来病房，主要是看看危重、疑难以及新开展手术后的病人。这天，姜泗长看完病历，让护士把一位患慢性扁桃体炎的病人请到治疗室检查台前。姜泗长为这位病人做了一般性检查后，摘下头上的额镜，怒容满面地对旁边的医生说：“请镡医生来！”

镡旭民很快来到了姜泗长面前，紧张地看着老师。

“这位病人是你管的吗？”姜泗长指着病历，突然将病历重重地摔在检查台上。

“这就是你写的病历？再看看你的病人！”

镡旭民坐在检查台前认认真真地检查了病人，抬头看看老师，不知所措地站起来。“双耳鼓膜正常？左耳被耵聍堵得满满的，你怎么能看到双耳鼓膜正常？”

“没看就是没看，当医生的就是不能弄虚作假！”

在场的人都能清清楚楚地听到姜泗长怒吼。

“限你在一个月内改掉不负责、散漫的习性。否则，请你退学，我没有你这样的学生！”顿时，嘈杂的病房里的空气像凝固了。

原来，姜泗长听到大家反映：镡旭民工作散漫。这次来病

1997年，姜泗长与学生在一起

房，就是来检查他的工作，果然发现了问题。顺理成章，姜泗长免不了要发一顿脾气。

时隔多少年后，曾被导师严厉训斥的镡旭民，已是部队某大医院的学科学术带头人。他给导师的信中这样写道：“是您当初的骂，让我清醒了。我能有今天的成绩，是您当初骂的结果。”

由于受知识、经验的限制，每一位医生都难免会有误诊和失败的经历，但事实表明，绝大多数惨痛的教训不是由于经验和知识的缺乏，更多的问题出现在“责任心不强”上。

在法院，你能听到这样的案例：病人受病痛折磨了10多年，原因查出来了，是手术时医生不慎将纱布之类的东西遗留在腹腔里；麻醉时，该给病人输氧气却给了氮气，发现后病人已经死去；还有的病人左腿需要截肢，医生由于没有认真查对，将好好的右腿截掉了；做耳手术，切口打开后才发现患耳是对侧……诸如此类的事情，不是一件两件，而是许多件。每年卫生部统计的医疗事故中，都能看到五花八门的、由责任心不强导致的医疗事故。

“严是对你真正的爱护。”这是姜泗长单独工作后，深深体会到的。所以，他在成为导师之后，会对不认真工作、草率做事的学生大发脾气。

对姜泗长的“严”感受颇多的方耀云，从姜泗长那里学到了这种精神，并且受益匪浅。因此，她在和科里的年轻人谈话时，出现频率最多的词，一是认真，二是基本功。她反复强调这两点。

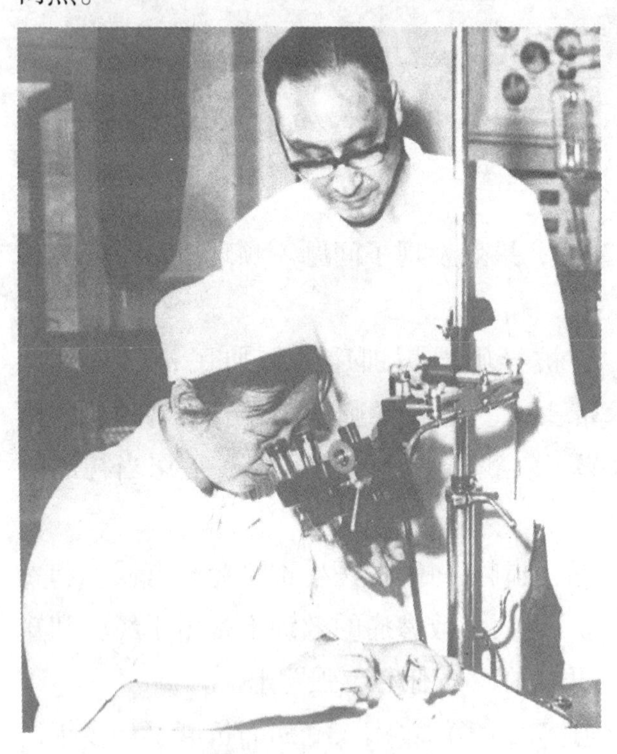

1970年，方耀云在姜泗长指导下做实验

当年，每当方耀云学做一项新手术，姜泗长就站在旁边紧紧盯着，放手不放眼，直到缝合切口。姜泗长要求一招一式都要规范，单单一个手术结，方耀云不知在手术台下练过多少遍，但姜泗长还是不怎么满意。

什么是基本功？方耀云像是自问自答。比如，从最简单的拿音叉开始，手应该放在音叉柄的什么位置？拿高了影响振动，拿低了控制不住。那时，我们没有先进的测试设备，但也一样诊断准确。现在的年轻医生喜欢开各种各样的检查单，其实，你一个很简单的操作就可以免去病人昂贵的检测费用。不知现在的医生是不屑于做，还是不懂得做。再比如，病人就诊时主诉鼻子不好，有的医生就光看鼻子。这不行，七窍相通，鼻子、咽喉、耳朵都要检查才行。又比如，鼻咽癌的早期症状表现为分泌性中耳炎。如果单查耳朵，往往容易误诊为分泌性中耳炎，延误了对病人的诊治。这样的教训并不少。

“看似很麻烦的一二三，一旦形成了习惯，你就不会觉得烦琐。”方耀云一再强调基本功，和她的老师姜泗长可谓一脉相承。

同一种病有相同的特点和同一共性，又有不同的表现形式。不同的病有不同的性质和规律，病理演化的速度也受各种条件的影响。医生必须抓住主要矛盾，透过现象看本质。即便如此，谁也难以保证一生中没有误诊、误治过。

一本《耳鼻咽喉科临床误诊误治及处理》由姜泗长创意并主编，由方耀云具体负责，于2000年由云南科学技术出版社出版。书中收集了耳鼻咽喉科误诊、误治的百余例病例。

“严”已经成为姜泗长的代名词，一件不该发生的事情发生后，你总会听到这样的话：“要是让姜老知道了，有你好瞧的。”

姜泗长不仅对自己科里的工作人员严要求，对其他单位来进修学习的各级人员一样地严。他认为凡是从他门下走出去的人，个个都要像样；不仅在技术上，而且在作风上，都是像样的。

一位进修医生回家探亲逾期未归，姜泗长得知后异常生气地说：“国有国法，家有家法，科有科规！”就此事，他召开全科大会专讲纪律、作风问题。

这位进修医生实在没有想到还有这样组织纪律性严明的单位，他急忙从原单位赶回来。所在单位的领导也给姜泗长写来道歉信说：“没有教育好自己的医生……”。

“什么时候教育好了，什么时候再来。”这位进修医生还是被姜泗长毫不留情地勒令退学了。

从此，来解放军总医院耳鼻咽喉科进修的同志上的第一堂课就是学“科规”。有了好的作风，才会有好的技术，也才会有一心为病人着想、为病人着急的思想。

在姜泗长还是住院医生的时候，胡懋廉就这样要求他。姜泗长值班时，胡懋廉会经常突然袭击式地打电话到病房或急诊室。

“胡教授，有什么事吗？”姜泗长问。

“没有什么事，我只是看看你在不在位。”胡懋廉在电话那头说。

姜泗长的老师当年是这样要求他、培养他的。姜泗长同样这样要求和培养他的学生们。

医术、医德、医风，哪一样欠缺，也不能成为一名好医生。

六、比知识更重要的

1984年，姜泗长把48岁的杨伟炎推上了科主任的领导岗位，杨伟炎由此成为解放军总医院耳鼻咽喉科历史上第二任主任。当时，这件事在解放军总医院产生的冲击波，许多老人至今还印象深刻。

如今，由杨伟炎带起来的学生在中国耳鼻咽喉界也有了名声。

杨伟炎行吗？当初，人们议论纷纷。

“我当教授时才35岁，不能论资排辈，谁有能力谁上。”姜泗长说。

当时，耳鼻咽喉科如果论资排队，不算姜泗长，杨伟炎只能排老四。他前面几位年资高的医生早就是副主任了，已在耳鼻咽喉科工作了几十年，积累了丰富的临床经验，他们都比杨伟炎年长六七岁。姜泗长将杨伟炎选为接班者，当然不仅仅是因为他在年龄上占优势，更重要的是，杨伟炎业务上强，为人正派，蕴藏着潜力。

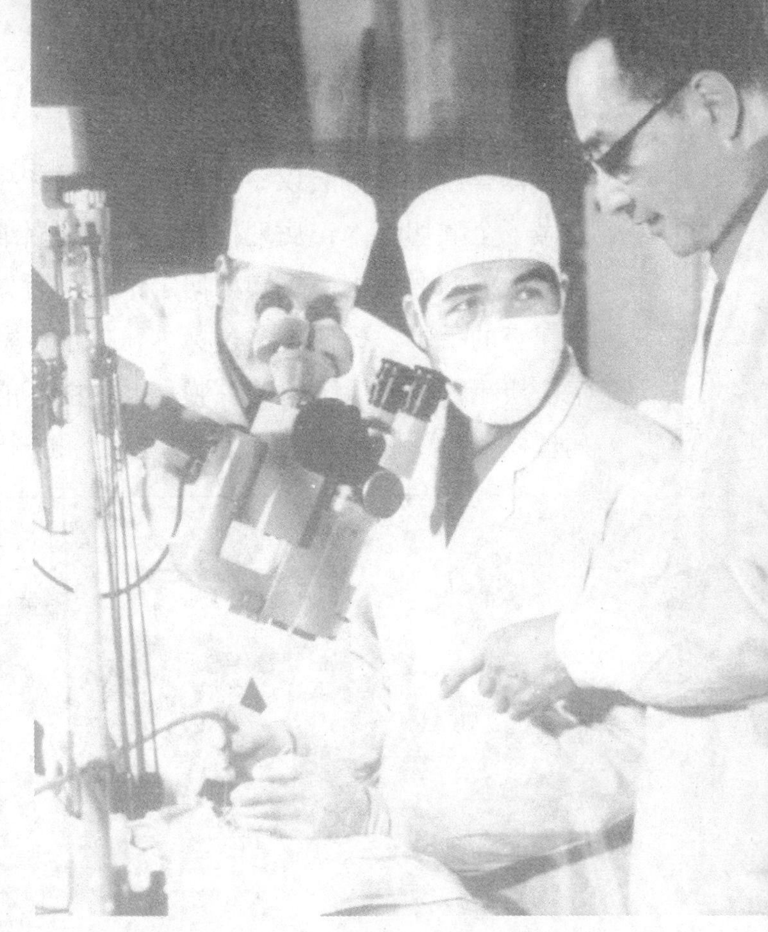

1978年，姜泗长指导杨伟炎（右二）等人做动物实验

杨伟炎到底行不行？行的根据是什么？不行的理由又有哪些？姜泗长逐一找老同志们谈心：如果杨伟炎不行，你们认为谁行？为了耳鼻咽喉科的事业，大家要出于公心，让真正有能力的中青年出来挑大梁。当然，不可能在每一个细节问题上大家的意见都达到统一。但是，总体而言，大家一致认为杨伟炎能够挑起科主任这副担子。

姜泗长在全科会议上这样说：赞成了，就要支持杨伟炎的工作，只许补台，不能拆台。十全十美的人是永远也找不到的。

为了让杨伟炎更有见识和经历，姜泗长又决定让杨伟炎出国学习考察。不久，杨伟炎来到了美国，成为继姜泗长之后，解放军总医院耳鼻咽喉科第一个到国外学习、考察的人。

杨伟炎走向了世界。

1985年秋天，杨伟炎作为中国的访问学者，来到美国费城Temple大学医学院。

医学院的一间会议室里正在进行临床病理讨论，一个喉癌病人做了全喉切除术，病理检查却找不到癌细胞。在场的医生多次看了眼前的喉标本，不知如何定论。最后，标本送到了中国医生杨伟炎的手中。杨伟炎拿过标本，仔细观察，敏锐的目光落在喉室一块粗糙、略微隆起的黏膜上。“能不能取这块组织再做一次病理检查？”杨伟炎说道。对方接受了这个提议。

2002年，杨伟炎（前排右二）与学生们讨论学术问题

第二天，病理结果出来了，证实中国医生的判断正确。那位为病人做全喉切除术的美国医生紧紧握着杨伟炎的手：“不知怎么感谢你，你使我免去了一场灾难。”

如果病理检查不能够证实手术取下来的是癌组织，等着这位医生的将是一场官司，以及一笔不小的经济赔偿。

“你专门学过病理？”美国Ronis教授问。

“我跟我的老师学过内耳病理。”杨伟炎答道。

一天，在医院耳鼻咽喉科的一张手术台旁，Ronis教授和他的助手正准备为一位患胆脂瘤型中耳炎的患者实行乳突根治术。

那一天的病理讨论会上，杨伟炎给Ronis教授留下了深刻印象，他想听听中国医生的意见："怎样处理胆脂瘤？"

"如果胆脂瘤不大，听力可以保存下来。"杨伟炎神情轻松地说。

"你能否上去做手术？"

"当然可以。"

对美国有所了解的人都知道，美国的手术台是不允许外国人上去的。Ronis教授不知从哪里看出杨伟炎深厚的功底，非常大胆地给了中国医生一个表现自己的机会。

出国前，姜泗长对杨伟炎叮嘱说："不懂的不要装懂，会的绝不要客气。"

杨伟炎勇敢地站在了美国医院的手术台上。显微镜下，一双深邃、坚毅的眼睛，闪烁着智慧、机警的光芒。他沉稳、娴熟地一刀一剪地做着手术。Ronis教授深蓝色的眼睛变得越来越兴奋，他转身对身边的助手们说："杨受过很好的训练，你们可以向他学习。"

杨伟炎说道："我的老师是姜泗长教授。"

"知道，姜泗长是一位很有名的耳鼻咽喉科医生。"

在杨伟炎的手术刀下，那位美国患者的胆脂瘤被切除了，听力同时也被保存了下来。

1年多后，杨伟炎回国，正式主持全科工作。

杨伟炎从美国带回来了什么？说到底，带回了更多的自信。出去开拓了眼界，看到了别人的长处，更重要的是发现了自己的优势。杨伟炎果然不负姜泗长的重望，在短短几年里，他在临床上开展了一系列新技术、新业务。

今天的杨伟炎已是国内同行公认的耳外科、耳神经外科、头颈外科的权威，他成为在姜泗长之下的耳鼻咽喉科学科带头人，曾任国务院学位委员会学科评议组成员、全国人大教科文卫委员会委员、中华医学会耳鼻咽喉科学会第一副主任委员兼《中华耳鼻咽喉科杂志》副总编辑，以及《中华耳鼻咽喉头颈外科杂志》副总编辑等一系列重要职务。用姜泗长的话说，他往日一系列的头衔都卸在了杨伟炎的肩上。

杨伟炎几十年来的脚印是怎样一步一步延伸的？

1962年，在没有窗户的大教室里，解放军总医院干部科科长对新分来的医生们说："这是解放军总医院，是全军最大的一所医院。你们将在这里接受选择，跟得上的留下，跟不上的淘汰。"

杨伟炎想，自己在耳鼻咽喉科会不会被淘汰？他刚到科室时，姜泗长创建的8平方米的实验室，已有了些内容。上班时，杨伟炎跟着老师们看病人；下了班，跟着姜泗长、田钟瑞在实验室制作标本。他想学知识、学技术的愿望，一点点地得到满足。后来他被美国人赞赏的扎实的病理学基础，就是那时跟着老师制作听小骨标本、制作颞骨病理切片时训练出来的。

原先一心想学普通外科的杨伟炎认为：耳、鼻、咽、喉尽是一些深不见底的小洞洞，视野不清晰，干起来不带劲儿。普通外科面广，今后不管到哪里，都会有更多的用武之地。可干着干着，他有了比较：其他科室没有实验室，耳鼻咽喉科有；更重要的是，姜泗长比其他科主任更有教学意识。每星期四的教学查房是雷打不变的。每一次查房，杨伟炎都能够从姜泗长那里学到许多书本上没有的知识。姜泗长注重业务、一门心思钻研业务的思想，很合杨伟炎的心理。还有，他从姜泗长、田钟瑞每天忙忙碌碌的身影中，感到事业的希望和一种心灵的默契。

正当杨伟炎开始喜爱耳鼻咽喉科，鼓足了劲儿学技术时，"文化大革命"开始了，令人尊敬的姜泗长被关进了"牛棚"，慈父般的田钟瑞也被剥夺了行医的权利。

“田钟瑞，你整天和姜泗长在一起，要老实坦白地交代姜泗长的反党言论！”专案组的人气急败坏地对田钟瑞吼道。

“我认为他在一心一意解除病人的痛苦，没有什么要交代的。”田钟瑞义正词严地回答。

专案组认为田钟瑞是死不悔改的“保皇派”，不允许他当医生，只能做护士、卫生员。

杨伟炎目睹了这一幕。姜泗长和田钟瑞兄弟般的师生情谊，在杨伟炎内心深处留下深深的印记。

杨伟炎想回广东老家的念头一冒出来，就和田钟瑞临终前的嘱托交织在一起：“我不能再协助姜主任做事了。这个担子希望你替我承担起来，把夫人调来，在这里安心工作，我拜托你了。”

“田主任，你放心吧。”两双手紧紧地握在一起。不轻易流泪的杨伟炎，抑制不住地流下了热泪。

这不是电影中的场景，这是真实的历史。

对临终人的嘱托没有理由拒绝。杨伟炎更无法面对姜泗长说出自己想回广东老家的打算。

安家才能立业。多年间，杨伟炎始终过着牛郎织女般的两地生活。姜泗长想，只有把杨伟炎的妻子调过来，才能让他安心地在这里工作。

一天，杨伟炎收到妻子的一封信：“姜主任和他的老伴儿都是60多岁的人了，到了广州专门找到家里，又从家里找到我上课的教室。就凭这，我也应该去北京，把家安在北京……”

不久，杨伟炎夫妇终于结束了近20年的两地分居生活。

姜泗长也终于把杨伟炎稳在了北京。

杨伟炎回顾30多年间在姜泗长身边学习和工作的情景，他这样说：“1962年，姜教授站在我身后，看我完成第一例扁桃体切除术。20世纪70年代初，他看着我第一次独立完成镫骨底板切除术。70年代中期，我随他参加各种会议及抢救工作。70年代末，他带领我完成第一例听神经瘤切除术。80年代，姜老指导我们完成复杂的颅底手术……每开始采用一项新的技术，他无不是谋划、指导在前，提心吊胆地陪伴始终，在困难时撑腰打气，受挫折时承担责任，成功时总结激励。”

任何一个普通的医生成长为著名的专家，都会有这样或那样的挫折、这样或那样的遗憾，甚至失误。杨伟炎也不例外。杨伟炎“走麦城”的经历，可以说影响了他的一生。

几十年前，杨伟炎收治了一位患慢性化脓性中耳炎合并颅内感染的老太太。她曾在北京某医院就医，但是没治好。有人对她说，你可以到解放军总医院看看。老太太就在家人的陪同下，来到解放军总医院。杨伟炎接诊了病人，发现她已颈项强直，病情危重，应立即做手术。在手术之前，杨伟炎为病人做了腰椎穿刺。他发现老太太的脑脊液混浊，病人全身已大量使用过抗菌素，始终未能控制住感染。借鉴以往的经验，杨伟炎下了这样的医嘱：“40万单位青霉素椎管内注入。”

药还没有推完，病人已疼得大叫，当即将针抽出。病人呼吸困难，血压下降，医护人员进行了紧急抢救后才转危为安。

在抢救病人的日子里，杨伟炎日夜守候在老太太床旁。只有这样，他对病人深深的负疚感才能减轻。

姜泗长知道了事情的经过后，赶到病房。“你简直就是胡闹！”姜泗长的声音很大，“谁告诉你椎管里可以打40万单位的青霉素？”他几乎是用愤怒的声音斥责学生。

“不久前有一位病人，也是做这样的检查，也是给椎管内注射了青霉素，病治好了，并没有出现意外。”杨伟炎一时还搞不清楚，老太太为什么会出现血压下降的情况。

后来，杨伟炎的手术做得很成功。病人康复了，非常满意，她并不知道这里面的枝枝杈杈。

民族画报社的记者闻讯后赶来采访，要对此事进行宣传报道。“不行！”姜泗长丝毫不让步，“我们的工作没有做好，还有什么要宣传报道的？”

这是姜泗长对杨伟炎批评最狠的一次，也是足以影响杨伟炎一生行医做人的重大事件。明白人会在失误中变得聪明起来。杨伟炎确实变得越来越谨慎。有句话说，当医生时间越长，胆子越小。可杨伟炎不是这样，他在一次次的失误中，不断地完善着自己的知识和技能。

20世纪70年代末，杨伟炎接诊了一位颈部长着软骨肉瘤的患者。瘤子的位置在第二颈椎处，病人的颈椎疼起来能要命。杨伟炎认真检查后，决定收病人住院做手术。病人及家属感激得不知说什么才好，因为他们已经跑了多家医院，没有一个医生愿意承担风险做手术，都认为这个病人没救了。

杨伟炎当然知道这次手术的难度，切口打开后，才发现瘤子把颈椎动脉紧紧地包住了。不做手术再把切口缝上，这不是杨伟炎的性格。“接着做。”姜泗长也在旁边为他打气。

做手术，还有百分之一的希望，但必须承担百分之百的责任和风险。不做手术，没有希望，但也没有责任和风险。小心再小心，谨慎再谨慎，最终颈椎动脉还是破裂了，后因止血填塞过度，病人不幸死亡。

病人死了，家属并没有抱怨。“没有一家医院愿意收治，你们收下了，并尽了最大的努力，我们没有什么可说的。”病人家属很通情达理地说。

在死亡病例讨论会上，姜泗长说：“手术时，我在场。出了问题，我这个科主任负责。”

在解放军总医院耳鼻咽喉科的历史上，病人死在手术台上的病例并不多见。这次病人死亡，姜泗长主动承担了责任，而杨伟炎从这次失误中学到的不仅仅是知识和技巧。

杨伟炎说："如果现在再碰上这种病人，这个手术，我有把握做成功。"

失败是成功之母。没有失败，哪里来的成功？正是从失败中，杨伟炎一步步迈上了成功的台阶。

这是1987年7月的一天。

早上8点钟，病人准时被推进手术室。这是一位肿瘤已侵犯了蝶窦、筛窦、鞍内、斜坡并突入前颅窝的病人。

病人只有22岁，正值朝气蓬勃的妙龄年华，可死神正向他逼近。

这之前，有一位29岁的女青年，就类似眼前这个病例，从发现病变到死亡，时间不到1年。一切都这样鲜明地摆在杨伟炎的面前。如果不及时进行手术治疗，后果显而易见。

成功与失败在手术台上只有毫厘之差，万一在手术台上出现意外……对那起20世纪70年代末发生的意外，杨伟炎依然记忆犹新。当时如果不是姜泗长站出来替他承担了责任，今天不知道杨伟炎会不会还有勇气承担这个风险。

手术刀在极小极小的空间里穿行了整整16个小时。肿瘤所在的上方是脑膜和重要的内分泌腺体——脑垂体，下方是鼻腔及鼻咽顶，很容易造成脑脊液漏。肿瘤两侧由前向后，依次是眼球、视神经、海绵窦及颈内动脉。在这里不允许有丝毫的差错和失误，否则会导致不可挽回的后果。手术中，每个动作能移动的幅度只能以毫米计算。确切地说，是一毫米一毫米地向颅内探入，一毫米一毫米地剥离肿瘤。这时，手术进入危险地带：视神经已暴露，蝶鞍也看得很清楚。杨伟炎周围的同志在担心，是不是适可而止？稍有不慎，颈内动脉、海绵窦就会被破坏，病人将出现生命危险。

杨伟炎已听到自己心脏急剧跳动的声音，他握着手术刀的手略微迟疑了一下。这时，他需要冷静的思考，可环境又不允许他犹豫不决。

他感到背后有无数双眼睛在希冀着手术成功，有无数颗心脏和他的心一起跳动，还有老师坚实的臂膀、同仁热情的鼓励。他果断地继续做下去，他终于成功了！

雕刻家在创作一件作品时，可以精雕细刻、慢慢修改。而杨伟炎清楚地知道：他的“作品”就是一个人的生命，必须精雕细刻，但绝容不得半点修改。杨伟炎迎接着一次又一次的成功，也面临着一次又一次的挑战。每当他开展一项高难度的新手术，老师姜泗长就要又一次为他提心吊胆。

多少年又过去了，一位教授评价杨伟炎是“扩张主义者”，因为他把手术做到了颅内，做到了食管，做到了耳鼻咽喉科范围之外。

就像当年胡懋廉对姜泗长说的那样：“你们争论的问题，我都听不懂。”没有一位老师不希望自己的学生比自己更高一筹。应该说，杨伟炎比姜泗长当年做手术的范围更广、更大。但作为一个学科的带头人，仅手术做得漂亮，还远远不够。姜泗长并不得意于他的学生已有的成绩，他又提出更高的要求。

杨伟炎真的很幸运，因为他有姜泗长这样一棵万事都能管的“大树”，有经过姜泗长精心培育的、具有良好传统风范的集体。每一个来到这里的人，都会被这个集体奋发向上的氛围所感染。“有姜老‘镇’在那里，很少有调皮捣蛋的人。杨伟炎这个科主任当得很顺手。”

杨伟炎曾在一篇文章中从尊师、重友、爱生3个方面写到他的老师姜泗长，在这里不妨摘取其中一部分：

尊师：我们很多人没有见过胡懋廉老前辈，但心目中，都有他完美的形象，一个激励我们为耳鼻咽喉科学发展而奋斗的形象，那是从姜教授的言语和行动中获得的。他敬重胡老的为人学识，怀念他知遇引路之恩。记得在胡老谢世多年后，一次我到上海出差，姜教授把胡老夫人的地址交给我，让我带着手信前往问安。老夫人读着信止不住老泪横流，连声说：“泗长有心，泗长有心”，并拿出照片追述了从抗战、南京光复到全国解放，师生共渡饥饿、艰难创业的经历，包括他们在抗日的大后方建立了中国第一个耳科临床实验室，以及领到月薪（金圆券）后，全科医生排队争购粮食、互相接济的手足之情。1985年，我到美国费城Temple大学医学院进修，姜教授再三嘱咐我，寻找胡老在该院耳鼻咽喉气管食管科进修时留下的纪念照。可惜该科室几度易主，最终未能如愿，但姜教授尊师重教之情深深地刻在我的脑际。

重友：20世纪50年代，姜教授在国内首先完成了内耳开窗术治疗耳硬化症聋，并将手术和麻醉方法做了改进。随后，孙鸿泉教授也报告了自己的病例。他们俩有很多共同的经历，都曾在大后方的联合医院工作过，后来都曾在美国学习，先后对当时国内比较落后的耳外科发生了浓厚的兴趣。救死扶伤、学术研究、教书育人的共同事业，使他们息息相通，交流、勉励、书信往来频繁。“文化大革命”期间，他们分别被关进北京和山东的“牛棚”。他们苦心经营的医、教、研基地和各自组织起来的工作班子遭到同样的厄运。此间往返在他们之间的专案组得到的却是他们相互褒奖的材料，没有攻讦和揭发。1976年，我到济南办事，姜老让我去拜见孙教授，转达对孙老的敬意和问候。那时，孙老的处境尚未复原，他详细询问了姜教授恢复工作后科室的变化，随后领我看被荒废的实验室、散落的学术资料，那墙上还依稀可见“打倒反动学术权威……”的字迹。老人动情地说：“耳科的发展拜托老姜了。”

1978年，姜教授当选第五届全国人大代表，孙教授亦为同届全国政协委员。他们通过电话相互问候，并相约在人民大会堂共叙春秋。遗憾的是，因孙老突发脑血管意外而未能如愿。姜教授立即赶到医院看望时，孙老已经失语，相互只能用安慰、关切的目光，倾诉几十年共同奋斗、相互砥砺的学友之情。孙老被送回济南后，姜教授还多次电函问候。对孙老的学生，他也总是热情接待。

爱生：在姜老众多的学生中，给我印象最深、影响最大的是田钟瑞副教授。他从1948年至1980年，跟随姜教授由南京到西安，又从西安到北京。在他的身上，折射着姜教授的风范：勤奋钻研，务实求精，严于律己，诲人不倦……“文化大革命”期间，莫须有的罪名，使还不满50岁的田主任罹患大面积心肌梗死。在十余年期间，他几度出现心衰，但从未停止过工作。在胃癌晚期的病痛时刻，田主任还为不能和姜教授一起工作而不安，叮嘱年轻医生安心本职、勤奋学习。姜教授亲自组织专家救治并长时间守候在田主任床旁。田主任病情危急，姜教授心情沉重、泪水簌簌。姜教授爱护学生，学生更敬重他，师生间的深厚情谊令人永生不忘。

几十年来，杨伟炎已从一个普通的医生成长为在姜泗长之下的耳鼻咽喉科学带头人，他比别人更深刻地感受到姜泗长营造的这种氛围。导师给予他的支持、医护人员给予他的帮助以及对他的包涵与宽容，这一切都在这种奋发向上的氛围中自然地融合着。

七、“相马”变“赛马”

飞机还在上海的上空翱翔，姜泗长已在心中孕育着一个大胆的、史无前例的想法。这次来参加上海医科大学临床研究生毕业论文答辩，他感触良多，为年轻人奇特的设想、巧妙的构思、流利的英文而惊叹。该校前校长石美鑫对姜泗长说："现在的年轻人水平高啊，没办法衡量是不是？只要有心举贤，'打擂台'，人才不就出来了？"

"这个办法真是不错！"姜泗长为之一振。

人们经常谈论"人才断层"问题，对这种说法，姜泗长始终存有异议。我们不是缺乏人才，而是缺乏让有才能的人脱颖而出的机制。解放军总医院人才济济，何不也"设擂求贤"、公开答辩呢？这一想法一经形成，已70多岁高龄的姜泗长如同自己将要站在擂台上一样激动。

姜泗长在1984年让贤之时，已到古稀之年。他让年轻人上来本不该是什么石破天惊之举，为何产生波澜起伏的反响呢？看看当时解放军总医院各个科室的主任，竟没有一个在知天命的岁数以下。

1998年，姜泗长的博士生毕业时与导师合影。右起依次为：刘正、杨仕明、戴朴、熊敏

让贤5年之后，姜泗长又开始着手实施让人才脱颖而出的第二个重大举措。

一天晚饭后，姜泗长敲响了住在他家对面的解放军总医院梁国章政委的家门，把“设擂求贤”的想法和盘托出：“要年轻化，进行公开选拔……让老的下、年轻的上。”

“姜老，您的想法很好。”梁国章当时就有了明朗的态度。

解放军总医院院长廖文海、政委梁国章一拍即合：解放军总医院的发展需要一批新生代、需要大批的人才，“我们院党委所做的工作就是为人才插上腾飞的翅膀”。要知道，在当时能果断地采取此举，并不是一件简单的事，人民军队并无此先例。

此举影响大、波及面广，如果成功，对解放军总医院的发展将产生历史性的推动作用；但万一产生负面影响，怎么办？它是军队医院，和地方医院毕竟有不同之处。院党委一、二把手不无担心，但有一样是肯定的：有什么问题，院党委承担责任。

一场“设擂求贤”的答辩会就这样在解放军总医院拉开序幕。由姜泗长提议、院党委讨论，这个对解放军总医院的未来产生深远影响的举措诞生了。

“擂台赛”的竞赛规则是：“公开申报，公开评议，不拘一格。”这个消息一传开，解放军总医院的专业技术人员欢欣鼓舞、兴奋至极。

1991年3月，还是乍寒乍暖之时。从赤裸裸的树枝上，人们已可以看到一点点嫩绿悄悄地冒出尖儿来。万物开始复苏，春天就要来临。

春天，这是一个让人激动和充满希望的季节。解放军总医院上上下下都在议论这样一个话题：“设擂求贤”、公开竞争。“擂台赛”的倡导者和主持人之一姜泗长，再次成为人们关注、谈论的焦点。

3月的一天，在解放军总医院南楼小礼堂，能容纳300人的学术报告厅内座无虚席。堪称全军之最的破格晋升高级技术职务的“擂台赛”，在这里摆开战场，拉开帷幕，气氛紧张而热烈。

莘莘学子，摩拳擦掌，跃跃欲试。老教授们怎么看呢？临床经验不够多，是年轻人最大的问题。到底应该怎样看待这个问题？一个“战前动员会”在“擂台赛”前举行，作为专家、教授带头人的姜泗长代表院党委讲了话。院长、政委有言在先：“您老人家说话，比我们有分量，专家、教授们听您的。”

于是，就有了姜泗长以下一番话：

“竞争是一项事业有希望的表现。已是专家、教授的老主任们一定要开明，我们不能当人才成长的障碍。考学生也是在考我们，考我们有没有让学生超过自己的勇气。未来是年轻人的，要从国家的发展和利益来看，培养学生就不要怕学生超过自己。如果怕，只能说明你没有本事。假若学生能超过我们，做出大的成绩，我们应该自豪和高兴才是。学生有本事，是你某某人培养出来的，何乐而不为呢？

评价一个人要看大的方面，没有十全十美的人。有才能的人通常多少有点傲气，这不要紧。这要看你怎样引导他、怎样爱护他，使他逐渐懂得干事业光凭个人的聪明是远远不够的，真正的才智只有置身于集体这块沃土里，才能根深叶茂，才能成就一番事业。

要给年轻人压力，让他们在实践中锻炼。当然，医学是一门实践性很强的科学，属于经验科学的范畴。实践周期越长，经验积累越多，临床能力越强，其素质就越高。但看一个人要从发展的眼光看，是一棵好苗子，就要多给他施肥、培土。”

对姜泗长的这番话，不知老教授们听了感受如何，其他老教授们是否也有他那样的开明胸怀？

先让我们看看年轻人在“擂台”上的表现吧。

医院干部处处长王晓钟桌上的铜铃和闹钟交替鸣响，一个个受试者井然有序地登台“亮相”。他们当中，有在临床岗位上摸爬滚打几十年的高年资医生，有在动乱岁月始终孜孜不倦的中年学者，更有意气风发的青年后生。历史将这几代人放在同一时刻检验，那气势、那规模是解放军总医院史无前例的。

一个个年轻学子走上台去，用中文、外文陈述自己的学术成绩和个人经历。每一位评委的桌上都摆着一摞一摞厚厚的材料。他们个个神情凝重，不停地翻着、写着、圈着，那阵势不亚于在做一个高难度手术、一项尖端的实验研究。此时，他们是更加挑剔了，还是更加宽厚了？与其说是在评判学生，不如说是在评判自己。面对这样空前的阵势，老教授们也是第一次。他们的心情，丝毫不亚于在台上紧张讲演的学子们。

以姜泗长为代表的解放军总医院高级技术职务评审委员会的委员们，用中、外文交替着提出一个又一个问题，有业务问题，也有思想作风问题。

“紧张吗？”时常听到台下有人问刚从“战场”上下来的人。

“紧张得快要说不出话来了。”面对众多的老专家、老前辈，年轻的学子无不紧张。老一辈多年的临床经验、扎实的理论功底绝非一朝一夕练就，这也正是年轻一代所欠缺的。

不要紧，学子再紧张，老教授们深邃的眼光也能识别出带土的金子来。你的水平如何、你的人品如何，老教授们都有一本明白账。光外文呱呱叫不行，只是课题很尖端也不行，你的人品无可挑剔，这才是老教授们评价你的重要内容。临床经验不够丰富，这只是个时间问题；德行不好，这是一个思想品质问题，在老教授们看来也是最重要的问题。如果哪一天你成为学科带头人，是不是会成为年轻人前进的障碍呢？为此，评委们会对人品有争议的人十分慎重地考虑。

院党委、机关的主要成员自始至终没有缺席过，他们的表情更为丰富，那神情的微妙变化总是与台上应试者讲演、回答问题时的跌宕起伏紧密相关。当年的破格晋升者马志中在《医院建设》中这样写道：

“旁听席上几百把椅子每天座无虚席，一张张激动、兴奋而自豪的面孔烘托着会场的气氛。奇葩斗艳、异彩纷呈的兄弟科室的成就使他们大饱眼福，受益匪浅。在为应试者们精彩讲演拍手叫好的同时，灵感得到启发，更为跻身于这样一个人才济济的群体而自豪。在总医院干要拿出真格的，搞邪门歪道，此路不通……总医院这一明智之举，使党委的威信大震，凝聚力大增。”

马志中的话很有代表性，他表达了有为学者们共同的心声。

“擂台赛”从早上8点准时开始，到中午12点仍在进行，盒饭一盒盒地送到了会场，下午两点整再继续，直到夜幕徐徐拉下，“擂台赛”就这样整整持续了一个星期。细心的人们发现，年近80高龄的姜泗长从座位上站起身来时，已经直不起腰来，但他那布满皱褶的脸上充满了欢欣的微笑，身体的劳累似乎被年轻一代勃勃的生机冲淡了。客观地讲，评委们比起那些参赛的学子们还要辛苦、紧张。

经过一场场“真枪实弹”的竞赛，老专家、老教授共同在“赛马”中“相马”。最后结果是50名参赛人员里，有32名佼佼者破格晋升、脱颖而出，一批中青年担任了科主任和学科带头人。与此相伴而来的，是一大批科研新成果、医疗新纪录问世。

公开竞赛、选拔人才所产生的效应已不是一个单纯的评定职称问题，正像解放军总医院老院长廖文海所说的那样：“它为人才插上了腾飞的翅膀，为解放军总医院注入了勃勃的生机。”更具体一点，你可以从解放军总医院每天平均进出千余台车辆、上万次人员的流动中，看到解放军总医院由此而产生的知名度和影

1996年，江泽民接见全军首届专业技术重大贡献获奖人员时与姜泗长亲切握手

响力。

姜泗长的名字再一次在解放军总医院唱响，“姜泗长风格”又一次被赋予了新的内涵。爱才、惜才、用才、不拘一格选拔人才，姜泗长成为解放军总医院的知识分子们看得见、摸得着的伯乐。知识分子有了问题，想找人倾诉，第一个想到的就是姜泗长，就像院长、政委说的那样：“姜老，专家、教授听您的，我们的许多工作要靠您做。”姜泗长的名字和人才连在了一起，自然而然地，他成为解放军总医院知识分子的领头羊。

不难看出，姜泗长的许多举措所蕴含的，不外乎两个字——开明。一个人如果开明起来，也就豁达起来了。

清代思想家龚自珍在清末腐朽没落的年代，大声疾呼：我劝天公重抖擞，不拘一格降人才。中国人以勤奋、聪明著称于世，中国历来不乏人才，最缺少的是人才健康成长的环境。

姜泗长34岁就当副教授，37岁当院长。年轻人究竟行不行？他的亲身经历就是最好的证明。

“设擂求贤”在军内外产生的影响，恐怕是姜泗长乃至解放军总医院党委都始料不及的。同行之间无形中就有了比较，哪个单位重视人才，哪个单位就有希望。解放军总医院重视人才，它的前景非常看好。只要有真才实学，这里就会为你提供施展才华的天地。解放军总医院的这一举措不仅影响了国内不甘寂寞的学人，其影响还跨洋过海，向全世界辐射，在海外漂泊的莘莘学子频频向这里回归。

解放军总医院摆“擂台赛”的做法被总政治部通报表扬，这一做法使科室用人制度在一定程度上由模糊走向透明、由“相马”走向“赛马”。此举已逐渐成为选拔人才的有效途径。

八、历史的传承

姜泗长还有什么事没有做好？

1998年，85岁高龄的姜泗长依然担任着解放军耳鼻咽喉研究所所长的职务。作为解放军总医院耳鼻咽喉科的开创者、中国工程院资深院士，如果自己不退休，还有谁能叫你下来？姜泗长决定抓紧办这件事。

这一年，杨伟炎的耳鼻咽喉科行政主任职务也到了离任的期限，接班人问题再次成为姜泗长以及解放军总医院耳鼻咽喉科人们关注的焦点。谁能担负起这一重任？谁最有发展潜力？上上下下，各抒己见。不能否认历史是群众创造的，但也不能否认领导者在这一创造过程中所起的重大作用。一个国家、一个单位的好坏，在很大程度上是由领导艺术、领导作风、领导水平以及领导品格所决定的。

综合权衡后，当时45岁的韩东一成为解放军总医院耳鼻咽喉科第三任主任。杨伟炎由此接替了姜泗长的解放军耳鼻咽喉研究所所长职务。

第一任主任姜泗长以他的开拓精神，创造了一个又一个第一，培养了一批又一批学生，为中国耳鼻咽喉病理学、耳外科学奠定了基础，成为中国当代杰出的耳鼻咽喉科学家；第二任主任杨伟炎以他敢为人先的勇气，开创了耳神经外科一个又一个第一，完成了解放军总医院耳鼻咽喉科由单纯的耳外科向耳神经外科、头颈外科的转变。

一代人有一代人的责任，一代人有一代人的优势，一代人有一代人的发展空间。第三任主任韩东一将以什么样的姿态开创新的“时代”？人们期待着！

1997年，姜泗长与学生韩东一参加学术会议时合影

韩东一，这个曾希望导师姜泗长“糊涂一点儿”的学生，是姜泗长在1985年招收的第一个博士研究生。

培养博士生，并不是在硕士生基础上课程的加深、实验时间的延长以及病例数目的增加，关键是如何培养出学生的独立见解和创造性。跟在别人后面走，你将永远跟不上；只有独立进行创造性的思考，你才能领先和突破。姜泗长清楚地认识到这一点，他放心大胆地让学生自己选读文献、自己选择课题，但有一点必须强调：起点要高。

韩东一毕业那年，正赶上解放军总医院首次“擂台赛”。他有幸成为这次“擂台赛”的直接受益者，被破格提升为主任医师、教授，随后成为解放军总医院年轻的博士生导师。

1992年，韩东一被派往日本进修，在1年多的时间里完成了6篇论文。日本著名的耳鼻咽喉科教授山下敏夫拿着韩东一的论文，对日本的医生说：“你们写的论文甚至连基本语法都不通。看看中国人写的日文论文，这就是范本。”

中国的姜泗长教授培养出如此高水平的博士，一种探求秘密和究竟的力量促使山下敏夫来到中国，要看看培养高水平博士的地方。他参观了解放军耳鼻咽喉研究所后，感慨地说：“我终于明白了，这里的导师是世界上最优秀的导师，这里聚集了中国最优秀的青年，这里装备着最先进的设备，培养出来的学生自然是最出色的人才。”

2010年，解放军总医院耳鼻咽喉头颈外科进入一个非常时期，第三任科主任韩东一卸任。2013年，继姜泗长、杨伟炎之后，韩东一成为中华耳鼻咽喉头颈外科学会的主任委员、杂志总编。他在任12年，以宽松的管理方式给了下级医生成长的空间，使各亚学科进一步细化，为各个分支学科的发展打下了基础。2007年，由他领衔的“聋病发生机制与防控预警系统研究”课题获得国家科技进步二等奖。谁将接替他成为解放军总医院耳鼻咽喉头颈外科第四任科主任？这个由姜泗长创建的科室，它深远的影响力及悠久的优良传统，使第四任科主任的人选一时成为解放军总医院众人关心的话题。经过民主测评，院党委反复讨论，一轮真枪实弹的竞选开始了。最终，44岁的杨仕明以其综合实力成为解放军总医院耳鼻咽喉头颈外科第四任“掌门人”，他也是解放军总医院耳鼻咽喉头颈外科历史上最年轻的科主任。站在就职的主席台上，杨仕明感慨万千：幸运地在姜泗长搭建的平台上开始从医之路，在这个具有优良传统的集体里学技术，学做人，从事医疗、科研、教学和保健工作。

1988年，由第一军医大学毕业的杨仕明被分配到解放军总医院外科，两年轮转之后，于1990年正式到耳鼻咽喉科工作。姜泗长第一次“召见”这位年轻人时，只说了两句话：“这地方是做学问的，怕吃苦、想挣钱就不要到这里来。”24岁的杨仕明紧张地没敢抬头看老师一眼，但这句话深深地影响了他今后的人生之路。从住院医师到科室主任，从临床、科研到教学，杨仕明每做一件事，均是倾其心、用尽力。在姜泗长的严格训练下，杨仕明练就了扎实的科研基本功。在杨伟炎、韩东一的指导下，杨仕明完成了耳外科、耳神经外科的一个个高难度手术。经过20余年的千磨万击，杨仕明成功地完成了蛹化为蝶的美丽蜕变。

解决聋病的问题是解放军总医院耳鼻咽喉科几代人的目标和方向，针对耳蜗毛细胞再生、聋病基因诊断、基因治疗以及产前预警，近年来已取得了一系列可喜的成果。人工耳蜗植入，为解决重度感音神经性耳聋打开了一条通向有声世界的路径，但其昂贵的成本使这一有效的措施难以普及。为降低医疗成本，造福更多的听障残疾人，2011年，杨仕明带领团队参与了国产人工耳蜗重要的临床验证工作，大大地推动了拥有自主知识产权的、国产低价高性能的人工耳蜗产品的临床普及与应用。与此同时，我国首例振动声桥和骨锚式助听器手术在杨仕明的手下完成。解放军总医院作为全国听觉植入中心的重要基地，目前已完成人工耳蜗植入术2000多例，数以千计的重度感音神经性耳聋患者从无声世界走进有声世界。

在面对和解决各种聋病过程中，杨仕明深切地感受着每一个人的生命价值。从一个个重获听力的聋病患者身上，他为自己当初选择以医学的方式服务于社会、服务于他人而欣慰和无悔；同时，也为自己不懈努力，为聋病研究、为科室的每一步发展而由衷地自豪和快乐。

杨仕明当年参加高考时，以福建省前几名的成绩被清华大学土木工程系录取。如果当初上清华大学从事土木工程专业，他现在正在搭建的就是一座座宏伟壮观的建筑物。今天，他当外科医生与土木工程师做的工作多少有些相似。做医生是在活生生的人体里修筑、雕刻，每当一个生命被修复好，那种医患共喜、共欢的感受是其他任何职业都无法比拟的，曾经的多少辛劳和艰难都不足道。

2011年，上任1年的杨仕明带领团队，终于使几代人期待的聋病教育部重点实验室落户在解放军耳鼻咽喉研究所，这标志着解放军总医院耳鼻咽喉头颈外科从此迈上了学科建设的一个新台阶。

2012年，杨仕明拿到了国家重大科学研究项目——“干细胞治疗感音神经性耳聋的临床基础研究”，成为这一重大课题的首席科学家。

从耳外科到耳神经外科，从治疗传导性耳聋到根治神经性耳聋，从单纯的病理学研究到复杂的基因分子学研究，一代又一代人前赴后继，取得了一个又一个重大成果。50多年间，姜泗长将一个只有13张病床、5位医生的小科室发展为独立的耳鼻咽喉科。今天的解放军总医院耳鼻咽喉头颈外科，已拥有病床130张，还有几千万元仪器设备的研究所是科研经费累积近1亿元人民币的国家重点学科，并有聋病教育部重点实验室以及一支由临床医生和听力工程技术人员共同组成的听力康复专业化队伍，每天忙碌地为解决聋病而努力工作着。解放军总医院耳鼻咽喉头颈外科在科主任杨仕明的带领下，正大步向前迈进。

在杨仕明的办公室里，非常醒目地高高悬挂着一幅“厚德载物”的匾。他时刻提醒自己，德为首要，技在其后。他深知，一个科室的发展与其领导人的个人品性、才学、志向直接相关。“带出一支欣欣向荣、技术过硬的人才队伍，打造一个团结一致、齐心协力的医疗团队，这个团队一定要站在世界聋病研究的最前沿，完成宏愿，此生无憾。”杨仕明如是说。

2013年9月，在纪念姜泗长诞辰100周年活动中，解放军总医院耳鼻咽喉头颈外科演出了气势如虹的男声小合唱。前排演唱者左起依次为：王荣光、李为民、韩维举、周其友、翟所强、杨仕明、杨伟炎、韩东一、黄德亮、陈雷、戴朴、武文明、冯勃

第八章

永恒启示

一、事业发展需要“领头羊”

60年前，解放军总医院的景象让现在的年轻人难以想象：荒坟比房子多，乌鸦比人多。半个多世纪过去了，如今的解放军总医院已成为集医疗、教学、科研、保健于一体，以一流的人才、一流的设备著称于世的我军最高权威医院。

解放军总医院能够迅速发展，是几代人艰难创业、默默奉献的结果，是解放军总医院人对党和国家领导人以及军委总部各级领导始终全力支持的回报。

普通战士身体不适到解放军总医院来就诊，党和国家领导人以及军队高级将领的身体需要检查、治疗也来到这里。对外开放后，老百姓也可以到解放军总医院来诊治。

主管解放军总医院的总后勤部部长，比其他人更清楚地认识到：解放军总医院的发展不仅关系着全军将士的健康，而且直接影响着党和国家领导人的健康。

1986年的一天，总后勤部部长兼政委洪学智来到解放军总医院，和专家教授们围坐在一起。座谈会在既轻松又热烈的气氛中进行。专家、教授们对解放军总医院发展前景的忧虑、对解放军总医院深切的感情，都融进洪学智的心里。

洪学智环视会场：姜泗长、黄克维、牟善初、黄孝迈、黄宛、黄大显等老专家精神饱满地坐成一圈，还有一些他一时叫不上名字的专家、教授。他们大都过了古稀之年，哪一位不是一本书？他们的学识、才华举世闻名。如何将老一辈的经验和技术留下来、传下去，是洪学智正思考的问题。

医学是一代人接一代人的事业。我们不仅要重视现有的医学专家，还要注重培养20年后甚至更远时间的医学人才。这些人才从哪里来？这就要依靠老专家、老教授传帮带。

洪学智在会上感慨地说："姜泗长教授是开明专家，他能热心培养人才，甘当人梯。在知识分子中，要提倡这种风范、这种崇高的品德。"

20世纪80年代，姜泗长与中央军委副秘书长、总后勤部部长兼政委洪学智（左）亲切交谈

洪学智的话并不是说说就完。这一年的6月中旬，《解放军报》记者遵照洪学智的讲话精神撰写了一篇题为《姜泗长教授乐为人梯扶新人》的通讯，发表在该报头版显著的位置上。紧接着，一曲"姜泗长风格"的赞歌在解放军总医院唱响。再后来，洪学智又在《光明日报》上发表了署名文章，题目是《学习和发扬姜泗长风格》。

他在文章中写道："姜泗长风格"的可贵之处，突出地表现在为培养人才呕心沥血，把自己的知识、技术、经验毫无保留地传授给别人，鼓励后来居上，欢迎学生超过自己。

他还写道：我们只有把科技力量有机地结合起来，形成强大的合力，发挥整体的优势，才能推动医学科技事业的不断发展。

此后，解放军总医院院长梁国章、政委刘轩亭也在《光明日报》上发表了题为《学习姜泗长风格，培养第一流人才》的署名文章。文章中说："榜样的力量是无穷的，姜泗长风格已在我院深入人心，显示出很强的生命力。"

《人民日报》、《解放军报》、《光明日报》、中央电视台、北京电视台等新闻媒体，纷纷对姜泗长培养学生、甘为人梯的事迹做了报道。姜泗长的名字在那时已经成为医学家和医学教育家的代名词，社会各界对他给予了极大的关注。"姜泗长现象"成为一种特有的文化，深入到解放军总医院的各个角落。

这样一个大背景下，在姜泗长领导下的解放军总医院耳鼻咽喉科人怎么办?

几乎每一个人，都在考虑这样一个问题：我以怎样的优势在这个人才林立的科室站住脚？分配到耳鼻咽喉科的大学毕业生，两年后百分之百考研究生，并且百分之百能考上研究生。硕士毕业后，绝大多数再继续攻读博士。没有高学历，在这里似乎就没有立足之地。紧迫感、危机感充斥着这里的每一个角落。

氛围是什么？《现代汉语词典》上是这样解释的："周围的气氛和情调。"

任何一个民族、一个团体，如果兴旺发达，一定是这个民族、这个团体拥有一批具有独立个性的优秀人物，这些优秀人物的个性得到灿烂发挥并影响周边众多的人，从而使这个民族、这个团体共同的事业呈现生机勃勃的景象。

这种景象就是解放军总医院耳鼻咽喉科的氛围：奋发向上，团结协作。在这样一个氛围里，你除了努力，别无选择。

科学工作领导者所要做的，不是怎么将自己的聪明才智发挥得淋漓尽致，而是如何将所有人的聪明才智发挥得淋漓尽致。这或许就是洪学智提出学习“姜泗长风格”的意义所在。

纵观姜泗长的一生，他的事业后继有人、兴旺发达，是因为他把更多的精力、意识贯穿到他的学生中间。

本书之所以对姜泗长的学生进行了全方位的描写，就像人们一提起徐悲鸿，就一定要说到他画的马，否则，不足以说明他盖世的才华；同样，说到姜泗长，人们就一定要说到他的学生，否则，不足以说明他丰富的情怀和过人的胆识。

当年，姜泗长对刚上任不久的韩东一说：“你一定要关心群众生活，这很重要。”师生俩说话时，靠得很近，像是在窃窃私语。

姜泗长又说：“这是领导艺术，我一点一点教你。”

恍惚间，韩东一仿佛又看见往事：10多年前，一个北风呼啸的日子，姜泗长来到韩东一一家三口居住的9平方米的小屋里。煤气灶就摆在屋当中，陈旧的房屋不知从哪里渗出水来。姜泗长没有想到，他的学生就在这样一个恶劣的环境下，完成了后来获得大奖的科研课题。

姜泗长非常生气，第二天就找到院务部有关领导：

“你们就是这样爱护知识分子的吗？”

没几天，营房处的助理员拿着新房钥匙亲自交给了韩东一。

在韩东一还是一名普通的学生、一名普通的群众时，导师、领导的关怀在他心里产生的震动，影响了他的一生。韩东一懂得了，领导关心群众生活并不仅仅是解决生活问题，更重要的是激发了“被关心人”的工作热情和干劲儿。

解放军总医院的人说，耳鼻咽喉科有姜泗长这棵“大树”，他的学生们总是很幸运。只要你是人才，是耳鼻咽喉科发展需要的人才，你所需要的一切就不用发愁。可以说，姜泗长帮助过身在耳鼻咽喉科的需要帮助的每一个人，但有一个前提：你必须是努力工作的人。

每一个得到姜泗长关怀的人，都努力做出成绩报答他。在耳鼻咽喉科，许许多多的人都有这样刻骨铭心的感受。

人才资源的分配就像一片山林中的原木，有的当栋梁，有的当桥板，有的当木柴，有的当纸浆……姜泗长好像有一种可以在泥土里发现金子的本领，他能够准确地发现每个人的长处和优势，并为这个人创造发挥这种长处和优势的条件。

耳鼻咽喉科门诊价值3万多元的从日本进口的治疗台坏了几年，闲置在那里，仪器中心的维修人员看后认为没法修理。正在读硕士的王大君，不声不响地将机器修好了。在他毕业分配留与不留的问题上，科室领导班子的意见不一致，因为平时不大爱说话的王大君并没有给人留下才华横溢的印象。

这个细节，姜泗长没有忘记：门诊的治疗台是王大君修好的。这件事本身就潜藏着一种能力。这是一台进口仪器，要使它正常运转，并不是那么容易，需要懂电学、机械学、物理学等综合知识。这种能力不是一天两天就能够具备的，而是多年的爱好和维修经验积累的结果。姜泗长敏锐地看到这一点，学科的发展需要各式各样的人才。

“留下！”姜泗长拍板，王大君留下了。

后来受益于王大君才能的人们感叹地说，留下王大君，真是一个英明的决定。谁的计算机坏了、谁的应用程序丢了、哪台医疗仪器不工作了……只要经过王大君的手，定会让你得到满意的结果。

解放军总医院的知识分子们评价姜泗长：既传统，又很开明。说他传统，老一辈知识分子对事业忘我地投入与执着的精神，在他身上有完美的体现；说他开明，新一代知识分子思维开阔、敢想敢干的作风，在他身上也有充分的表现。

解放军总医院各个部门出现的各种各样的问题，常常会不同程度地反映到姜泗长这里来。有时，他要充当包公的角色，评判是非；有时，又要充当家属委员会里的角色，调解夫妻关系。没有房子住，找他；没晋上级别，找他；在职务上想进步，找他；科室领导班子不团结，找他；甚至医院工人的工龄计算有误，也来找他。他成了万事都管的教授。

姜泗长的知名度也向海外扩散。1992年，台湾科学界邀请大陆医学界3位著名专家去台湾作学术报告，姜泗长是被邀请人员之一。解放军总医院政治部有关部门请示总政治部，总政治部又请示中共中央台办、国务院台办，结果没有批准他赴台。有关单位认为，姜泗长是我军医学界的著名学者，是一位高级干部，当时我军这么高级别的专家去台湾还没有先例。为了做好姜泗长的说服工作，解放军总医院干部处与总后政治部的有关同志来到他的办公室。去之前，他们心里忐忑，没有把握，设想了姜泗长态度的几种可能性，就是没有想到他会很痛快地接受现实：

“我是有一定身份的人，又是共产党员。如果组织上认为条件不成熟，我坚决服从。”

这两位行政干部听到姜泗长的回答如释重负，心里只有敬佩。

学生们会常常听到姜泗长这样教育他们：“政治上的事，你们搞不懂，也没有时间去研究，所以不要轻易加以评说。”

姜泗长常说，我也做思想政治工作，那是在工作中做，在工作中给压力，在工作中转变思想。你光说你为人民服务，但没有为人民服务的本领，怎么为人民服务？

承前启后、提携后昆，这是姜泗长特有的品格与修养，也是他所处的特定历史阶段决定的。沈克非的严厉、胡懋廉的宽厚，非常巧妙地融入姜泗长的行为和意识当中。

也许有一天，在耳鼻咽喉科这一领域，学术造诣比姜泗长优秀者会比比皆是，但为人、为事比他“周到”者，恐怕不多。

清末民初的大学问家王国维曾写下过三句治学名言：古今之成大事业、大学问者，必经过三种之境界。“昨夜西风凋碧树，独上高楼，望尽天涯路”，此第一境也。“衣带渐宽终不悔，为伊消得人憔悴”，此第二境也。“众里寻他千百度，蓦然回首，那人却在灯火阑珊处”，此第三境也。

这也是姜泗长的理想境界。他是一位临床医学家、临床医学教育家，不是学问家。他所能做的，就是在自己的专业上对人类有所贡献。

二、要搞就搞尖端的

姜泗长带出来的硕士、博士、博士后有几十位。算起来，苏振伦是“老大”，他是姜泗长带教的第一个硕士研究生，也是众多学生中最少言寡语的一位。

一天，这个少言寡语的人在一次全国耳鼻咽喉科主任会议上作了一段精彩的发言：“基础研究的灵魂是创新，既要立足于用，又要瞄准前沿阵地，攻占制高点。任何以创造个人或单位的某种‘政绩’为出发点的选择，都是不足取的……”

苏振伦的这段话，着实让在座的同仁们为之一震，就连和苏振伦朝夕相处的同事，也有惊诧之意。

苏振伦的性格在朝气蓬勃的学生中间显得很特别，因为，他有一种对周围的人和事熟视无睹的本事。时间长了，大家也就见怪不怪了。

1972年，还在贵阳陆军第44医院做住院医生的苏振伦受医院委托，护送一位危重病人到他的上级医院——解放军总医院救治。病人得救了，苏振伦也找到了学习专业知识的最佳场所。他向单位提出请求，想在解放军总医院学习一个月，他的想法得到了准许。病人出院后，苏振伦留下来学习。

只有一个月的时间，苏振伦也只能走马观花地看看，最好用的东西就是眼睛了。上门诊参观，他看到姜泗长的学生对一种疾病从诊断到治疗，一步步地都很规范；上手术台参观，他看到姜泗长三下五除二，几分钟就把一个扁桃体拿了下来。

“从那时起”，苏振伦说，“我就神往这里。”这个不善用言辞表达情感的人，说出了一句带有诗味儿的话。可以想象，在1972年的冬天，解放总医院耳鼻咽喉科给他的感受、姜泗长留给他的印象是极其深刻的。

苏振伦回到了第44医院，仍做他的住院医生。从未对知识怠慢的他，这下有了努力的方向和目标，回到家就像黏在书桌旁的木偶，如果不是妻子董孝娥督促，他常常会忘记吃饭和睡觉。

机遇终于降临到这个有心人的头上。1978年，研究生招生制度及学位制度恢复了。苏振伦终于等到了通向“神往地方”的方式和机会。

离苏振伦来解放军总医院学习的日子已经过去了5年，他作为通过初试的考生又来到北京，来到姜泗长的办公室参加复试。

轮到苏振伦了，他紧张得难以用完整的句子回答问题。直到此时，姜泗长也没有想起眼前这个学生曾在他的科里学习过。

当时，苏振伦的各科成绩并不是最理想的，况且那年他已经三十有七。可面试后，姜泗长在参加复试的三人中独独选中了他。

30多年过去了，苏振伦究竟做出了什么样的成绩？姜泗长当初的眼力是否准确？

解放军耳鼻咽喉研究所二层一隅，苏振伦在这里开始了尖端课题毛细胞离子通道的研究。经过几年的艰苦探索，他得出一个让外国人惊慕的结果：发现毛细胞有两条钙离子通道。论文在美国的一家权威杂志上登出。美国有关方面的学者，看到他的文章以后，修改了科研思路并证实了这位中国学者的论点。

1988年，苏振伦从日本留学回来后决定从临床转向科研。他征求老师的意见，姜泗长表示支持。

苏振伦开始选择课题，想接着读硕士时研究的课题继续搞下去。他将这一想法向老师汇报后，姜泗长不以为然。

“你再搞那个题目，意义不大。要搞就搞尖端的、前沿的。”

姜泗长定下了基调。一段时间里，苏振伦整天泡在图书馆检索文献、查阅资料。他终于找到了一个位于前沿并令他感兴趣的课题，又去征求老师的意见。

毛细胞离子通道，这是一个当今世界前沿难题。姜泗长对学生苏振伦究竟能不能做出这一课题来，也不能持肯定意见。

姜泗长说出来的却是：“你做吧，给你10万美金的经费。”

苏振伦发现老师这次同意得如此痛快，而且给了充足的资金支持，他很是兴奋。

一间屋子腾了出来，里面只有一张桌子，空间很大，足够苏振伦去想象。当然，有了地方，这只是第一步。

那是一种什么样的景况？没有一件能够进行尖端、前沿研究的仪器，一切是零。

从此，苏振伦没有了节假日。每天晚上，在解放军耳鼻咽喉研究所这座白色小楼里，你总能看见二层一间实验室的灯光亮到很晚。

人生中按部就班地去完成各种学习、多读几年书，只不过意味着我们的专、精而已。事实上，能不能做出有价值的研究成果，很大程度上决定于一个人是否有执着之心和苦干不辍的精神，而苏振伦最不缺乏的就是这种精神。

10万美金可不是个小数，姜泗长像是给这个难料结果的前沿课题投下了赌注。做出有突破性、有创意的成果，才是我们努力的方向。老师是这样认识的，那么学生呢？苏振伦在一开始对自己能否做出有创意的工作并不持肯定态度，因为他一直从事临床工作，搞基础研究也不过几年。

不善与人交往的苏振伦，开始和各个部门、各个专业打交道。首先要搭起一个实验台，要在一个细胞上找准他所研究的离子，在离子中又要发现它的运输路线，这绝不是一个又平又宽敞的乒乓球台所能胜任的。单纯的平面远远不能满足实验的条件，实验台首先要稳，不能有一丝一毫的晃动，还要防电磁干扰。

苏振伦寝食不安，心里的压力很大。

那段时间，电焊工、锻工、木工的活儿，苏振伦都学着做过，他觉得自己好像能干了许多。

仪器买来了，设备添齐了，要找到那个毛细胞的钙离子通道，就全看苏振伦的能耐了。

一个硕大的玻璃缸里，畅游着几十只牛蛙，这是为做实验准备的小动物。在实验台的另一隅，蠕动着一群肉乎乎的小虫子，它们是那些牛蛙的食物。给这些牛蛙喂食，也成了苏振伦每日必做的工作。就是当初女儿呱呱落地时，他恐怕也没有像对待这群小动物这么用心、这么精心。

苏振伦没有让人一眼就能望见的才华和智慧。对他能否做出成绩，当初持怀疑态度的人并非少数，就连他也曾对自己怀疑过。

两年过去了，到了第三年，实验仍然没有一点结果。一次次失败、再失败。牛蛙也一天天地减少，然后一次又一次地再买。失败是成功的母亲，可当时苏振伦一点儿也看不到成功的影子。他着急呀！急得直想发脾气。

姜泗长时不时过来看看苏振伦的课题进展情况。老师每看一次，无形中对苏振伦就是一次鼓励；换句话说，苏振伦又感受到一次压力。

在当初几十分钟的复试中，姜泗长怎么就选中苏振伦这个说话、神态都显得木讷的人呢？

苏振伦说："我自己也搞不清楚，姜教授当初为什么会录取我。"苏振伦还搞不懂，为什么晚上他在实验室工作时，总是接到导师的电话。

"谁在实验室？"姜泗长问。

"就我一个人。"苏振伦答。

"有事吗？"苏振伦问老师。

"没什么事。"电话那头的姜泗长说。

苏振伦想，又没什么事，导师打电话干什么呢？

多年后，苏振伦终于反应过来了："姜教授常常在晚上打电话到实验室，是看谁在那里工作。"

苏振伦有幸，他有姜泗长这样一位导师，为那些痴迷于搞科研而无暇旁顾左右的人撑起一把保护伞。苏振伦从未对晋升、调级、住房等问题思虑过，他一路畅通地得到了应该得到的一切。

你能说在苏振伦研究的"毛细胞离子通道"中，没有姜泗长的智慧和汗水吗？有姜泗长为他遮风避雨，为他开辟前进的通道，他才得以拥有一片晴朗的天空，才有全身心投入"离子通道"的良好环境。

人类社会能发展到今天，正是因为有苏振伦这样一群痴迷于探索未知世界的人以及姜泗长这样为这些人创造各种条件的人。

科学二字的含义在当今世界已经是很普及的意识了，但许多读者也许难以相信，所谓"科学"在人类历史上是非常晚近的东西。"科学家"（Scientist）一词直到19世纪才出现。

那是1833年在剑桥召开的英国科学促进会的一次会议上，著名科学史学家、科学哲学家威廉·休厄尔建议，依照"艺术家"

（Artist）一词创造出一个新词“科学家”，用来称呼像法拉第那样在实验室里探索自然奥秘、增进人类自然知识的人们。

在1833年，人类历史上出现的科学家已经不计其数了，他们的名分是什么呢？原来，他们自称也被别人称为自然哲学家。他们自以为从事的是自然哲学研究。对这一点，可以从许多科学著作的标题中看出。牛顿创立牛顿力学体系的原著是《自然哲学的数学原理》（1687年出版），近代原子论在化学中的复兴者道尔顿的著作是《化学哲学的新系统》（1808年出版），英国物理学家马斯·杨写过《自然哲学讲义》（1807年出版），这些题目作为当时科学教科书的名字是比较普遍的。

这些情况说明什么呢？说明科学始于哲学。在科学上做出重大成绩的人往往具有深刻的哲学头脑。同样，要做一位杰出的医学家，也必须具备自然哲学的思想，否则，即使偶尔成功一次，那也纯属巧合。在苏振伦将他的课题进行到一定程度的时候，他对此体会尤深。

在解放军耳鼻咽喉研究所4层的一间实验室里，就有一个具有哲学头脑的人。有人预言，这个人将来一定能在科研上做出成绩，而且这个成绩绝不是什么仅仅“填补了国内空白”的成绩。

“填补空白，说明有人已经做过。你完全没有必要重复别人的实验，跟在别人后面走。”说这话的人姓胡名博华。

面对胡博华，你有一种淡泊、宁静的感觉。宁静常常用来形容女孩子，但是在这里，只有用“宁静”，才能表达对他的进一步认知。

胡博华是在1983年从第二军医大学毕业后被分配到解放军总医院耳鼻咽喉科的，同时分来的还有陈雷。两年以后，他们一同考上了姜泗长的硕士研究生；毕业的当年，又一同考上姜泗长的博士研究生。选择课题，最能测试一个学生的能力和潜力。胡博华的硕士课题是："爆震后对豚鼠耳蜗微循环的实验观察"；陈雷的硕士课题是："爆震后对豚鼠听阈、血管纹Na^{+}-K^{+}-ATP酶和琥珀酸脱氢酶的早期影响"。可以看出，他们的课题都是在姜泗长指定的大范围内自由选定的。

胡博华准备进行微循环研究时，国内也有人在进行人体微循环研究，但胡博华要做的内耳微循环研究和其他人没有任何雷同之处。

从硕士到博士，胡博华始终围绕着"爆震性聋"这一课题进行探索性研究。也许是因为课题的深度和做起来的难度，到目前为止，他仍是国内独此一家进行内耳微循环研究的人。

几年前，在只有一张桌子，别无其他的情况下，他开始在无人涉足的内耳微循环领域里跋涉。几年过去了，一套进行内耳微循环研究的设备在胡博华的拆拆添添下组装完成，一套完整的实验方法也建立起来。目前，胡博华又转入"低强度噪声对高强度噪声防护机制"的研究，这一课题将为军事噪声防护和相关疾病治疗提供理论依据。

"要搞就搞尖端的。"姜泗长对他的每一个学生都是这样说。在学生眼里，姜泗长不仅是导师、领导，还是"后勤部长"。学生们从来没有因为经费短缺，使一项尖端课题的研究停滞不前，或半路夭折。有良好的人文环境，还有充足的科研经费，年轻人的才干在解放军总医院耳鼻咽喉科最大限度地发挥了出来。

胡博华在人才济济的解放军总医院耳鼻咽喉科似乎并不引人注目，他的"功力"是随着时间渐进，也随着科研成果迭出而"发散"出来的。

胡博华和苏振伦一样，也是从临床转入科研的。胡博华说："从我的个性来讲，我更喜欢科研。"也有"权威人士"讲，胡博华的手很巧，是块干外科的料。胡博华还是一个极有耐心的人，对待每一位病人真正做到了一视同仁，他给病人留下的印象是和蔼、可亲、可信。有病人说："把自己交给这样的医生，心里就很踏实。"不管是做人还是做医生，要真正做到一视同仁并非易事。

在注重经济效益、注重人际关系的社会，能做出离开临床岗位、专门从事科研决定的人，一定达到了某种境界。医学院的研究生们都有这样的体会：在临床为病人诊治，经常是别人求你的多；一进入实验室做实验，就必须迅速调整自己、转变角色，你得到处求别人。胡博华不是不明白这一点，但他最终仍然坚定不移地选择了科研这条荆棘丛生的小路。

再说下去，你就会感到胡博华是一个活得很明白的人。这种"明白"，没有一定的文化积累、没有一定的哲学思维，是难以做到的。一种不经意的脱俗超凡的气质，在他的言谈举止中时时地流露出来。这是一种科学家的气质，也可以说是素质。达到了这种境界的人，不难想象，今后还会有多少尖端科研成果在他的手下一一诞生。

1995年，胡博华也来到了美国，两年内完成了三篇论文。胡博华回国时，欢送会事实上成了宴会，实验室的各国同事都来了。胡博华的"老板"说："胡是我们这个实验室里工作非常有成绩的中国人，也是第一个提出要回中国去的人。"

在美国，不管是美国人，还是中国人以及其他国家的人，如何得到别人的尊重？只有一条，那就是看你的工作成绩。你的工作有成绩，就会得到同行的尊重。临行前，胡博华得到的，是全科十来个人中，每天必有一人要单独和他在一起吃顿饭的"尊重"。

姜泗长的研究所里，聚集着一批像苏振伦和胡博华这样只做学问、不旁顾左右的人。我们没有理由不相信，这里会不断地开花、结果。

三、大门敞开，自由来去

姜泗长将学生一个个送出国去学习，人们不禁要问：他们是不是都按时回来了？因为在中国，特别是在事业单位，都多多少少有那么一些因为这样或那样的原因不打算回国的人。在姜泗长众多的学生中，也有一去就不再回来的人。

博士生石勇兵不打算回国，姜泗长的心里多少有些不快，但他并没有当众流露出来。大家对石勇兵不回来，可谓议论纷纷，因为石勇兵在国内工作时，大家总感到他比一般人要特殊。换句话说，他比一般学生得到的导师们的“爱”似乎要多那么一点。

石勇兵特殊在哪里？为了他出国进修，导师们可是费尽了心血。

“我们理解你，相信你是爱国的。”导师们像母亲爱护儿子一样地爱护着石勇兵。导师组5位导师联合向上级机关签名保证：我们相信石勇兵是爱国的，他一定会按期回国。

1993年，屡遇挫折的石勇兵带着导师们的理解与重托，带着医院领导的信任与鼓励，终于踏上出国的征途，应美国费城Temple大学医学院的邀请到该院学习、工作。石勇兵一口流利的英语令美国人惊讶：“你自学的英语，比我们土生土长的美国人说得还要纯正。”

仅仅英语说得漂亮还远远不够，美国人拭目以待的是实际工作能力。不久，石勇兵以他的工作成绩赢得了美国人的信任和尊敬，在不到1年的时间里，帮助该医学院建立起了耳声发射实验室。

石勇兵用流利的英语为美国人讲授他们从没有接触过的内容，美国人叹服了："如果中国的青年人都像你一样，中国在21世纪将是不可估量的。"

由于石勇兵出色的工作，医学院很快给予他博士后待遇。此时石勇兵想到的是，这成绩的背后，凝集着导师们多少心血和沉甸甸的希望。

在石勇兵研究生学习期间的5年时间里，导师姜泗长找他谈话不下30次。

1992年，石勇兵如是说：我得到导师如此厚爱，并不是我有什么特殊的地方。我对什么都充满着好奇，求知欲强，但情绪不稳定，一度心灰意冷，觉得干什么都没有意思，整天书也看不下

1990年，第一届全国耳鼻咽喉科基础会议期间，姜泗长与学生石勇兵在北戴河海边合影

去。在这样的情况下，姜老反复找我谈话。他说："人总有幼稚的时候。我知道你是爱国的，吸取教训，对你将来的生活会有好处，逆境会使人很快成熟起来。"

姜泗长的一席话，让身处困境的石勇兵顿时感到路也宽了、天也晴了，又全身心地投入到耳声发射的研究中。

耳声发射在我国是一个新颖的研究课题。以往，人们认为耳朵是一个收音机，只是接收声音的。石勇兵所要证明的是，耳朵还是一个放声机，它不仅收音，而且还可以放音。当然，这种声音只有通过特殊的仪器放大之后才能测收到。

刚开始，石勇兵的实验进展得总是不顺利。他心烦意乱，又查数据、查文献，再接着做，一遍又一遍。某天，几条如波浪起伏的曲线终于出现在石勇兵的眼前，成功了！这成功来得多么不容易啊！曾经的殚精竭虑、曾有的辛苦疲劳，此时都化作无法克制的兴奋。无形间，他又忘乎所以起来。

姜泗长很快知道了这一切，结果，石勇兵又被叫到导师的面前。在石勇兵消沉、困难时，姜泗长给他信心，为他鼓劲儿；在石勇兵有点成绩时，姜泗长又不失时机地提醒：要谦虚、谨慎。石勇兵从姜泗长那里学到的最有用的东西，一定不只是知识和学问。

来到太平洋彼岸的石勇兵频频给导师和同志们来信，每一封来信都很长，像小说。对导师的思念、对集体的深情以及美国人的热情，还有同行的赞赏，都一一跃然纸上。

大家争相传阅他的每一封来信：

"来到世界上最强大、发达的美国时，我才真真切切地感到我是一个中国人，祖国从没有像现在这样在我心中占据着沉沉的分量。为中华崛起而读书，为中华富强而发奋。唯有这一目标，才能使我不平静的心安静下来。家园再好，那是别人的家园；美国再好，那也是别人的天堂。使我的祖国富强起来，才是我最高的理想……”

两年后，石勇兵从大洋彼岸回到了祖国。导师们为他揪着的心总算放下来了，因为上级机关的文件柜里躺着5位导师联名签字的担保书。

石勇兵回来了！耳鼻咽喉科的人们开始关注他的变化，全院关注耳鼻咽喉科的人们也在关注着他的作为。导师和同志们对他寄予厚望。

一年、两年就这样过去了，石勇兵好像并没有什么出色的表现。大家为他担忧，姜泗长以及科室领导亦不无忧虑。

一天，石勇兵提出再一次到美国去的想法。此行不是学习，而是应邀帮助他曾经学习过的Temple大学医学院工作，时间是3个月。这次，不仅姜泗长以及科室领导同意得很痛快，而且医院以及上级机关一路绿灯，所有的手续办得也很顺利。

但是这一次，石勇兵做出了出人意料的选择。

当然，不只是一个石勇兵滞留他乡。

有不守契约、出去了就不回来的人，但这并不妨碍作为决策人的姜泗长源源不断地将科里的年轻人一个个送到国外。强扭的瓜不甜。解放军总医院耳鼻咽喉科的发展绝不会因为一两个人不回来而受影响，姜泗长也绝不会因为有的学生不回来而懊恼不休。

在解放军总医院耳鼻咽喉科这样一个特殊氛围下营造的集体，从来就主张来去自由。

一天，姜泗长接到加拿大著名耳鼻咽喉科专家阿尔伯提的来信，信中推荐一位中国学生报考姜泗长的博士研究生。“欢迎来考。”姜泗长很快回了一封信。

这个被外国教授推荐的人叫王荣光。1985年，王荣光来到加拿大多伦多大学颞骨组织病理学教研室进修。一天，教研室主任拿着准备投往加拿大耳鼻咽喉科杂志的论文让王荣光学习。看完了论文，王荣光对主任说：这篇文章对病因的表述不够清楚。本病应该不是外伤性疾病，而是先天性疾病，是胡施克氏孔未封闭造成的。

主任满脸惊喜，这也正是他纠结、怀疑之处。

很快，主任按照王荣光的意思改写了论文，并毫不犹豫地署上了王荣光的名字。之后，王荣光在主任眼里有了亮点。然而，一件事并不能说明更多的问题。紧接着的发现，使主任对王荣光不得不刮目相看。

一天，英国著名的病理学教授迈克尔斯来加拿大讲课，介绍他首先发现了中耳表皮样结构，据说，这种结构与先天性胆脂瘤的形成有关。当时，坐在台下的王荣光听着英国教授侃侃而谈，按捺不住激动的心情，因为他也在研究胚胎发生学。课后，他急切地向加拿大主任汇报了自己的想法：如果我们能证实这一结构确实存在，这对中耳胆脂瘤的病因学研究将有重要的意义。

主任听着王荣光的设想，脸上露出了难以捉摸的微笑："如果你能在我们的标本中找到一个让我信服的表皮样结构，我就送给你一架最先进的日本照相机。"

10天之后，王荣光在实验室的18例胚胎标本里找到了典型的表皮样结构，不是1个而是6个。主任说话算数，第二天就把一架崭新的日本照相机送给了王荣光。

数十天过去后，一篇证实人类在胚胎时期存在表皮样结构的文章完成了。在这篇文章中，王荣光将这一结构正式命名为"迈克尔斯结构"。

迈克尔斯教授得知这一消息后非常高兴，他向王荣光发出了邀请，来英国伦敦读他的病理学博士。令迈克尔斯感到意外的是，王荣光谢绝了他的邀请。

姜泗长领导的解放军总医院耳鼻咽喉科有强大的导师队伍、过硬的医疗技术水平、良好的学术作风以及精良的仪器设备，这一切深深地吸引着王荣光。回国后，他如愿考取了姜泗长的博士研究生。在选择课题时，他想选择鼻的发生学，而他的导师姜泗长是中国最有名的耳科专家，他不研究耳科却搞鼻科，这是一般导师很难接受的。

“行，我支持你。”姜泗长对学生王荣光说。

在不长的时间里，王荣光写出了数篇论文，对传统的鼻发生学提出了新的见解。他还出版了《临床耳科学》、《临床鼻科学》、《临床咽科学》等专著。

四、挑战神经性耳聋

姜泗长一生致力于聋病的研究。聋病分为传导性耳聋和神经性耳聋。在20世纪60年代初期，对传导性耳聋的治疗已经达到了一定的水平，尤其是对耳硬化症聋的手术治疗，达到了理想的生理指标。如何进一步解决神经性耳聋的问题，是困扰几代耳鼻咽喉科工作者的难题，也是姜泗长在晚年一直努力奋斗的目标。

在解放军总医院门诊楼4层的耳鼻咽喉科，几乎每天都可以看到这样的情景：

医生从诊断椅上站起来叫号。一位妇女抱着3岁的孩子，坐到检查椅上。她和丈夫早上5点就站在专家门诊的挂号窗口前等候，发现还有比她来得更早的人，所以她只挂了一个2号。

“孩子怎么不好？”医生问道。

“听不见声音。”母亲答。

“打过什么针吗？”医生又问。

“有一次，孩子发高烧，持续3天不退。县医院的医生给孩子注射了一针庆大霉素，孩子的烧退了。可是发现孩子听不到声音了，脾气变得越来越坏，以前会说的话现在越来越说不清了。”母亲痛心地说。

医生拿起音叉在自己腿上敲了敲，孩子害怕得哇地一声哭了起来。

“再做一个检查看看。”

母亲带着孩子进了另一个检查室。

结果出来了：在相关电位上引不出任何反应，是典型的神经性耳聋。

“能治吗？”母亲小心翼翼地看着医生的表情。

“我们正在研究，目前还没有更好的办法。”医生望着天真的孩子遗憾地说。

“孩子还这么小，以后，他可怎么生活呀！”母亲忧伤的眼泪流了下来，父亲的眼眶也湿润了。

作为中华耳鼻咽喉科学会主任委员的姜泗长，更为由耳毒性抗菌素带来的严重毒副作用忧心忡忡。他在用一生的精力解决听力问题，而一针有耳毒性的抗菌素，就可以使人束手无策。为此，他曾写过文章在报刊上发表，提醒医务工作者慎用有耳毒性的抗菌素。早在20世纪70年代初期，北京市耳鼻咽喉科研究所就编写出版了《链霉素类耳毒性抗菌素中毒》一书，首次印刷10万册，在全社会进行了广泛宣传。以后，又在大报小报上反复阐述耳毒性抗菌素之弊，但成效如何呢？

令人痛心和不解的是：在全国任何一家医院的耳鼻咽喉科，经常能遇到因不慎使用抗菌素而失聪的病人。多少还未开启的心灵，因为小小的“一针”就进入了无声世界。据不完全统计，残疾人中有30%是耳聋，而因药物中毒等原因丧失听力的残疾人在我们国家就有2050万人之多，这惊人的数字里包含了多少悲欢离合的故事啊!

许多医生特别是一些基层医院的医生，多以“不过敏、不会出现生命危险”作为一种药的使用标准。至于一针下去有什么毒副作用以及由此带来什么后遗症，他们是不屑于思考的。而有耳毒性的抗菌素，多有不容易过敏这一特点。

在解放军总医院的耳鼻咽喉科，在姜泗长领导的科室，慎用甚而不用有耳毒性的抗菌素，已进入专科医生的潜意识，因为他们看到太多太多的不幸，发生在一个又一个人的身上。

一个人曾感受过大自然给予人类的美妙声音，突然有一天，他失去了这种感受美妙声音的能力，那是怎样一种痛苦！

多少父母无法接受孩子从此听不到声音的现实。慌不择路，病不择医，他们甚至愿意相信公共汽车站牌子上、马路边的电线杆上以及张贴在建筑物墙壁上的各种包治聋病的广告。

病人们跑遍了医院，花光了家底，流干了眼泪。这惨痛的一景几乎天天上演着。病人不远千里来到医院，带着家里所有的积蓄，可痛苦的，他们总是听到医生们这样的回答：

“我们正在研究，目前还没有找到有效的治疗方法。”病人走了，带着失望，也许还有一点点希望，因为医生说：“我们正在研究。”

医生正在研究如何解除病人的痛苦，所以病人还没有彻底绝望。

可是，这一天什么时候到来？

宣传也罢，慎用或禁用也罢，这些都不是从根本上彻底解决问题的办法。怎么能够使病人既能用上安全、有效的抗菌素，又能抵制它的毒副作用，这是姜泗长和他的学生们努力攻克的难题。

姜泗长一生有三大愿望，其中之一就是如何找到破解神经性耳聋的钥匙。20世纪90年代，分子生物学飞速发展，被引入医学领域后，使得对疾病发生机制的研究以及对疾病的诊断、治疗有了质的突破。姜泗长敏锐地捕捉到这一趋势，决定筹建解放军耳鼻咽喉研究所分子生物学实验室。他很快筹集到第一笔实验室启动基金，30万元在今天看来并不是个大数目，但在一切从零开始的当年，这笔资金就显得尤为重要。1994年，刚刚硕士毕业、曾在军事医学科学院从事过分子生物学研究的杨卫平，被安排负责分子生物学实验室筹建工作，在技师郭维维的配合下，开始了实验室的基础设施建设。在这个过程中，姜泗长天天询问，甚至关心订购的仪器如何拉回来等诸如此类的细节。有限的资金，如何用在刀刃上，这是姜泗长要考虑的。为了节约几十元的搬运费，技师郭维维变成了“人力车夫”，蹬着三轮车从永定门往五棵松拉回一件件仪器设备。20年过去了，当年40平方米的实验室如今已发展成为设备先进的、300平方米的实验中心，并拥有一支技术力量雄厚的团队。

时间到了1998年，一天，在浙江省奉化县，两个从北京来的年轻人中的一个被病痛折磨得从睡梦中醒来。

解放军总医院耳鼻咽喉科研究员袁慧军一个小时腹泻了十几次，她正在催促技术员曹菊阳赶快去机场，把血样按时安全地送回北京。血样标本必须保存在零摄氏度以下的低温环境中，在冰壶里只能存放一天。一天后，冰壶里的冰也将融化，DNA将分化、降解。所有的艰苦努力将全部化为乌有。

几天来，这两个年轻人踏遍乡村的沟沟坎坎，走进一个个家庭，造访每一个聋病家系成员。晓之以理、动之以情后，终于从对方的血管里抽出2毫升血；待进入另一个家庭后，又开始新一轮的晓之以理、动之以情。

曹菊阳深知自己的责任，开始准备行装。突然，一阵剧烈的腹痛向她袭来，来势之凶猛，让她措手不及。几次折腾下来，她也倒在床上无力再动了。

“只要有一口气，我们就要按时把血样送回去！”千辛万苦采集到的血样标本，不仅埋伏着攻克神经性耳聋的契机，还有聋病患者及其家属眼巴巴的希望。虚弱的袁慧军不知自己是怎么走上飞机的，也不知自己如何下的飞机。到了单位坚持处理完所有血样，她才去看急诊。结果出来了：嗜盐弧菌中毒。这是当地发病率很高的一种消化道疾病。袁慧军很清楚，严重腹泻导致电解质紊乱使人致死的事并不稀奇。

像当年的农村医疗队一样，袁慧军、曹菊阳她们走门串户，农民们拿出他们最好的东西招待北京来的医生。她们在感受了热情的同时，也感受了病菌侵入身体的滋味。

袁慧军从博士到博士后，从一个实验室到另一个实验室，从未想过搞科研要跋山涉水进入农民的家里，要和成百上千的“敏感家系”成员面对面地打交道。她的工作地点在炕头，在田间，在一间间茅草屋下。头上是汗水、雨水、泥水，脚下是牛粪、马粪、鸡粪。当年的赤脚医生就是这样吧！但她没有当年赤脚医生的风光和自豪，有的只是伤感与紧迫感。

1995年，29岁的袁慧军被自己的导师、军事医学科学院孙曼霁教授推荐到姜泗长这里读博士后。她是搞分子生物学研究的，进入耳鼻咽喉科这样一个临床专科，该如何选择研究的方向？“起点要高，要搞就搞最尖端的。”导师姜泗长这样对她说。从此，她开始了十多年寻找神经性耳聋基因的长途跋涉。

检索与神经性耳聋有关的所有文章后，从遗传性聋的家系中，袁慧军得到启示。从文章作者这条线索开始找起，再从作者那里找到了病例提供者——作者的父亲。这样，袁慧军来到了贵州。

这位父亲曾是医院的耳鼻咽喉科主任。老人从落满灰尘的书柜里拿出厚厚一沓病历，交给北京来的袁慧军说：

“我们没有条件搞研究，但我知道有一天会有人研究这个难题，需要这些资料。”

老人提供的是怎样一个个病例呢？按着线索，袁慧军来到了这样一个5口之家，家里有3个失聪的孩子。孩子们生下来时，个个聪明伶俐。老大3岁时，高烧不退，注射了一针庆大霉素，从此进入无声世界；老二，4岁时高烧不退，县医院的医生也给注射了一针庆大霉素，老二失去了听力；老三也在4岁时发高烧，同样被注射了一针庆大霉素，结果，令人痛心的事情也发生了。已经会表达一些简单思想的孩子，从此进入了无声的世界。幼小的心灵，承受着无言的痛苦。

这样的悲剧在一个家庭接二连三地发生。面对3个失聪的孩子，父母如同掉进深渊，真是呼天天不应、叫地地不灵。他们不知应该怨谁，只能怨自己的命不好。

"一个家系成员应用'耳毒性抗菌素'致聋就提示这个家族有敏感基因，家系中的其他人应慎用或最好不用此类抗菌素。"

这就是袁慧军了不起的发现。如果病人的家人稍懂一点医学常识，多问几个为什么，如果当事医生具有高度负责的精神，那么，悲剧就不会接二连三地在同一个家庭反复上演。

一个又一个关于解决神经性耳聋的课题在进行着。

1999年夏，博士生叶胜难、技术员曹菊阳又一次前往贵州，进行遗传性聋的家系调查与血样采集。

当天下着瓢泼大雨，山上的泥水夹杂着石头滚滚而下。汽车不得不在泥沙路上缓缓行驶，每向前走一米，就向后滑半米。司机担心危险随时会发生，因为一米之外就是万丈深渊。司机无论如何不走了。

"不走不行！"叶胜难、曹菊阳她们态度坚决，好不容易来到这里，不能没有收获就打道回府。课题少了这几个血样数据，并不会影响实验结果，但多一个血样数据，她们的研究结果就会更有说服力。

雨仍在不停地下着，泥沙在脚下翻滚。她们决心进村采血样的真诚举动，打动了村里的一位司机。这位司机开着自己的吉普车赶来接北京来的医生。就这样，她们又前进了。

车摇摇晃晃地向村里挺进，坡很陡，路很滑，每时每刻都会有危险降临。此时，开车不仅要凭技术，更要有胆量。

这位司机是一个生意人，冒着危险拉北京来的医生完全是凭良心。一路上，三个人都紧张得不敢说话。遇到危险处，她们就听司机喊道："你们下来！"她们从车上下来，站在雨中看到司机开着车，车身大幅度地倾斜，好像随时都要翻过去。不到10公里的路，汽车硬是走了几个小时。如履薄冰、如临深渊的险境，她们算是彻彻底底地体验了。

像这样到下面去采集血样，染病倒下、路遇险境的事情，解放军总医院耳鼻咽喉科攻克聋病的一个个团队都多多少少遇见过。以上只是两个典型的事例。

姜泗长的学生们不管走到哪一户、哪一村，都有人闻讯来看病，当地缺医少药的状况让他们看着揪心。因为没有钱得不到及时的治疗，可怜的孩子就成了残疾人。

俗话说：一个聋，半个傻。有这样一户人家，3个患遗传性耳聋的孩子天天呆呆地坐在那里，大一点儿的孩子穿着只有一条裤筒的裤子，两个小一点儿的干脆没有裤子穿。环顾四周，家里甚至找不到一张像样点儿的凳子。

从一个个僻远山区采血样回来的姜泗长的学生们，感慨难平："到了病人中间，我们的心灵一次次受到净化和震撼，好像聋病问题不解决，都是因为我们没有努力！"

对遗传性耳聋早在16世纪就有文献记载，在每1000个新生儿中就有1个患先天性耳聋。如何预防和治疗遗传性耳聋，在很大程度上依赖于对致聋基因及其产物的认识。聋人在中国就有3000多万，这是一个多么庞大的数字！

聋病问题，终于引起了全社会的重视。1998 年1月，中国残联、卫生部、教育部、民政部、全国妇联等有关单位的领导及在京的听力学界、特殊教育学界的知名专家进行座谈，建议确立全国“爱耳日”，宣传、普及预防耳聋的知识，减少耳聋发生。在1998年3月召开的第九届全国政协委员会第一次会议上，16名全国政协委员又正式递交了题为《关于建议确立“爱耳日”宣传活动》的第2330 号提案。从此，每年的3月3日被正式确定为全国“爱耳日”。2000年 3 月3日，开展了第一次全国性的“爱耳日”宣传活动。有关专家论证：如果“爱耳日”活动年年顺利实施，每年7 岁以下儿童因药物毒性致聋者将减少1万~2万名。千千万万个儿童和家庭可以避免不幸发生。

在解放军总医院耳鼻咽喉科门诊，常可以看到一位忙碌的年轻人在为病人配助听器。算起来，这位年轻人是姜泗长留在耳鼻咽喉科的第三个非医疗系毕业的专业人员。他叫郗昕，1990年毕业于第四军医大学生物医学工程系。如今，他专门从事电子耳蜗植入后的听力、语言康复工作，已经取得了可喜的成绩。在艰难的行进中，他强烈地感到：听力学是工程学、医学、教育学等共同参与的科学，大量的问题需要多个学科参与协同解决，要做的工作实在太多太多。

要彻底解决神经性耳聋，这是一个艰难而庞大的系统工程，需要一代又一代人不懈探索。从20世纪末开始，解放军总医院耳鼻咽喉头颈外科就有多个课题组奔赴全国28个省区市，采集了几百个遗传性聋家系的几万个血液样本，建立了亚洲最大的DNA基因库。姜泗长的博士生戴朴的“重度感音神经性耳聋致病机制及出生缺陷干预研究与应用” 已获得国家科技进步二等奖，袁慧军获得国家优秀科技工作者称号，杨仕明、王秋菊分别拿到国家“973计划”聋病项目基金。更大的成果正在孕育中，只待破土而出。

五、难叙亲情

在姜泗长的事业如日中天之时，他的老伴儿吴幼霖未及分享，就在1994年羽化登仙，享年80岁。1993年那个隆重的为姜泗长庆祝80寿辰的场面，如果卧病在床的吴幼霖能亲眼看见，她该为自己几十年前的选择欣慰吧。

吴幼霖的去世，似乎并没有影响姜泗长的工作热情。白天，他照常开会、审稿、和学生谈话。到了晚上，姜泗长才会想起妻子来，有时会梦见他们年轻时一些难忘的情景……

秋风爽爽，岁月深处，一盏台灯下，吴幼霖正在帮助丈夫誊抄论文。

孩子们在干什么？姜泗长实在没有清晰的印象，他给孩子们的实在有限。他还记得大孙子姜楠对他下的"最后通牒"。

20世纪80年代中期，电视机已不是什么奢侈的稀罕物，但姜楠天天晚上要跑到家对面的许殿乙老教授家看动画片。回到家，他就兴奋地、手舞足蹈地述说电视机里的精彩片断："那孙悟空是真的吗？一个跟头翻了十万八千里，一下就钻到铁扇公主的肚子里，真神了！"

对于七八岁的孩子来说，动画片的吸引力当然要远远大于书本。在姜楠的印象中，爷爷姜泗长似乎总是坐在书桌前。孩子们也总是听见奶奶吴幼霖在说："小声点儿。"

爷爷带他上哪里玩过吗？姜楠实在没有太多的印象。父母家房子小，他们工作又忙，所以，姜楠就成了爷爷家的"常驻大使"。

那时，每个星期只有一个休息日，好不容易可以睡个懒觉。当姜楠睁开眼睛，提出今天的设想，爷爷已经去病房看病人了。后来，姜楠渐渐习惯了。他不再给爷爷提什么要求，他知道要实现自己的愿望是异常困难的。爷爷上病房看病人，在他幼小的心里已成为一种概念。

姜楠对爷爷只有一个要求：买一台彩色电视机。这个要求应该说不算太过分，但他缠过爷爷几次，都没有结果。

姜楠又来缠奶奶，仍是没有结果。

奶奶如何苦口婆心地劝导，也难抵挡动画片对一个七八岁孩子的魅力。姜楠终于急出智慧了。

一天，姜泗长下班回来。祖孙俩面对面站着，孙子郑重其事地向爷爷宣布：

“爷爷，你如果再不买电视机，你的孙子不再姓姜而要姓许了。”

这一招儿真灵，姜泗长笑了。孙子的“最后通牒”，终于有了效果。

家里有了电视机并不意味着可以尽情地看电视，爷爷限制时间，奶奶负责监督。

姜泗长的孙子可以吃着巧克力、看着动画片长大，可姜泗长的儿子们呢？在需要充实知识的时候，他们成了“可以教育的子女”，下放的下放、下乡的下乡。姜泗长的大儿子姜胜利的心灵深处至今还存有余悸。

姜胜利曾对姜泗长说起，“文化大革命”期间姜泗长被关进“牛棚”的日子里，吴幼霖所承受的一切。如果不是吴幼霖的坚强，这个家早已四分五裂了。

姜胜利为姜泗长描述了那一幕：家门咣当一声被踢开。“搜!看看有没有发报机。”几个人冲上楼，顿时尘土飞扬起来。搜了半天，来人一无所获，气急败坏地指着吴幼霖叫喊：

“你要老实交代姜泗长的特务行径！”

“哪有特务不带钱的？他身上从来不带一分钱！”吴幼霖勇敢的声音响起来。

“他是特务，哪用得着你给钱！”来人越发气势汹汹。

“他要是特务，我也是特务！”吴幼霖愤怒了。

折腾了半天，毫无结果，戴着红袖章的人扔下一句话：“放老实点！”拂袖而去。

面对一片狼藉，吴幼霖没有掉泪。3个孩子目睹了这一切。家里请来多年帮助料理家务的阿姨也被赶走了。楼下被“工人阶级”占住，吴幼霖带着孩子们只能住在楼上。

这一幕永远地刻在了姜泗长孩子们的心里，那是难以磨灭的印记。姜泗长的儿子们实在不能理解，从他们能够记事起，父亲、病房、病人这3个词就是连在一起的。他们不知道父亲除了看书、看病人，还有什么别的爱好。

一天，姜泗长回到家，看起来心事重重。后来，他的孩子们知道，一个患有胆脂瘤型中耳炎的小患者来门诊就诊时，已伴有面部麻痹和神经症状。姜泗长为他做了急诊手术后，病人清醒过来，手术成功了。

谁想到，术后两个星期，病人突然心跳、呼吸停止。解剖后发现，病人的小脑已形成脓肿，感染导致组织水肿，压迫呼吸中枢而死亡。

那时，没有人懂脑外科，病人的家属也并没有责备姜泗长，但从姜泗长的烟灰缸里增多的烟头，他的孩子们看出父亲为此异常难过和自责。

姜泗长说：“这完全是可以避免的。我应该想到引流。”

这样的父亲，这样一心装着病人的父亲，怎么会是特务、反革命？

孩子们苦苦思索，不得其解。

父亲哪儿去了？姜泗长没有留下一句话，就不明不白地失踪了。

姜泗长的二儿子姜怡，当时只有十七八岁，正是血气方刚的年龄，提着一网兜橘子，找到医院有关负责人：

“我父亲被关在哪儿？我要看父亲。”

“不能看，他是特务。”造反派说。

“我要当面问父亲，如果他是特务，我就不认他这个父亲。”姜怡很坚决。

“他就是特务，不能看！”

只听到砰的一声，姜怡将一兜橘子摔在桌上。

没几天，姜怡被发配到内蒙古；姜胜利被发配到青海油田，成了一名钻井工人；姜泗长的三儿子姜宪被发配到黑龙江。

孩子们一个个要走了，凄凉的家里就剩下吴幼霖一人。

吴幼霖对孩子们说：“你们的父亲绝不是特务。”

桃李满天、诲人不倦的颂扬声扑面而来时，姜泗长自己的孩子们怎么样呢？3个孩子中，只有老二姜怡学了医。从学校毕业后，姜怡就对姜泗长说：

“我不搞耳鼻咽喉科。”

父子同搞一个专业，在姜怡看来有沾父亲光的嫌疑，是一件不怎么光彩的事情。

姜怡又说：“我不去解放军总医院。”

父子同在一个医院，在姜怡看来同样不怎么光彩。

姜泗长的儿子们自己选择了专业，选择了未来。

大洋彼岸一座美丽的城市，那里以繁华闻名，是国际金融巨头们角逐的地方。那一天，正下着倾盆大雨，一个年轻人踽踽独行在路上，如云的汽车从他身边飞掠而过。为了省下1美元，姜怡就这样步行在回家的路上。

姜泗长作为父亲，是应该为他的儿子感到骄傲，还是感到内疚？

江泽民主席授予他“模范医学教授”的称号，学生们称他为恩师，但姜泗长做父亲是不是称职，这个问题应该由谁来回答？

在充满欢声笑语、祝福庆贺的日子里，姜泗长儿子、儿媳们的声音也从海外飘来：

亲爱的爸爸、妈妈：

在您们80大寿之际，请接受您们的儿女发自内心的真诚祝贺。80年的风风雨雨、艰难曲折的人生，是您们给我们树立了光辉的榜样，无论在艰险困苦的日子，还是在歌舞升平的年代，您们始终坚持对祖国的热爱。我们是在您们的精心爱护和支持下成长起来的，是您们教育我们如何做人，如何关心、理解、支持别人。在我们自己经历了“文化大革命”那腥风血雨的日子，进入不惑之年之时，回想起您们所经历的一切，回想起您们所给予我们的一切，我们更感到您们的不易和伟大，我们从内心敬佩和爱戴您们。

爸爸不愧是一名真正的医生，几十年如一日地奉献，这是多么不容易做到的事，没有忘我献身的精神，没有不屈不挠的奋斗精神，没有对人民、对事业的热爱，是不可能达到今日的辉煌成就的。勤奋是爸爸的成功秘诀。从我们记事起，爸爸夜以继日的工作精神就给我们以深刻的印象。即使是周日或假日，爸爸总是首先去病房检查巡视。爸爸繁忙忘我的工作，对我们来说就意味着失去与爸爸相处的时间，有时使我们不解，甚至不高兴，但我们知道爸爸是真正爱我们的。爸爸是把对我们的爱融入对事业、对人民的爱之中了，这正是爸爸的伟大之处。永不满足、不懈进取是爸爸最宝贵的品质。

几十年来，科学技术一日千里地飞跃，爸爸永远不满足于已有的成就，不断创新，始终保持着在学科中的领头地位，赢得了全国同道的承认和尊重。在此80高龄，爸爸仍然著书立说，奋斗不息，带领学生，向科研的新领域进军。不屈不挠是爸爸一生的写照。在身染重病、无依无靠的抗战时期，在身受排挤、打击的困境之中，爸爸始终坚持对祖国、对人民的热爱，坚持做正直、清白的人，坚持自己热爱的医学事业，不做任何损害他人的事，反而不避风险地尽自己所能，帮助受难的朋友，这是多么崇高的精神！

妈妈不愧是我们的好妈妈。几十年来，尤其是由于疾病被迫从自己的事业中退出后，妈妈以自己全部心血支持爸爸的事业，关心和爱护我们，我们的健康成长是与妈妈不懈的关心、奉献和支持分不开的。妈妈是非常爱我们的，但您从来不娇惯我们，您总是教育我们要勤奋努力，要有吃苦精神，要靠自己的奋斗去开创新天地。妈妈一辈子助人为乐，自己勤俭节约，对别人宽厚、支持，这是妈妈给我们树立的榜样。同样，不屈不挠也是妈妈的宝贵品质。尤其是在爸爸身陷囹圄，我们被发配边疆，自己身患疾病而备受迫害打击的险恶条件下，妈妈始终保持着对生活的信念、对爸爸的信任、对我们的爱，给我们以力量，使我们全家能经受住这严峻的考验。再联想妈妈慈母面孔后面那颗坚强的心，正是这样的心支撑了我们整个家。爸爸、妈妈所给予我们的一切（从生命到精神）是诉说不尽的。我们对爸爸、妈妈的感谢、崇敬和爱戴之情，是无法用语言表达完全的，我们以有您们这样的爸爸、妈妈而感到骄傲和自豪。无论我们身处何方，我们的心永远和您们在一起。过去我们很少表达我们对您们的热爱，或许是因为找不到恰当的词句，或许是因为环境不允许。值此80寿辰之际，我们愿以此小文表达我们对您们的全部爱和感谢，祝您们幸福和长寿。

您们的儿女：

姜胜利　姜怡　姜宪　王小婕　郭玲

读着孩子们情真意切的祝福，姜泗长激动了。

带着孩子们从海外寄来的信，还有那本红红的80寿辰纪念专辑，姜泗长来到老伴儿的病榻旁。吴幼霖静静地睁着眼睛，仿佛听明白了一切。往昔的一幕幕又溢满了姜泗长的心头。

抗战8年，他和吴幼霖共度风雨。

在湖南湘雅医院的病榻上，奄奄一息的姜泗长等待着死神的降临。吴幼霖来了，带着微笑，带着温暖，带着爱情。从此，他的生命充满希望，死神也一步步地远去。

在上海码头，海风吹拂着吴幼霖单薄的身躯。看到1年多未见的妻子，姜泗长难以抑制激动的心情，想拥抱妻子。“人这么多……”妻子嗔怪丈夫。她抱着不满3岁的儿子，从南京赶到上海。那时正炮火连天、兵荒马乱，吴幼霖奋不顾身地来接姜泗长，还有什么比这更真切？

夜深人静了，当他们面对面时，姜泗长也没从妻子嘴里听到一句他想听的话。吴幼霖把思念、牵挂变成了一件件春秋冬夏四季整洁的衣衫，还有饭桌上丰盛的饭菜。

姜泗长曾对吴幼霖说起医院发生的一件事情：

当年，一个国民党空军军官的未婚妻得了脑膜炎，按当时的医疗条件，治愈是比较困难的。不巧，病人出现呼吸困难时，当班医生没有在现场。后来，病人经抢救无效死亡。一个好端端美丽的人儿，怎么一瞬间就没有了生息？因痛苦而失去理智的军官悲愤交加，掏出手枪追打当班医生。按当时的法律，军官打死人是不犯法的。当班医生很惊恐，大家掩护他翻墙逃跑。陷入极度痛苦的空军军官要求医院为他死去的未婚妻穿起婚纱，医院满足了他的愿望。当军官扶起死去的心上人，泪流满面时，在场的人无不为之动容。摄影师为他们实现了最后一瞬间永久的结合。

吴幼霖似乎并没有被这个爱情故事所感染，她说：“值班医生不坚守岗位，还乱跑什么？”

1983年，姜泗长的全家福

在动乱年代，姜泗长生死难卜，生活充满艰辛。吴幼霖坚强地支撑着这个支离破碎的家，带着3个孩子艰难度日。当姜泗长恢复了一切，既做医生又当院长时，吴幼霖教育孩子们："不要在外面说你们的爸爸是院长。你们的爸爸是医生。"在吴幼霖眼里，丈夫永远是一个普通的医生。

20世纪50年代中期，第四军医大学党委向总后勤部申报姜泗长为一级教授。谁想，报表到了总后首长那里，首长仔细审查表格后说："姜泗长才43岁，太年轻，等两年再说。"

可这一等就是20多年。

那次，姜泗长心里真有些不是滋味。他的事业正红火，内耳开窗术在国内同行中无人比拟。吴幼霖这样开导他：

“咱们二级教授的职称能干一级教授的事情，总比晋升一级教授只能干二级教授的工作要心安理得。”

她乐观的想法真的感染了姜泗长。

第二天，四医大校长曾育生来到姜泗长的办公室。不等校长说话，姜泗长已经猜出他的来意：“没什么，工作是为病人，不是为级别。晋升与否，我不在乎。”

姜泗长的回答让校长松了一口气。吴幼霖的劝说似乎代替了校长的思想工作。

出生于官宦之家的吴幼霖，一生舍不得吃、舍不得穿，对自己近乎苛刻，对他人却慷慨好施。亲朋好友总来向她借钱，多半是还回来的少，但从未听到她有过什么抱怨。下次谁再有困难，她仍一如既往。吴幼霖曾经也是一名医生，但因患有严重的高血压无法正常工作。刚失去工作时，吴幼霖曾几个晚上彻夜难眠，她为自己没有经济来源而担心。她的内心深处、她的个性，实在不愿意体验靠别人养活的滋味，尽管这个人是她的丈夫。

姜泗长和吴幼霖患难与共半个多世纪，一生不求光环的照耀，只求老老实实地做事、清清白白地做人。这也是吴幼霖用一生的言行，献给姜泗长最珍贵的礼物。

六、力量探源

世上只有未竟的事业，没有不尽的文章。

香港，是亚洲的一颗明珠，高楼林立，车水马龙。1991年，在香港一座五星级大酒店里正在召开亚洲太平洋地区耳鼻咽喉科学术会议。这是当时中国参加人数最多的一次国际性耳鼻咽喉科学术会议，姜泗长作为大会主席致开幕词。

头一天，从北京飞来的飞机缓缓降落在香港启德机场。姜泗长站在机场门口，看见形态各异、色彩不同的人流与车海在他眼前来回穿梭。同一个肤色、同一个祖先，却不是同样的富有。那时，他感到心脏似乎从胸腔里跑出来挂在了半空中，他知道房颤又发作了，是劳累还是激动？激动吗？人生的风风雨雨都过来了，多大的场面没有经历过？但他似乎不能否定自己的激动，第二天，他将代表几十万中国耳鼻咽喉科工作者在大会上致开幕词，这是中国人的荣耀。

掌声热烈地响着。姜泗长听出，掌声最“嘹亮”的地方是中国学者所在的区域。

当79岁的姜泗长走下讲台时，一个学生激动地跑过来，握住他的手：“看您在台上，我们就自豪！”这是中国耳鼻咽喉科工作者第一次站在国际讲台上致开幕词。

往事从哪儿长出来，开了花，结了果吗？姜泗长也很激动，他知道自己能站在国际性的讲台上致开幕词，这本身就证明我们中国的技术水平在逐渐被世界认知。不说与发达国家并驾齐驱，但也绝不比它们落后多少，特别是在临床上，我们有我们的优势。

在事业的航程中，创造与竞争是前进的目标，毅力与品质是前进的动力。然而，仅仅有这些就足够了吗？选择自己发展方向的首要条件，就是先找准舞台，姜泗长正是找准了自己的舞台。

热爱是最好的老师。不管做什么，首先要热爱。只有诚实地热爱，才会把自己所从事的工作或者事业当成一种乐趣，再苦再累也情愿。

已是80多岁的姜泗长，天天端坐在那里，审阅来自四面八方的稿件，还有一本本即将出版的专著。天天就这样埋头于细胞与组织、分子与分子中间，他不感到枯燥乏味吗?

正像写小说的正在设计一个场景，安排他的主人公出场的先后次序，以及由此而来的一系列矛盾冲突，在姜泗长的眼里，细胞、分子似乎变成了一个个活生生的人物。细胞和细胞之间、分子和分子之间，常常由于“外来侵略”使双方“利益失衡”，最终“大打出手”，胜利的一方“洋洋得意”，失败的一方“垂头丧气”。如何预防“外来侵略”，让每个细胞、每个分子生活在愉快、和平的环境里，这情节本身就很吸引人。

在姜泗长看来，其中的趣味胜似看惊险小说。

姜泗长一生确实很少看小说之类的东西，所以，他很少有虚幻不实的想法。他做事谋断的依据，归根结蒂是看这个人、这件事对事业是否有用。“有用”是决定姜泗长行为的标准。“实际”也好，“脚踏实地”也好，姜泗长以特有的个性特点使他的事业一天天兴旺起来。

可以说，姜泗长并不是纯粹的理想主义者，“有用即真理”，是他一生遵循的原则。为人，他不追求完美，因而，他能容纳百川、兼收并蓄；为事，他不苛求理想化，只要有一点成绩，就能得到他及时的鼓励。人的干劲常常就是这样被激发出来的。姜泗长的精明和强干，在他拥有更高的社会地位时越发显出优秀的本色。

80岁以后，姜泗长每天上午来到办公室和学生谈话、处理各种问题；下午，他虽不到办公室来，他的“意识”却没有停下来休息。他常常一会儿打电话到手术室问某一手术进行得怎样，一会儿打电话到病房问某一病人的病情怎样，再不然就是打电话到研究所找某人了解某一课题或某一相关事宜。姜泗长打出去的电话往往要比他接到的电话多，因为还没等到某一事情有了结果向他汇报，他已经先向某人提出了问题。

姜泗长对身边的工作人员亦是如此。为了某一件事情，他一下午可以不断地打电话到办公室，常使工作人员想，姜泗长的电话多得除了让人有“心理负担”外，多少还有那么一点“逼”人的味道，使人简直没有喘息甚至喝水的时间。难怪一位老同志说：“跟在姜老后面干，早晚要患心脏病。”当然，让姜泗长决断的事情，他也绝不会找托词或优柔寡断。学生送审的论文，也常常是今天给他，明天他就会提出自己的意见。学生有问题，需要有关部门解决，在谈话的同时，姜泗长就会将电话打到该部门，问题在几分钟内就解决了。在学生们的印象中，有问题只要找姜泗长，就没有解决不了的。

畅游在细胞和分子的海洋里，探索在知识和理想的世界中，这就是姜泗长人生的乐趣。因为热爱，他就是挑灯夜战也从没有感到苦，在手术台上一站七八个小时也没有觉得累。肺结核到了九死一生的险境，没使他后退；患胃癌使胃只剩下1/5，大小手术做过5次，这位80多岁老人的精神依然矍铄，思维依然敏捷。

有热爱在，就有精神在；有事业在，就有希望在。还有那些生机勃勃的学生。不用起太高的调，不用加上装饰音，能把歌唱起来，自然也就能唱得陶醉、悦耳，不知不觉就达到了一种理想的境界。

坐在解放军耳鼻咽喉研究所不算宽敞，但很明亮的办公室里，一种充实、踏实、真实的感觉就涌上姜泗长的心头，唯感不足的是研究所的规模小了点儿。随着研究范围的不断深入，人力、物力也在不断地增加。从20世纪60年代初起步的8平方米，到70年代中期35平方米、70平方米的实验室，一直到80年代末成立了研究所，建起800平方米的实验楼，后来又扩建到1000平方米。尽管如此，走进每一间实验室，让人仍然感到拥挤。科学飞速发展，这也是姜泗长始料不及的。

看着这日渐拥挤的研究所，姜泗长时常为之遗憾。如果当初总后勤部能多批一些建筑面积，研究所的将来会更为辉煌。还有，如果再有床位，临床、科研连成一体，那又会是什么样的景观？攻克困扰世界、困扰几代人的神经性耳聋的难题，谁能断言有那么一天，揭开这令人振奋的一页，不是从这里萌发？

当初在南京、在成都、在西安，后来在北京，姜泗长首先开始了耳颞骨病理学的基础研究工作。在那时，科研还是许多医生不懂得或不屑于重视的话题。

1990年4月，解放军耳鼻咽喉研究所大楼终于矗立在绿荫环绕的解放军总医院内，它标志着姜泗长的事业到达了一个新的阶段。多年的梦想成真，姜泗长激动的声音都变得沙哑起来。说起研究所筹建的过程，他特别感谢总后勤部首长和医院领导，没有他们的支持，研究所是难以建成的。

研究所建起后，姜泗长有了理想的载体、培养学生的基地。这幢小楼也成了他力量、欢乐、希望的源泉。

1990年4月26日，总后勤部部长赵南起（右一）和总后勤部政委周克玉出席解放军耳鼻咽喉研究所落成典礼。姜泗长致开幕词

研究所刚建成不久，一次，下了一场大雨，使地下室严重漏水，姜泗长和同事们几十年间制作的病理切片浸泡在水中。研究所的人员全体出动，连夜淘尽了地下室的积水。

望着被雨水浸泡过的病理切片，姜泗长像看到自己的儿子被欺负一样痛心地落泪了。同时，他也被激怒了。他大发雷霆，这一次不是对学生，而是对营房管理干部：

“为什么不能保证工程质量？”

营房管理干部无言以对，这不是一两句话能说清楚的。

“我不听任何解释，马上维修，重新加防水层。”

如果施工人员知道他们建设的是几代人的心血结晶，知道这一切来的是多么的不容易，或许会尽职尽责地做好自己的工作。

当年，在战火硝烟的艰苦岁月里，姜泗长跟随老师胡懋廉，于成都建起了中国第一个耳鼻咽喉科实验室，简陋得只有几个标本和几个瓶瓶罐罐。正是这些瓶瓶罐罐，奠定了今天这个让外国人惊叹不已的研究所。

胡懋廉想办一所耳鼻咽喉科医院，没有实现，在上海折中成眼耳鼻咽喉科医院。姜泗长实现了几代人的夙愿，凝集了几代人的心血，建起了耳鼻咽喉研究所。胡懋廉没来得及看上一眼，还有沈克非。田钟瑞的相片被挂在研究所的4层，他也没能看见研究所建成，但他洒下了汗水，注入了心血。研究所里那一个个玲珑剔透的听小骨标本，以及由此成长起来的一代代人，将永远铭记田钟瑞的功绩。

知识爆炸，信息爆炸，从形态学到基因学，科技发展的速度近乎到了使人无法想象的程度。对来自四面八方的一篇篇送审论文，姜泗长也并非都能看出问题来，所以，他告诫年轻人不要迷信权威。

人类历史，是一个不断发展的过程，一代人有一代人的责任。你完成了你这一代的任务，就应该无愧于赞誉、无愧于生命。

姜泗长的事业犹如一坛酒，时间越久，酒香也就越醇烈。

朝前算算，往后数数，从总后勤部老部长洪学智、老政委王平开始，到后来历届总部领导，对姜泗长都给予了极大的关心和爱护，要钱给钱，要人调人。

解放军总医院的历届领导同样对姜泗长敬重有加，关心照顾。不论是生活还是工作需要，院党委均一路关照、开启绿灯。院长、政委在院党委常委会上说："只要是姜老提出的事情，各机关部处都要想办法解决"，就像下了一道命令。以至于其他科室的人员羡慕得也想到耳鼻咽喉科工作，打杂儿都行。

姜泗长的事业能发展到这样一个规模，没有总后勤部领导及院领导的支持是无法想象的。

姜泗长要感谢的人很多，要回顾的事情也很多，要瞻望的事情则更多。

人类已跨入21世纪，将来的医学不仅关注人的自然属性，更要关注人的社会属性和心理属性；不仅关注人的病，更要关注病的人；不仅关注个体，更要关注群体；不仅关注已病，更要关注未病；不仅关注如何延长人的寿命，更要关注人的生命质量和生活质量。

现代科学技术在发展中的高速度、高起点、短周期、综合化和大科学体系的特征，以及随之而来的诸多正面与负面问题，都在提示我们，未来的科研是多学科交叉、相互融合发展的。这是姜泗长在几十年前就看到的趋势。

诺贝尔医学奖一个个被异国学者拿走时，我们不难发现这样一个问题：获奖者几乎都是同时熟悉多个领域、具有跨学科创造性思维的优秀科学家。我们要反思，我们可以在国际数学、物理、化学等奥林匹克竞赛上披金挂银，但在大的科学奖项诸如诺贝尔奖上默默无闻。如此强烈的反差，足以证明我们存在的问题。

过去，我们总是用一种比较固定的模式来进行医疗技术的实践："内科医生挂听诊器，外科医生拿刀子，放射科医生看影子。"这种比较固定的模式是在一定历史条件下形成的学科局限状态，这种局限状态逐渐被如雨后春笋般发展和更新的科学技术以及仪器设备所打破。愈来愈多的学科参与对同一疾病的斗争，已成为一种趋势。

工程技术正大量渗透于医学，外科技术也被内科所接受、所应用。比如现在由内科医生应用的内窥镜技术、放射科医生的介入导管诊断治疗等，都起始于外科医生。

有人说，人类已飞向太空，对月球的了解远远大于对自身的了解。医学的独特性，决定了它具有探索未知世界的广阔空间。走出局限的领地，不断扩展自己的眼界，才能有所发展、有所创新。

姜泗长属牛，步入晚年的他，时感心有余而力不足。看着年轻人从他身边一个个快步走过，他总是感叹："他们走得多好！"

迈入老年的姜泗长的情感似乎变得更加丰富起来。回想过去，追忆当年，老人的思绪常常飘得很远很远……

当初，姜泗长面对一片破房乱瓦的解放军总医院时，曾犹豫、徘徊过，但他没有像别人那样退缩。

"共产党当年一无所有，在不长的时间打下了天下，靠的就是一种信念——共产主义信念。"曾任总后勤部政委的余秋里说这话的时候，姜泗长还不是共产党员，但共产主义理想影响了姜泗长的选择。他最终留下来了，并一步步走向事业的顶峰。

20世纪七八十年代，姜泗长创建的那70平方米的实验室就接待了来自世界十几个国家的医学访华代表团以及有关专业的学者。90年代，解放军耳鼻咽喉研究所的小楼建起后，即成为解放军总医院对外交流的窗口，这幢小楼又不断地接待了来自30多个国家和地区的医学代表团及专科学者。

1992年，俄罗斯军事医学代表团来解放军总医院参观访问，解放军耳鼻咽喉研究所成为他们此行必看的一处。

当俄罗斯代表团团长看到墙上挂着一排排奖状，玻璃柜里摆放着一个个获奖证书，还有一篇篇论文时，感叹地对身边的有关人员说："看看人家。这些年，你们都干了些什么！"俄罗斯驻华大使是个中国通，亦说得一口标准的中文。他耸耸肩，把团长的话翻译给了中国的学人。

姜泗长的事业顶峰不是在古人所曰"三十而立"，也不是在不惑之年，更不是在知天命之岁，而是在令人惊叹的金色的耄耋晚年。

1994年，81岁的姜泗长当选为中国工程院院士，成为中国历史上第一个耳鼻咽喉科院士。

1990年4月26日，姜泗长陪同总后勤部部长赵南起（中）、总后勤部政委周克玉（右）在解放军耳鼻咽喉研究所五层的荣誉室参观

巨大的荣誉再一次向老人涌来。接下来，姜泗长连连获得陈嘉庚医药科技奖、光华基金奖、何梁何利奖以及解放军专业技术重大贡献奖，奖金共计35万元。他拿出30万元，建立了“姜泗长奖励基金”，奖励为解放军总医院做出突出贡献的医务科技工作者。

人民给了他莫大的荣誉，这荣誉又仿佛成为他奔向理想目标时畅通无阻的路标。荣誉之外，他感到了一种压力——来自四面八方的压力。解放军耳鼻咽喉研究所的建立，并不是他事业的结束，而是开始。

当时，他已是80多岁的老人了，精力和体力都不允许他具体从事某一项研究。但在体力允许的情况下，老人仍然迈着不太稳健的步伐，一个房间一个房间地探寻。这里的每一张切片、每一个标本、每一把钳子，都有老人半生的心血。

几十年前，吴幼霖给在油田劳动的大儿子姜胜利写信时说：“你爸爸并不聪明，他能做出一点成绩，全是勤奋的结果。”

老年的姜泗长也曾多次对身边的工作人员说：“我不是十分聪明，也没有小聪明可耍，我用功啊！”

从小学到大学直到工作，不断学习新东西，已成为姜泗长生活中必不可少的内容，就像每天都要吃饭一样必然。解放军耳鼻咽喉研究所订了5种外文杂志，他每期必看，发现有用的东西就推荐给主攻这一领域的学生们。

85岁之前的姜泗长一直都在学英语，他自费订了一份《英语学习》杂志、一份《北京广播电视报》，那上面刊登“星期日英语”。每个星期日早晨8点，他都会准时打开收音机听老师纯正的发音和文章讲析。在美国学习已时隔几十年，姜泗长还能说一口较为流利的英语，那是他日积月累的结果。

一位记者曾经问起姜泗长身边的工作人员：姜老的业余爱好是什么？他回答：除了工作还是工作，除此之外，没有什么别的爱好。

工作就是姜泗长的乐趣，如果不让他工作，他的生命会很快枯竭的。

将来的医学大家不仅要具有医学科学、相关自然科学知识，还要储备人文科学知识，更重要的是，要具有团结协作的能力与良好的道德品质和心理素质。

未来的问题，需要未来人去解决。姜泗长的时代，已为未来的时代奠定了基础。

纵观历史，今人的成功和古人的成功都有许多相似之处。要善于吸收利用他人的长处，“为我所用”来取得事业的成功。

已到晚年的姜泗长备感夕阳横照，能让他欣慰的是，他培养起来的一批又一批学生已经拥有了他所具有的成果和学识并将继续他未竟的事业。同时，他也常常反思自己的过失：有医疗意外事故，有作为领导的决断失策，也有一些性格上的弱点。但不论

1995年，姜泗长（左一）在授奖大会上

怎样，姜泗长已将一生的精力都投入到他无限热爱的事业中，并取得了卓著成绩。

年轻时的姜泗长威严多于语言。到了晚年，他也免不了有了老人惯有的习性，凡事总放心不下，什么事都要出面管一管。

从沈克非到胡懋廉再到姜泗长，从历史的长河中，从几代耳鼻咽喉工作者为之努力的事业中，不难看出，一个人一生里遇到一个良师益友是事业成功的重要因素。

姜泗长曾对学生说："我死了，就把骨灰埋在研究所的大门前，我要天天盯着你们。"

姜泗长的老师沈克非、胡懋廉未作如是说，但他们的行医为人已经表达了这一点。

天行有道。

地运有道。

科学技术的进步、发展也有道。传承与发展的轨迹，从某种意义上说，就是一种螺旋形上升的师道……

2001年9月9日，姜泗长走完了光辉的一生，享年88岁。

每年的清明节，科室里的老老少少都会到位于北京福田公墓的姜泗长墓前扫墓。解放军总医院耳鼻咽喉头颈外科也开始了新的时代。

继姜泗长院士、杨伟炎教授、韩东一教授之后的第四任学科带头人杨仕明，在科技迅猛发展的时代里，面临着比前辈更多的机遇和挑战。在这个举足轻重的位置上，杨仕明每天都在思考怎样引领着解放军总医院耳鼻咽喉头颈外科走向一个更远更高的目标。

我们坚信，在院党委的领导与支持下，解放军总医院耳鼻咽喉头颈外科人必将薪火相传，不辱使命，续写新的辉煌篇章。

姜泗长大事年表

1913年

9月15日出生于天津。

1918年

随家迁居北京。

1920年

8月，入北京西单小学。

1926年

8月，入北京志成初级中学（现北京市第35中学）。

1929年

8月，入北平师范大学附属中学。

1931年

8月，入北平辅仁大学医预科。

1932年

9月，入北平大学医学院。

1937年

8月，任南京中央医院大外科实习医生，师从我国著名外科专家沈克非教授。

1939年

任成都存仁医院耳鼻咽喉科住院医生，师从我国著名耳鼻咽喉科专家胡懋廉教授。

1941年

8月，任成都中央大学医学院附属公立医院耳鼻咽喉科住院医生、助教、住院总医生。

1943年

8月，任成都中央大学医学院耳鼻咽喉科讲师。

1947年

任南京中央大学医学院耳鼻咽喉科副教授。

5月，获得美国医学援华助学金资助，赴美国芝加哥大学医学院进修，师从著名耳鼻咽喉科教授John Rolston Lindsay（林赛），进行颞骨组织病理学与内耳开窗术研究。

1948年

12月，归国。

任南京中央大学医学院耳鼻咽喉科主任、教授，兼任江苏医学院耳鼻咽喉科教授。

1950年

任南京大学医学院附属医院院长，耳鼻咽喉科主任、教授。

在中国首先成功地施行了内耳开窗术治疗耳硬化症聋，改进了顶盖造窗术，并在局部麻醉情况下获得成功，推翻了耳硬化症聋为白种人多发病的论点，当年被列入《世界耳硬化症索引摘要》。

成功制作出国内第一套成人颞骨切片。

1951年

任南京第五军医大学附属医院副院长，耳鼻咽喉科主任，教授。

1954年

任西安第四军医大学附属医院耳鼻咽喉科主任、教研室主任、教授。

出版国内第一部《临床耳鼻咽喉科学》。

1956年

任西安第四军医大学副院长。

被评为国家高教二级教授。

1959年

5月，调到刚组建不久的解放军总医院，任耳鼻咽喉科主任、教授。

1960年

创建解放军总医院第一个临床实验室（仅有8平方米）。

9月，参加中国人民解放军，并被授予上校军衔。

1961年

加入中国共产党。

1962年

与助手田钟瑞一起，成功进行中国第一例镫骨底板切除术。

1964年

任中华耳鼻咽喉科学会副主任委员。

任《中华耳鼻咽喉科杂志》副总编辑。

当选中华医学会理事。

任全军科学委员会常务委员。

任全军耳鼻咽喉科专业组组长。

1969年

带教来华进修的阿尔巴尼亚军医院政委兼耳鼻咽喉科主任阿米尔，因成绩突出荣立三等功。

1974年

12月，被选派为毛泽东主席医疗组成员。

当选第四届全国人大代表。

主编《耳鼻咽喉科·耳科》（上、下册）。

1975年

在毛泽东主席医疗组工作。

1976年

9月9日毛泽东主席逝世前，一直在毛泽东主席医疗组工作。

10月，返回解放军总医院耳鼻咽喉科工作。

1978年

任解放军总医院副院长。

任解放军军医进修学院学位委员会主任委员。

获全国科学大会奖3项。

当选第五届全国人大代表。

1979年

被评为国家高教一级教授。

1980年

任解放军总后勤部卫生部科学技术委员会副主任委员。

任《中国医学百科全书·耳鼻咽喉科学》分册副主编。

1981年

作为中国军医代表团的副团长访问美国。

1982年

随中华医学会代表团出访日本。

获解放军总后勤部科技成果二等奖一项。

被聘为中国残疾人康复协会顾问。

1983年

当选第六届全国人大代表。

获解放军总后勤部科技成果二等奖一项。

1985年

入选第一届国务院学位委员会评议组组员。

被中央军委记二等功一次。

获国家科技进步二等奖一项。

1986年

应美国邀请，赴加州大学House耳科研究所、哥伦比亚大学进行学术交流。

应邀赴法国访问，在全法耳鼻咽喉科会议上作重要发言。

任中华耳鼻咽喉科学会主任委员。

任《中华耳鼻咽喉科杂志》总编辑。

任《临床耳鼻咽喉科杂志》名誉主编。

任解放军总后勤部高级专业技术职务评审委员会委员。

被聘为解放军海军总医院技术顾问。

任南京大学医学院顾问委员会委员。

获解放军总后勤部科技成果二等奖一项。

1987年

创建解放军耳鼻咽喉研究所，任所长。

任解放军总后勤部评审委员会委员。

任军事医学专业评审组副组长。

当选中国医学基金会理事。

获解放军科学技术进步奖一项。

获解放军总后勤部科技成果二等奖三项。

1988年

任解放军总后勤部卫生部专家组副组长。

主编《颞骨组织病理学图谱》。

获解放军总后勤部科技成果一等奖一项。

1989年

指导研究生开展耳声发射的研究工作，填补了中国在此方面的空白。

获国家科技进步二等奖一项。

1990年

4月26日，举行解放军耳鼻咽喉研究所落成典礼。

被国家科学技术委员会授予“全国高等学校先进科技工作者”称号。

任北京耳鼻咽喉研究所名誉教授。

被聘为北京同仁医院耳鼻咽喉研究所顾问。

任《中国大百科全书·现代医学卷》编委员会委员。

1991年

参加在香港召开的亚洲太平洋地区耳鼻咽喉科学术会议，作为大会主席致开幕词。

主编《中国耳鼻咽喉科学史》、《现代耳鼻咽喉进展》。

1992年

作为会议主席主持了北京国际耳鼻咽喉科会议。

被中华医学会评为优秀主编。

主编《手术学全集·耳鼻咽喉科卷》。

1993年

被中央军委主席江泽民授予“模范医学教授”称号。江泽民为姜泗长亲笔题词“技术精益求精，诲人桃李天下”。在解放军总后勤部礼堂召开中央军委授予姜泗长同志荣誉称号命名大会。

解放军总医院召开姜泗长教授从医55周年纪念大会。

获光华基金奖。

获军队教学成果一等奖。

1994年

当选中国工程院院士，成为新中国成立后耳鼻咽喉学界第一位中国工程院院士。

获国家教委教学成果二等奖。

获军队科技进步二等奖一项。

1995年

获陈嘉庚医药科技奖。

获何梁何利奖。

获军队科技进步二等奖一项。

1996年

获解放军专业技术重大贡献奖。

获军队科技进步二等奖两项。

10月，参加在北京举办的第31届国际军事医学大会。

1997年

解放军总医院设立“姜泗长奖励基金”。

1998年

获军队科技进步二等奖两项。

2000年

主编《耳鼻咽喉科临床误诊误治及处理》。

2001年

9月9日逝世，享年88岁。

2013年

9月14日，举行纪念姜泗长诞辰100周年大会。

10月25日，北京第35中学纪念建校100周年时，授予姜泗长“杰出校友”称号。

后 记

2000年，《师道》一书出版后，受到了广大读者的喜爱。出版当年，文学评论界与医学界齐聚一堂，于中国现代文学馆召开讨论会，这是我国第一次文学家与医学家就一部作品共同进行讨论。当年，《人民日报》、《光明日报》、《解放军报》、《北京日报》、《科技日报》、《健康报》等均刊登了对《师道》一书的评论文章，称此书为“医学界不可多得的佳作”。

1999年，我开始动笔写姜泗长教授的故事，姜老未说一句如何写的话，给了我充分的自由写作与思考空间。我完全按自己多年来对他的了解、对中国耳鼻咽喉科发展历史的粗浅认识，进行谋篇布局。《师道》一书正式出版后，姜老拿到新书，高兴地提笔在《师道》的扉页上写下一段话赠我：

晶平：

此书的真实性、史料性、思想性都是较高的。你写作（的）严谨态度值得称赞，我们全家衷心地感谢你为此书付出的艰辛劳动，同时更要感谢你多年来对我生活上的照顾和精神上的支持。谨以数语聊表感谢之情并永记心中。

姜泗长

2000.10.12

2001年，《师道》一书获得解放军总政治部颁发的新作品二等奖，十多年来先后再版四次。此次为第五次再版，是应中国工程院拟为每一位中国工程院院士立传的系统工程，在其统一要求下，《师道》一书更名为《姜泗长传》。

从严格意义上说，这本书不能完全定义为传记。全书的主旨是以“师之道”为主线，以姜泗长及他的学生为主要描写对象，反映传承与授业、医德与医术的关系，叙述一群医学从业者为病人的安康而努力奋斗的故事。因为此次再版被纳入中国工程院院士传记系列丛书，所以在关于姜老及其老伴儿吴幼霖身世的章节中稍做补充，仍是意犹未尽，难免存遗。在此，特向支持我的各位领导、老师、同道表示衷心的感谢。

张晶平

2014年1月于北京

晶平：

此书的真实性史料性思想性都是较高的。你写作严谨态度值得称赞，我们全家衷心感谢你为此书付出得艰辛劳动，同时更要感谢你多年来对我生活上的照顾和精神上的支持，谨以数语聊表感谢之情并永记心中。

姜泗长

2000.10.12.